현대신서
100

철학적 기본 개념

라파엘 페르버

조국현 옮김

東文選

철학적 기본 개념

Rafael Ferber

Philosophische Grundbegriffe

© Verlag C. H. Beck OHG, München, 1999

This edition was published by arrangement
with Verlag C. H. Beck OHG, München
through Bestun Korea Agency Co., Seoul

차 례

I. 철학

1. 동굴 속에서의 시작 — 7
2. 단어와 개념 — 9
3. 철학과 보편 정신 — 15
4. 철학, 학문, 그리고 예술 — 18
5. 이상으로서의 철학 — 23

II. 언어

1. 행위로서의 말 — 27
2. 언어적 행위의 세 가지 기능 — 29
3. 표현과 의미 — 32
4. 표현의 의미는 무엇인가? — 35
5. 의미와 규칙 — 39

III. 인식

1. 지각과 논증 — 43
2. 연역적 논증과 귀납적 논증 — 47
3. 귀납적 논증의 결론이 옳다는 것을 어떻게 증명할 수 있을까? — 54
4. 실천적 이성의 가설적 요구로서의 귀납적 원칙 — 62
5. 언제 공리가 참인가? — 68

IV. 진리

1. 진리의 고전적인 정의 — 79

2. 고전적인 정의에 대한 반론과 타르스키의 재구성 ———— 82
3. 진리의 다섯 가지 기준 ———— 86
4. 다섯 가지 기준에 진리 개념의 추가 ———— 95
5. 결정적인 기준과 이상으로서의 고전적인 정의 ———— 98

V. 존재

1. '있다 / ~이다'의 네 가지 의미 ———— 107
2. 실재적 존재와 실재적 사실 ———— 111
3. 물리적 사실과 심리적 사실 ———— 115
4. 의미적 존재와 의미적 사실 ———— 124
5. 보편 개념의 존재, 가상적 사물의 존재,
   그리고 무의 존재 ———— 131
   보편 개념의 존재 ———— 131
   가상적 사물의 존재와 무의 존재 ———— 141

VI. 선

1. 도덕적 선과 도덕 외적인 선 ———— 147
2. 도덕적 선에 대한 메타윤리학 ———— 149
   인지주의(윤리 의식 긍정론) ———— 149
   정서주의(윤리 의식 부정론) ———— 154
   제도주의 ———— 158
3. 규범적 윤리학 ———— 166
   도덕적 기반으로서의 선 개념 ———— 166
   유익함으로서의 선 ———— 168
   규칙으로서의 선 ———— 178
4. 최소 도덕과 최대 도덕 ———— 187
5. 실천적 이성의 공리적인 요구로서의 일반화 규칙 ———— 191

원주 / 색인 ———— 195

I

철 학

1. 동굴 속에서의 시작

당신은 텔레비전 앞에 앉아서 화면을 쳐다본 적이 있을 것이다. 경치·동물·사람 또는 상품을 보았을 것이며, 뉴스와 보고 그리고 광고도 들었을 것이다. 당신은 자신이 보고 들은 것을 실제라고 생각할 것이다. 그런데 당신이 보고 들은 것이 과연 실제일까? 만일 그렇다면 그것이 온전한 실제일까? 그리고 실제란 대체 무엇일까?

논의에 앞서 한 가지 비유를 들고 싶다. 이는 그리스 철학자 플라톤(기원전 427-347)에게서 유래하는 것으로, 우리가 보고 듣는 것이 정말 실제인지 의심하게 만든다. 플라톤에 의하면 우리 인간은 어릴 때부터 목과 정강이가 결박당한 채 동굴 속에 살고 있다. 우리는 한 지점에 고정되어서 한 방향만 볼 수 있다. 우리와 우리 뒤에서 타오르는 불 사이에 길이 나 있다. 이 길을 따라서 벽이 세워져 있다. 벽은 곡예사가 청중 앞에 설치한 장애물과 같다. 곡예사는 벽 너머에서 예술품을 보여 준다. 곡예사는 벽 위로 툭 튀어나온 도구, 조각 또는 돌이나 나무로 된 조형물을 들고 벽을 따라서 움직인다. 이때 곡예사들은 말을 하기도 하고 침묵하기도 한다. 하지만 포로인 우리는 우리 자신이나 상대방의 그림자, 또는 우리 뒤에서 움직이는 사물의 그림자밖에 볼 수 없다. 우리는 이 그림자를 실제라고 생각한다. 그리고 지나가는 사람들한테서 들은 목소리도 그림자로부터 나온 것이라고 생각한다. 우리는 불빛도 햇빛도 보지 못한다.[1]

이러한 비유는 우리 인간에 대해서 다루고 있다. 플라톤은 인간의 소외된 상황을 이용하여 인간이 처한 처지에 대한 호기심을 불러일으킨다. 우리는 대부분 세상에 대해서 뿐만 아니라 우리 자신에 대해서도 잘 알지 못한 채 살아간다. 우리는 인간의 특별한 처지에 대해서 호기심을 갖지만, 눈에 띄지 않는 평범한 처지에 관해서는 좀처럼 호기심을 나타내지 않는다. 이런 의미에서 우리는 우리 자신에게 가까운 존재가 아닌 먼 존재이다. 소외된 인간 처지의 낯선 형상에 의해서 오랫동안 습관을 통해 생겨난 친숙함이 깨어지고, 우리는 자신이 전혀 생각지 못했던 장소, 즉 동굴 속에서 우리 자신을 재발견하게 된다. 낯선 상황은 쉽게 눈에 띄므로 인간 처지의 평범함을 인식하기 위해서 특별한 상황이 필요한 것이다. 나는 인간의 처지에 대해서 세 가지 점을 강조하고 싶다.

1) 우리는 곡예사가 보여 주는 조형물에 사로잡힌 포로이다. 곡예사는 작가나 웅변가를 뜻하는데, 오늘날 여론 조정자가 여기에 해당된다. 이들의 견해가 우리에게는 실제이다.

2) 철학은 이러한 정신적인 연금 상태로부터의, 또는 의견의 포로 상태로부터의 해방이다. 동굴은 모태의 상징이므로 이렇게도 말할 수 있다. 철학은 편견의 모태로부터의 해방이다. 철학은 일종의 제2의 탄생이다.

3) 그런데 우리 자신 속에서 이러한 해방에 저항하려는 힘이 생겨난다. 인간 내면에는 편견의 동굴 속에 안주하려는 욕구가 있기 때문이다. 우리는 제2의 탄생이 주는 고통을 두려워한다. 철학은 가끔 고통을 수반한다. 철학은 우리를 편견의 안락함에서 끌어내 낯선 곳

으로 인도한다. 그것은 마치 다른 행성에 불시착한 것과 같다. 물론 해방된 자의 관점에서 보면 지구——동굴——가 낯선 곳이다. 해방은 색다른 시각을 허용하기 때문이다. 해방된 자는 우리에게 익숙한 것을 처음 본 것처럼 바라보며, 우리를 익숙한 인간 질서에서 밀어낸다. 철학은 일종의 죽음이다. 즉 편견 속에 갇힌 인간의 죽음이다. 플라톤식 비유로 철학하기란 죽음 배우기이다.[2)]

동굴 밖에서 물체를 보이도록 하는 것은 햇빛이다. 우리가 아무리 곰곰이 생각하더라도 플라톤의 비유에서 해가 무엇을 상징하는지 선뜻 이해하기 어려울 것이다. 하지만 철학에 대한 입문을 통해 인간 동굴의 어둠 속에 한 줄기 빛이 비치고, 우리가 사는 곳의 희미함이 잠시 동안 햇빛에 의해서 빛날 수 있다. 당신도 아마 철학으로부터 이런 것을 기대할 것이다. 철학이 존재했던 거의 모든 시대와 사회에서 어둠으로부터 빛으로 가는 길이 철학의 상징으로 간주되었다. 그렇다면 이러한 상징은 우리에게 무엇을 의미하는가?

2. 단어와 개념

먼저 '철학(Philosophie)'이라는 단어를 가지고 시작해 보자. 이 단어는 인류 역사에서 늦게, 약 2천5백 년 전에 그리스에서 등장한다. 철학은 그리스어 두 단어가 합쳐진 말인데, 친구 또는 애호가를 의미하는 'philos'와 지혜를 뜻하는 'sophía'가 결합된 말이다. 따라서 철학자란 지혜와 친숙한 사람을 가리킨다. 'philos'에 대한 플라톤의 해석에 따르면, 철학자가 지혜와 친숙하다는 것은 철학자가 지혜를 가졌다는 뜻이 아니라 지혜를 추구한다는 말이다. 플라톤은 청년 파이드로스와의 대화에서 소크라테스로 하여금 그에게 다음과 같이 말하도록 하였다. "파이드로스여, 누군가를 지혜롭다고 하는 것은 대단한 일이며, 이는 오로지 신에게 합당하다. 지혜와 친숙하다는 것이 철학자에게 어울리며, 뉘앙스면에서도 올바르다."[3] 철학자가 지혜와 친숙하다는 말은 곧 지혜를 추구한다는 뜻이다. 따라서 철학은 상태가 아니라 움직임이다. 철학은 무언가로부터 무언가를 향해 달려간다. 철학은 '이곳에서 저곳으로'[4] 향하려고 한다. 철학은 사랑처럼 하나의 관계이다. 철학은 지혜를 향한 사랑이다. 여기에서 지혜란 기술적인 노련함이나 실천적인 영리함을 뜻하지 않고 지식을 의미한다. 종교와 달리 철학은 믿으려 하지 않고 알려고 한다. 철학은 지식을 향한 인간적 갈망의 최고 형태이다.

지식이 별로 없던 소크라테스도 지식과 믿음 또는 견해와의 차이를 인식하고, 이러한 차이의 바탕 위에서 지식을 추구한다.

"올바른 견해와 지식이 서로 다르다는 것을 나는 추정할 뿐만 아니라 잘 알고 있다. 내가 뭔가를 안다고 주장했다면——거의 그러고 싶지 않지만——그러한 올바른 견해와 지식의 구분을 내가 아는 것에 포함시킬 것이다."[5] 지식은 근거를 댈 수 있다는 점에서 올바른 견해와 구분된다.

'철학'의 의미는 수천 년을 거치면서 크게 변화하였다. 나는 단지 두 가지 의미를 강조하고 싶다.

오늘날 주로 사용되는 일상적인 의미의 철학은 사고 방식이나 구상을 뜻한다. 예를 들면 기업 경영철학, 국가 정책에 담긴 철학, 쌍방간의 위협 또는 군축에 관계된 철학 등이 여기에 해당된다. 이 글에서는 철학 개념을 이런 의미로 사용하지 않는다.

본래적인 의미의 철학은 이와 달리 근거와 원인의 학문이다. 이것은 아리스토텔레스(기원전 384-322)로부터 유래하는 철학에 대한 정의이다.[6] 이러한 의미의 철학은 원리에 대한 연구이다. 원리는 바로 근거이기 때문이다. 철학은 존재에 대한 최우선적인 설명 근거를 찾는 학문이다.

우리는 이로써 철학의 주제와 직면한다. 철학의 주제는 세계와 그 속에 있는 모든 것이다. 한 중세의 사상가가 이렇게 말했다. 철학자 특유의 종교는 존재에 대한 학문이다. 모든 대상이 철학의 주제가 될 수 있다. 생쥐, 사람, 자연, 반 고흐의 해바라기와 같은 그림 또는 계산기 등. 하지만 공간이나 시간과 같은 개념도 철학자의 흥미를 끈다. 인식될 수 있는 모든 것이 철학의 주제이다.

한 대상을 일정한 물음의 관점에서 바라볼 때, 그 대상은 철학의 주제가 된다. 기본적인 질문은 아주 간단하다. "X는 무엇인가?" X 자리에 임의의 모든 대상이 올 수 있다. 이러한 질문은 행동하는 입장으로부터 관찰하는 입장 또는 이론적인 입장으로 전환하는 것을 의미한다. 우리는 우선 사물이나 인간을 상대로 행동하는 입장을 취한다. 사물이 자연을 통해 생겨난 것이든 인간에 의해서 생겨난 것이든 상관 없이 우리는 사물을 이용한다. 우리는 계산기를 사용하지만 이렇게는 묻지 않는다. "계산기가 무엇입니까?" 또는 "인공 지능이 무엇입니까?" 우리는 더 많은 공간을 갖고 싶어하지만 이렇게 묻지는 않는다. "공간이 무엇입니까?" 우리는 "시간이 있습니까?"라고 하지, "시간이 무엇입니까?"라고 묻지는 않는다. 우리는 지하실에 쥐덫을 설치하지만, 이렇게 묻지는 않는다. "생쥐라는 사실이 생쥐 자신에게 무엇을 뜻합니까?"[7] 타인을 자신의 목적 달성을 위한 수단으로 이용하는 사람들도 적지 않다. 하지만 우리는 이렇게 묻지 않는다. "인간이 무엇입니까?" 또는 "인간이 계산기나 생쥐 또는 다른 동물과 구분되는 것은 무엇입니까?" 보통 우리는 세상살이로 정신이 혼미한 상태가 되어 그런 질문을 던질 겨를이 없다. 이는 마치 우리가 온갖 바쁜 생활로 넋을 잃거나 잠을 자는 것과 같다.

철학자는 잠든 우리를 방해하는 사람이다. 우리는 의아하게 생각하고 놀라면서 잠에서 깨어난다. 플라톤 이래 놀라는 능력을 철학의 시작으로 간주한다. "왜냐하면 놀라움이야말로 철학자의 특징적인 경험이기 때문이다. 바로 여기에서 철학이 시작된다. 이리스를 타우마스의 자식으로 본 사람은 이리스의 혈통을 제대로 맞춘 것 같다."[8] 이리스는 오늘날 우리가 경탄해 마지않는 무지개이며, 이리스의 아버지인 바다의 신 타우마스도 놀라운 존재이다. 아리스토텔레스가 이를 강조한다. "인간은 놀라움을 통해서야 비로소 처음으로 철학을 시작한다."[9]

철학자들이 놀라워하는 대상은 특별한 것이 아니고 일상적인 것이다. 사람들은 일반적으로 평범한 것에 놀라지 않는다. 예를 들어 우리가 해안에 부딪치는 파도 소리를 항상 듣게 되면, 파도 소리를 거의 알아채지 못한다. 우리는 이와 같이 일상적인 것에 익숙해지기 때문에 거의 그런 것에 주의를 기울이지 않는다. 하지만 평범한 일이 철학자에게 특별한 일이며, 해명하려고 노력하는 대상이다. 철학자는 다른 기적을 필요로 하지 않는다. 철학자는 눈에 띄지 않는 곳에 항상 존재하기 때문에 특별히 주목을 받지 못하는 대상에 대한 '전문가'이다. 철학자는 아무도 말하지 않는 걸 말하고, 모든 것이 침묵하는 곳에서 이야기한다. 이렇게 주목받지 못하는 대상은 대부분 아주 일반적인 것이다. 따라서 철학자는 전문 학자와는 달리 일반적인 것을 연구하는 학자이다. 중요한 철학적 질문 가운데 일반적인 '무엇' '무엇으로부터' 또는 '어떤 목적으로'라는 형태의 질문이 많다. 이러한 것은 본래 아이들이 던지는 질문이다. 이 가운데 몇 가지 질문이 철학자의 주의를 끈다. 그것은 주로 '무엇'에 관한 질문이다. 이러한 질문은 다음과 같은 문장으로 옮길 수 있다.

1) 무엇이 존재하는가? 이것은 존재론의 기본적인 질문이다. 존재

론 대신에 현실에 대한 이론이라고도 할 수 있다. 아리스토텔레스, 그리고 20세기에 이르기까지 수많은 학자들은 존재에 대한 물음을 철학의 기본 문제로 보았다. 그런데 우리가 '존재'라는 표현을 제대로 이해하지 못하므로 그러한 질문에 앞서 먼저 '존재'의 단어적 의미를 설명해야 한다.

2) 우리는 무엇을 인식하는가? 이것은 프랑스의 철학자 르네 데카르트(1596-1650)가 강조한 인식론의 기본 질문이다. 데카르트는 이러한 질문을 던진다. 혹시 우리가 인식한다고 믿는 것이 착각이 아닐까? 우리의 인생이 꿈과 같지 않을까? 이같은 질문의 목적은 우리의 인생이 실제로 꿈이란 걸 증명하는 데 있지 않다. 데카르트는 다소 극단적인 의심을 통해, 즉 세계를 인식하는 인간의 능력을 송두리째 의심함으로써 확실한 '그것'에 도달하려고 한다. 따라서 "우리가 무엇을 인식하는가?"라는 질문은 또 다른 질문으로 바뀐다. "우리는 어떻게 그것을 인식할 수 있는가?"

3) 우리는 무엇을 말하는가? 이것은 언어철학의 기본적인 질문이다. 이 질문을 통해 인식에 대한 데카르트적 의심의 영역을 언어 영역까지 확장한다. 언어는 단순히 인간의 생각을 표현하는 수단인가? 혹은 우리의 생각을 잘못된 방향으로 유도하는 데 언어가 사용되기도 하는가? 만일 그렇다면 고틀롭 프레게(1848-1925)가 말했듯이 "인간 정신에 대한 언어의 지배를 깨뜨리는"[10] 작업이 철학자의 과제일 것이다. 루트비히 비트겐슈타인(1889-1951)은 언어에 대한 인식을 철학의 핵심 주제로 삼은 주요 사상가 중 한 명이다. "우리는 무엇을 말하는가?"라는 질문이 비트겐슈타인에게서는 다음과 같이 바뀐다. "우리가 하는 말의 의미는 무엇인가? 또는 단어의 의미는 무엇인가?"

4) 진리가 무엇인가? 이것은 진리론의 기본적인 질문이다. 그런데

우리가 '진리'라는 표현을 제대로 이해하지 못하므로 먼저 '진리'의 단어적 의미를 설명해야 한다. 그리고 나서 언제, 어떤 대상을 진리/참으로 간주할 것인가에 대한 기준을 마련해야 한다. 여러 가지 기준이 있을 수 있으므로 진리론에서는 핵심 기준을 찾아내야 한다.

5) 무엇이 좋은가, 또는 선한가? 이것은 윤리학의 기본 질문이다. 왜냐하면 윤리학은 선에 대해 연구하는 학문이기 때문이다. 그런데 우리가 '좋은'이라는 표현을 제대로 이해하지 못하므로 우선 '좋은'의 단어적 의미를 살펴보아야 한다. 선한 일, 인간은 바로 그런 일을 해야 한다. 따라서 "무엇이 선한가?"라는 질문은 "우리는 무엇을 해야 하는가?"라는 질문으로 이어진다.

아주 간단히 정리하면 고대와 중세에는 주로 존재에 대한 질문이, 근대에는 특히 인식론적 질문이, 그리고 20세기에 들어와서는 무엇보다도 언어철학적인 질문이 많이 제기되었다. 철학적인 문제도 유년기, 청년기, 그리고 때때로 노년기를 거치게 된다. 윤리적인 문제나 진리 문제는 철학 역사에서 시대를 불문하고 다루어졌지만, 다른 문제는 특정한 시대에 집중적으로 다루어졌다.

이러한 다섯 가지의 '무엇'에 대한 질문으로 철학적 질문을 모두 열거한 것은 아니다. 철학 입문의 초기 단계에서 총체적인 철학적 문제를 인식할 수는 없다. 하물며 문제의 서열에 관해서는 더 말할 나위 없다. 철학의 진보는 본질적으로 우리를 둘러싸고 있는, 하지만 느끼지 못하는 문제에 대한 인식의 진보이다. 철학적 진보는 새로운 경험 사실의 발견이 아니며, 새로운 과학 기술의 형성과도 무관하다. 그것이 빵 생산을 위한 기술이든, 아니면 폭탄 제조를 위한 기술이든 상관 없이 그러하다.

이처럼 철학은 직접적으로 유용하지도 않고 해롭지도 않다. 이런 의미에서 한 학생이 "철학적 질문은 무엇인가?"라는 물음에 대해 그럴 듯하게 대답했다. "철학적 질문은 그 대답이 중요하지 않은 질문입니다." 하지만 인간은 빵만으로 사는 것도 아니고, 폭탄을 통해서만 파괴되는 것도 아니다. 잘못된 생각에 의해서도 자신과 자신의 환경이 파괴될 수 있다. 철학적 진보는 사고의 진보이며, 정교하고 세련된 문제 제기에 있다. 어떤 물음은 물음 자체가 잘못이라서 그러한 무의미한 질문을 거부해야 할 때도 있다. 하지만 질문을 제기할 수 있다는 사실은 우리가 단순히 동굴의 어둠 속에서 살고 있는 데 그치지 않고, 그 어둠을 인식한다는 것을 의미한다. 우리는 이따금 어둠 속으로 한 줄기 빛이 비치는 걸 본다. 이 경우에 우리는 동굴 비유에서 말한 해방을 경험하게 된다. 그렇다면 우리는 자신을 어둠에서 벗어나 밝음을 향해 애쓰는 존재로 인정해도 좋다. 그러한 존재가 인간인 것이다.

3. 철학과 보편 정신

철학적 기본 개념에 대한 입문은 오해를 불러일으키기 쉽다. 즉 '우리는 여기에 있고, 철학은 저기에 있다'라는 생각이 들게 한다. 마치 우리가 외부에서 철학 속으로 인도되는 것처럼 느껴질 수도 있다. 그러나 실제로 우리는 철학의 외부 또는 위에 있지 않다. 우리가 철학의 밖에 있다는 생각이 들더라도 우리는 이미 철학 속에 있다. 우리는 내부로부터 철학 속으로 인도된다. 왜냐하면 우리는 비록 의식하지 못하더라도 스스로 철학을 소유하고 있기 때문이다. 우리는 철학 없이 살 수 없다. 우리는 건강한 인간적 오성(悟性)을 가지고 있다.

건강한 인간적 오성을 보편 정신(Gemeinsinn)이라고도 부른다. 이마누엘 칸트(1724-1804)에 따르면 보편 정신은 건강한 인간의 평균적인 오성과 다르지 않다. 하지만 어떤 사람에게 오성으로 여겨지는 것이 때때로 다른 사람에게는 무지로 여겨지기도 하며, 어떤 사람에게 보편 정신으로 여겨지는 것이 다른 사람에겐 어리석음으로 여겨지기도 한다. 저지독일어 속담에 따르면 어떤 사람에게 '올빼미'로 보이는 것이 다른 사람에게는 '밤꾀꼬리'로 보인다.

그럼에도 불구하고 미치광이가 아닌 다음에 그 누구도 포기할 수 없는 확신의 근간이 보편 정신에 속한다. 내가 존재한다고 믿는 개인적인 확신이 보편 정신에 해당된다. 그런데 나 이외에 다른 사람들도 있다. 내 아버지, 내 어머니, 내 형제, 내 아내, 내 남편, 내 자식, 내 동료, 그리고 내가 알지 못하는 다른 사람이 존재한다. 나는 세상 속에 살고 있다. 이 세상은 내가 태어나기 전에도 존재했고, 내가 죽은 후에도 계속해서 존재할 것이다. 내가 아는 사람과 다른 사람들 외에도 다른 생명체, 즉 식물과 동물이 있다. 나는 온갖 변화를 겪음에도 불구하고 어떤 면에서 볼 때 항상 같은 존재이다. 다른 모든 생명체와 같이 나도 언젠가 더 이상 존재하지 않게 된다.

보편 정신은 철학적 정신이다. 우리는 이러한 보편 정신 속에서 각자 고유한 세계를 갖는다. 각자의 고유한 세계는 견해와 관심의 광원추를 통해 빛을 발한다. 광원추 속에 있는 것은 분명하게 보인다. 그러나 밖에 있는 것은 거의 존재하지 않는 것과 같다. 따라서 대부분의 사람들이 우리에게는 거의 존재하지 않는 셈이다. 이처럼 우리의 세계는 작은 세계이다. 이런 작은 세계에 걸맞게 우리의 생각도 세계의 일부만을 파악하고 있다. 우리는 일부를 때때로 전체라고 간주한다.

이렇게 주장하는 철학자가 있다. "우리가 철학을 하지 않을 때 그렇게 가정하는 게 항상 옳은 것은 철학할 때도 그렇게 가정하는 게 옳다."[11] 인간 공동체를 벗어나지 않으면서 철학에 대한 피할 수 없는 확신의 근간이 우리에게 내재되어 있다.

작가나 작곡가도 누구나 갖고 있는 감정, 예를 들면 기쁨이나 비애 또는 기쁨을 동반한 비애를 표현한다. 마찬가지로 철학자는 누구나 가질 수 있는 생각, 예를 들면 인간적인 무지에서 오는 생각을 표현할 수 있다. 한편 건강한 인간적 오성의 교정 불가능성에 대해 주장하는 것은 인간을 편견의 동굴 속에 방치하는 결과를 초래할 것이다. 영국인은 건강한 인간적 오성을 상식(common sense)이라고 부른다.

상식이 '공동적인' 것이나, 아직 '면역성을 가진' 것은 아니다. 사람들은 상식을 바탕으로 혁명적인 발견을 자신의 지식으로 만든다. 예를 들면 지구가 평평하고 태양이 지구 둘레를 도는 것이라고 생각하며, 출산하는 임신부의 1/5이 산욕열을 겪는다고 생각한다. 상식은 지금도 여전히 세상이 있는 그대로 인식될 수 있다고 생각한다. 그러나 이러한 지식은 의심의 여지가 있는 것으로 판명되었다.

우리는 모두 철학을 가지고 있다. 철학의 싹이 우리 속에 있기 때문에 우리는 철학을 할 수 있다. 물론 보편 정신의 철학은 발전되지 못했을 뿐만 아니라 때때로 잘못되어 있다. 이러한 사실을 놓고 볼 때 철학 외적인 입장이 아닌 철학적 입장에서 철학을 교정할 수 있다는 점이 중요하다. 우리는 철학을 밖에서 바라보기 위해 철학 밖으로 나갈 수 없다. 마찬가지로 우리 일상철학의 옳고 그름을 판단할 수 있는 척도를 제시할 특정한 관점을 얻으려고 철학 밖으로 나갈 수도 없다. 보편 정신은 오히려 스스로 이러한 척도를 세워야 하며, 자가 교정을 위한 요소들을 자신으로부터 찾아내야 한다. 여기에 딱 들어맞는 말이 있다. "이것은 우리의 입장이 마치 항구에서 배를 분해하거나 중요한 부품을 새로 조립하지 못하고 망망 대해에서 배를 개조해야 하는 상황에 처한 선원의 입장과도 같다."[12] 언어에 대해서 말하기 위한 언어 밖의 관점이 존재하지 않는 것처럼 철학에 대해서 철학하기 위한 철학 밖의 관점이 존재하지 않는다. 철학 밖에 철학적 입장이 존재하지 않는다는 점에서 철학하기의 필연성이 도출된다. 아리스토텔레스는 다음과 같은 딜레마를 통해 철학하기의 필연성을 역설한다. 철학을 할 필요가 없다는 것을 증명하려면 철학을 해야 한다. 따라서 인간은 어떤 경우에도 철학을 해야 한다.[13]

4. 철학, 학문, 그리고 예술

그런데 이미 오래 전에 학문이 철학을 대체하지 않았던가? 철학은 생겨날 당시, 즉 소크라테스 이전의 학자들 시대에는 학문과 분리되지 않았으나, 지금은 이미 학문에 의해서 따라잡히고 추월당했다고도 말할 수 있다. 철학은 단지 학문의 '나머지' 문제를 다뤄야 했고, 종국에는 이런 '나머지' 문제마저도 완전히 학문의 영역으로 넘어갔다. 이것은 개별 학문, 예를 들면 물리학·심리학·수학 또는 다른 학문들이 철학에서 분리되고, 이와 같은 전문 학문의 분리 과정은 계속되리란 걸 보여 준다. 놀라움의 산물인 철학은 많은 학문의 모태가 되었다. 예를 들면 예전에는 형식논리학이 철학에 속했다. 오늘날 수학적 형태를 지닌 형식논리학은 고유한 학문으로 자리를 잡았고, 이는 다시 하부 학문으로 분리된다.

하지만 학문이 철학을 대체할 수 있다는 생각에 대해서 반대하는 의견도 있다. 새로운 학문은 또한 새로운 철학적 문제를 제기한다. 수학적 형태를 지닌 형식논리학은 수학적 논리의 문제로 이어지고, 정보과학은 인공 지능의 문제를 제기하며, 생명공학은 윤리적인 문제, 즉 "기술적으로 가능한 일이 도덕적으로도 괜찮은가" 하는 문제를 제기한다. 여전히 똑같은 질문이 제기되더라도 철학적 문제의 영역이 같은 것은 아니다. 학문적 진보는 또한 새로운 철학적 질문을 만들어 낸다. 새로운 학문이 이처럼 자생적인 새로운 철학적 문제에 관심을 돌린다는 점에서 이를 학문의 '철학화'라고 부를 수 있다. 실제로 철학은 많은 학문에서 제외되는 것이 아니라 그런 학문 속으로 침투한다.

한편 개별 학문들은 많은 철학적 주제를 전혀 다루지 않는다. 예를 들면 개별 학문들은 "뭔가가 있다"는 것이 무슨 뜻인지 묻지 않는다. 개별 학문들은 무엇이 있다는 걸 그냥 전제로 삼는다. 여기서 '있다'의 의미를 설명하지도 않는다. 개별 학문에서는 보통 일반적인 것, 예를 들면 "인식이 무엇인가?" "언어가 무엇인가?" "진리가 무엇인가?" 또는 "무엇이 선인가?"에 대해서 전혀 질문을 던지지 않는다. 학문은 진리로 향하는 길을 추구하지만 "진리가 무엇인가?"에 대해서 묻지 않는다. 학문이 그런 문제를 제기하고 체계적으로 대답하려고 노력하는 곳에서 학문은 철학적이 된다. 학문의 유효 범위를 근거로 학문이 철학을 대체했다고 주장할 수는 없다. 그러나 철학의 일부 영역이 학문으로 넘어간 것은 사실이다. 철학적 분야의 학문화 과정은 계속될 것이다.

그렇다면 철학은 일종의 학문일까? 여러 철학자들의 견해에 따르면 철학은 학문보다는 문학에 가깝다고 한다. 이에 따라 철학자들은 개념적 언어보다는 회화적인 언어로 자신을 표현했다. 예를 들면 《파이드로스》와 같은 대화의 플라톤이나, 《고백록》(397)의 아우구스티누스(354-430), 《차라투스트라는 이렇게 말했다》(1883-85)의 프리드리히 니체(1844-1900) 등이 그런 철학자들이다. 그들은 일정한 방식의 철학적인 문학 작품을 썼다. 오늘날에도 많은 철학자들이 작가처럼 말하려고 노력하는 것을 볼 수 있다.

반대로 오늘날 예술이 점점 '철학화' 되는 현상을 찾아볼 수 있다. 프랑스의 작가 생 종 페르스(1887-1975)는 1960년 노벨상 수상 연설에서 다음과 같이 말했다. "철학자들이 형이상학의 문턱을 떠나면 작가가 형이상학자를 대신한다. 그러면 진정한 '놀라움의 모태'로서 판명되는 것은 철학이 아니라 문학이다. 바로 고대 철학자들이 의심의 눈초리로 바라보았던 문학이 그렇게 된다."[14] 그가 말한 고대 철학자란 이상 국가에서 작가를 제외시킨 플라톤을 가리킨다. 나는 여기서 철학적 예술 작품 두 가지를 지적하고 싶다. 먼저 사뮈엘 베케트(1906-1990)의 《고도를 기다리며》라는 작품이다. 두 남자, 즉 블라디미르와 에스트라공은 오기로 되어 있으나 오지 않는 고도씨의 출현을 기다린다. 고도는 신 또는 어떤 중요한 인물을 암시한다. 《고도를 기다리며》는 인생, 즉 일어나지 않는 어떤 사건을 기다리며 보내는 인생을 상징한다. 또 하나는 짐 자무시(1953~)의 영화 《천국보다 낯선》이다. 두 남자가 뉴욕을 떠나 정처없이 미국을 떠돌다가 플로리다에 온다. 그 중 한 남자가 헝가리인 이모집에서 만나 플로리다에 데려온 사촌누이를 사랑한다. 사촌누이가 아무 말 없이 부다페스트로 떠나려고 하자, 그 남자는 그녀를 따라가기로 결심한다. 그런데 사촌누이는 비행기를 놓치는 바람에 플로리다에 남는다. 그러나 그 남자는 비행기를 타고 부다페스트로 간다. 영화가 보여 주는, 그러나 말로 표현하지 않는 철학을 언어로 담는 것은 쉬운 일이 아니다. 하지만 영화는 실제 인생의 공허한 의미, 우연 그리고 예측 불가능성을 보여 주며, 실제 인생이 꿈꿔 왔던 천국보다도 우리 자신에게 더 친숙하지 않다는 걸 보여 준다.

물론 대다수 철학자들은 철학의 학문적 성격을 강조했다. 플라톤이 그러한 학자에 해당되는데, 대화편에서 미완성으로 남은 변증법이 그것이다. 플라톤은 변증법을 하나의 학문, 즉 예술적으로 전개되는 대화를 통해 개체의 존재를 밝히려는 학문으로 이해했다. '형이상학' 즉 "최초의 원인과 이유에 대한 학문"[15]을 쓴 아리스토텔레스도 그런 학자에 속한다. 데카르트도 《철학의 원리》을 통해 의식에 내재된 철학의 확고한 원칙을 확인하려고 했다. 칸트는 《학으로 성립할 수 있는 모든 미래의 형이상학에 대한 입문》을 통해 학문적 철학을 제시하였다. 20세기에는 특히 에드먼드 후설(1859-1938)이 《엄밀한 학문으로서의 철학》(1911)을 통해서, 그리고 루돌프 카르나프(1891-1970)가 《세계의 논리적 구조》(1928)를 통해 학문적 철학을 정립하려고 노력하였고, 또 오늘날에도 계속해서 이어지는 철학적 방향의 기초를 세웠다. 이런 철학자들에 따르면 '학문적'이란 모든 사람이 사고 과정을 따라갈 수 있도록 충분히 논리적인 설득력이 있다는 뜻이다. 똑같은 기본 전제에서 출발한 사람은 누구나 단계적인 논리 유도를 거쳐 똑같은 결론에 도달해야 한다. 그렇게 해야 개인적인 의견이 끼어들 여지가 없다. 칸트도 자신의 주요 저작인 《순수이성비판》(1781)에서 "우리는 우리 자신에 대해서 침묵한다……"라는 계명을 내세우며, 자서전 쓰기를 그만두었다. 왜냐하면 칸트는 작품만이 가치 있다고 보기 때문이다. 물론 이러한 학문적 철학의 이상은 완전히 실현되지 못했고, 그 결과 오늘날 우리는 모든 인간에게 적용되는 학문적 철학을 갖지 못했다.

거의 모든 철학자들의 기본 가정이 어떤 점에서든 논란의 여지가 있고, 사용된 기본 개념에 대한 설명도 대부분 불충분하여 개념 풀이가 요구되기도 한다. 철학에서 개인적인 의견의 배제는 오류의 배제만큼이나 불가능하다. 자연과학에서 엄밀한 분야, 예를 들면 수학적 물리학에서도 미래에까지 유효할 수 있는 확고한 지식은 없다. 오늘 유효한 물리학의 법칙이 내일은 전부 잘못된 것으로 판명될 수 있다.(54쪽 참조) 그렇다고 해도 물리학에서는 어느 정도까지 유효한 법칙에 대한 합의가 존재한다. 이에 반해 철학의 원칙에 대한 의견 불일치——비록 개념적 차원이 자연과학과 다르더라도——는 소크라테스 이전의 학자 때부터 지금까지 계속되고 있다. 이와 같은 철학에서의 의견 불일치를 학문화 과정을 통해 의견 일치 상태로 바꾸려는 생각은 허상으로 남을 것이다. 왜냐하면 철학, 즉 인간의 지식 추구 자체에 학문화를 반대하는 요구가 내재하기 때문이다.

한편 학문과 예술 사이의 엄격한 구분——주관적인 것과 객관적인 것의 구분처럼——도 사실상 실행이 불가능한 경계짓기이다. 철학이 탄력적인 대상인 것으로 판명됨에 따라 철학을 좁게 파악하려는 시도는 전부 실패한 것으로 보인다. 철학과 '비철학'을 나눌 수 있는 엄밀한 경계선이 없는 것처럼 철학·학문 그리고 예술 사이에도 엄밀한 경계선이 없다. 형태적으로도 철학은 다양하다. 순수 학문적인 또는 순수 주관적인 철학은 여지껏 없었으며, 다양한 정도의 주관성과 객관성을 가진 철학이 존재했다. 과거와 현재의 고전적인 철학자들은 일생 동안 객관적인 진리를 찾는 데 노력했으나, 단지 이를 주관적으로 표현하는 데 그치고 말았다. 하지만 다른 측면에서 보면 철학자 모두가 이러한 작업을 훌륭히 해냈기 때문에 플라톤의 《국가》(기원전 365년경)에서 비트겐슈타인의 《철학적 탐구》(1954년)에 이르기까지 대부분의 중요한 철학 저서는 문학 작품이기도 하다. 이들 저서는 그 형식과 내용이 분리되지 않고, 문학적 형식이 내용의 한 부분을 차지하고 있다.

가령 플라톤 대화의 이야기 밖의 이야기는 대화 내용에 대해서 뭔가 말한다. 훌륭한 철학적 작품은 우연적인 내용을 담고 있지 않으며, 훌륭한 플라톤 대화처럼 헛되이 이야기를 전개하지 않는다. 위대한 철학은 철학이 위대한 인간의 표현이라는 점을 배제하지 않고, 오히려 함축한다. 오스발트 슈펭글러(1880-1936)에 따르면 "인간이 위대할수록 철학도 더 진실하다"[16]라고 했는데, 여기서 '더 진실한' 이란 말은 비유적인 의미로 더 중요하고 더 풍성하다는 뜻이다. 반면에 플라톤 추종자인 앨프레드 에드워드 테일러(1869-1945)는 자신의 확신 부재를 고백하는 걸 부끄러워하지 않았다. "우리 모두가 철학에 대해서 목표로 삼을 수 있는 것은 철학이 표면적인 의견 제시가 아닌 전체 인격의 표현이라는 사실에 있다. 나는 데이비드 흄(1711-1776)의 고유한 철학이 그렇다는 걸 느끼지 못하기 때문에 나를 엄습하는 확신 부재를 고백해야겠다. 즉 나는 흄이 정말로 위대한 철학자인지, 아니면 단순히 '영리한 사람' 인지 확신하지 못한다."[17]

5. 이상으로서의 철학

'철학자' 란 단어처럼 '철학' 이라는 용어도 서술적인 의미와 함께 평가적인 의미를 갖는다. 객관적 진리의 인식처럼 철학도 하나의 이상으로, 인간이 다가가는 대상이지만 아직 완전히 실현되지 못했다. 그 이유는 인간의 부족함과 더불어 철학이 던지는 질문의 난해함 때문이다. 우리 인간이 자신과 관계된 철학적 문제를 해결하지도 못한 채 살 수 있다는 건 놀라운 일이다. 레프 니콜라예비치 톨스토이(1828-1910)의 소설 《안나 카레니나》에 나오는 레빈도 다음과 같은 질문의 해답을 찾지 못했기 때문에 고통스러운 순간을 살아간다. "내가 누구인지, 어떤 목적으로 여기에 있는지도 알지 못하면서 살아갈 수는 없다. 그런데 나는 그걸 모른다. 따라서 난 살 수가 없다."[18]

그러나 우리가 철학적 질문을 던지기 시작하면 곧 최종적으로 그런 문제를 풀기에는 우리 자신의 역량이 부족함을 느끼게 된다. 우리는 삶과 동시에 철학을 하거나 최소한 그런 노력을 해야 한다. 왜냐하면 인간이 던질 수 있는 중요한 이론적인 질문이 바로 철학적인 질문이기 때문이다. 인간의 정신은 끝없는 질문 제기의 성향을 갖고 있다. 아리스토텔레스에 따르면 모든 인간은 본성적으로 지식을 추구한다.[19] 이는 모든 인간이 본성적으로 철학을 추구한다고 바꿔 말할 수 있다. 인간의 정신은 천성적으로 철학적이기 때문이다. 철학은 이러한 지식 추구의 충족이다. 이러한 지식 추구는 대부분 가능성으로 존재하며, 종종 그 발달이 방해받거나 그릇된 방향으로 흘러간다.

"음악이 나를 발전시킨다"라고 괴테가 말했듯이 철학도 음악과 비슷한 일을 한다. 철학은 기본 개념에 대한 이해를 촉진시킨다. 그러나 외적인 또는 내적인 이유로 이러한 촉진 작용이 방해받는 일이 일어난다. 내적인 이유는 근본적으로 개념을 전개시키는 데 사용하는 '말의 취약성'[20](플라톤)에 있다. 왜냐하면 말은 우리의 인식 수단, 즉 이름·정의·그림과 개념을 이용하기 때문이다. 이러한 인식 도구는 우리가 찾는 본질을 가르쳐 주는 것이 아니고, 단지 본질의 '특성' 내지 '현상' 또는 '양태'를 보여 준다. 인식 수단은 자신의 시각에 비치는 대로 본질의 모습을 보여 준다. 아무리 우리가 존재·인식·언어·진리 그리고 선이 '실제로' 무엇인지 찾으려고 해도 우리는 그들이 '실제로' 무엇인지 찾지 못한다. 우리는 단지 인식 수단의 시각에 비치는 대로 그들의 본질을 찾아 헤맨다.

철학자는 구하고자 하는 것을 찾지 못하는 운명을 타고난 것 같다. 철학자의 영혼은 '무엇' 또는 본질을 찾는다.[21] 이러한 추구는 철학적 영혼에 뿌리박혀 있다. 아마도 이러한 추구는 모든 이들의 관심사일 것이다. 이와 관련하여 플라톤은 소크라테스로 하여금 다음과 같은 질문을 던지게 한다.

"개별 대상의 본질을 분명하게 아는 것이 모든 이들의 관심사라는 걸 넌 믿지 않느냐?"[22] 아리스토텔레스도 다음과 같이 기술한다. "우리는 인간이 무엇인지 또는 불이 무엇인지 알고, 또 어떤 성질을 가졌는지, 얼마나 큰지 또는 어디에 있는지 등을 알게 되면 개별 대상에 대해서 가장 잘 안다고 생각한다."[23] 비록 어느 본질의 존재를 부정하더라도 우리는 또 다른 본질을 전제한다. 예를 들어 비트겐슈타인처럼 언어의 본질을 인정하지 않고, 대신에 언어들 사이의 '가족적 유사성'을 인정하게 되면,[24] 결과적으로 언어의 본질을 전제하는 것이다. '가족적 유사성'은 가족 구성원 사이의 공통점과 다른 점을 뜻하는데, 이를 언어에 적용하면 언어들 사이의 공통점과 다른 점이 있다는 걸 의미한다. 때문에 언어들 사이의 가족적 유사성은 언어들 사이의 어떤 공통적인 요소, 즉 언어의 본질을 전제로 삼는다.[25]

그런데 인식 도구는 본질이 아닌 본질의 '성질' '현상' 또는 '양태' 예를 들면 '가족적 유사성'만을 보여 준다. 이러한 현상 등은 우리 영혼이 찾는 대상이 아니다. 철학자는 문제와 싸우고 앞으로 전진하기 위해서 패배를 감수하는 운명을 타고난 것 같다. 좀더 극적인 표현을 쓸 수도 있다. "철학자는 항상 패배를 향해 전진한다. 철학자는 싸움을 시작하기도 전에 이미 관자놀이에 상처를 입는다."[26]

이 책에서 우리는 가볍게 철학 세계를 산책하려고 한다. 라이너 마리아 릴케(1875-1926)도 자신의 〈산책〉(1924)이라는 시에서 철학적 경험의 불만족을 다음과 같이 표현한다.

> 이미 내 시선은 언덕에, 해가 비치는 길에,
> 내가 시작도 하지 않은 길에 앞서가 있네.
> 우리가 붙잡을 수 없는 것이
> 멀리서, 당당한 모습으로 우리를 어루만지며

미처 우리가 도달하기 전에, 나도 모르는 사이에
우리를 원래대로 변화시키네.
신호가 오네, 우리 신호에 대답하듯……
그러나 우리는 맞바람만 느낄 뿐.

II

언 어

1. 행위로서의 말

우리는 언어를 가지고 시작한다. 우리는 직접적으로 존재 또는 인식을 가지고 시작할 수 없다. 먼저 외적인 수단에 눈을 돌리는 것이 방법적으로 타당하다. 우리는 외적인 도구을 통해 존재 또는 인식에 대해서 사색을 한다. 아무리 언어가 철학의 도구라고 하더라도 이 도구를 설명하는 건 어려운 일이다. 우리가 항상 언어를 사용하기 때문에 언어는 우리와 가까운 곳에 있다. 우리가 언어에 대해서 이야기하는 것은 마치 우리 자신에 대해서 이야기하는 것과 같다. 우리 자신에 대해 적절하게 말하는 것이 어려운 것처럼 언어에 대해서 적절하게 말하는 것도 어렵다.

게오르크 크리스토프 리히텐베르크(1742-1799)는 다음과 같은 사실을 지적한다. "단어는 개념의 자연적인 기호를 대신하는 일종의 철자 산술법이다. 개념의 자연적인 기호는 몸짓과 자세이며, 명사의 격도 기호이다."[27] 이 주장에 따르면 개념의 자연적인 기호는 본디 단어가 아니라 몸짓과 자세이다. 단어는 단지 이러한 자연적인 기호를 대신하는 축약 형태이다. 언어는 원래 낱말 언어가 아니라 신체 언어이다. 낱말 언어도 신체 부위, 후두와 입을 사용한다. 이런 의미에서 낱말 언어도 신체 언어인 것이다. 우리가 말할 때 후두와 입을 사용하는 일이 꼭 필요한 것은 아니다. 이것은 오히려 인간이 다른 생활 양식에서 발전한 결과, 즉 진화의 결과이다.

진화는 다르게 진행될 수도 있었을 것이다. 가령 손이나 발 또는 배로 말할 수도 있을 것이다. 물론 이런 방식으로 복잡한 사실 관계를 전달하는 일은 힘들었을 것이다. 그런데 언어가 일차적으로 신체적인 행동이며, 낱말 언어가 단지 인간 행동의 확장이라는 사실은 중요한 결과를 낳는다. 신체 부위, 예를 들면 발이나 손의 움직임처럼 음성 기관의 사용도 행위의 일종이다. 걷고, 달리고, 손짓하고, 인사하는 신체적인 행위처럼 말을 할 때에도 우리는 발화 행위를 수행한다. 때문에 소크라테스가 이런 질문을 던진다. "말하는 것도 행위의 하나가 아닌가?"[28]

언어를 놀이, 예를 들어 체스와 비교하면 이런 사실은 좀더 분명해진다. 체스에서 개개의 말을 움직이면서 행위를 하는 것처럼 단어를 사용하면서 행위를 수행한다. 비트겐슈타인은 언어 행위 개념을 다음과 같이 설명한다. "언어는 우리에게 일종의 산술이다. 언어는 언어 행위를 통해 그 특징이 나타난다."[29] 여기에서 산술의 의미는 '일종의 철자 산술법' 또는 '체스놀이'를 생각하면 이해가 될 것이다. 체스의 경우 여러 가지 말, 즉 왕·여왕·탑 등이 있다. 이들 말의 역할은 규칙을 통해 정해지고, 우리는 이 규칙에 따라 놀이를 한다. 마찬가지로 언어에는 여러 가지 단어가 있다. 단어들은 규칙을 통해 특성을 나타내며, 우리는 단어를 규칙에 따라 사용한다. 언어는 언어적 표현 수단과 이에 속하는 행위 규칙으로 이루어진 체계이므로, 언어를 산술이라고 부를 수 있다. 비트겐슈타인은 언어, 그리고 이와 결합된 행위를 '언어놀이'라고 칭한다. "나는 전체, 즉 언어, 그리고 이와 결합된 행위를 언어놀이라고 부를 것이다."[30] 그런데 언어는 발화에 그 뿌리를 두고 있으므로 보통 언어 행위 대신에 화행(話行)이라고도 부른다. 이러한 의미에서 존 로저스 설(1932~)은 《화행》(1969)을 저술했다. 화행은 일정한 규칙에 따라 언어적 표현 수단을 생성하는 것이다.[31]

우리가 다양한 목적을 위해 여러 가지 방식으로 육체적인 행위를 하듯이, 화행의 종류도 다양하며 여러 가지 목적을 위해 사용된다. 비트겐슈타인은 《철학적 탐구》에서 다음과 같은 화행의 예를 소개한다.

"명령하기 및 명령에 따라 행동하기 / 대상을 보이는 대로, 또는 측정한 대로 묘사하기 / 묘사(그림)에 따라 대상을 만들기 / 진행 과정을 보고하기 / 진행 과정에 대해서 추정하기 / 가설을 세우고 검증하기 / 도표를 통해 결과를 설명하기 / 이야기짓기와 읽기 / 연극하기 / 노래하기 / 수수께끼 맞추기 / 익살스러운 이야기 꾸미기와 말하기 / 응용 산술 문제 풀기 / 한 언어에서 다른 언어로 번역하기 / 부탁하기, 감사하기, 욕하기, 인사하기, 기도하기."[32]

2. 언어적 행위의 세 가지 기능

생명이 발전하는 것처럼 말의 기능도 새롭게 생겨나고 사라진다. 나는 여기서 특히 자주 등장하는 세 가지 기능, 즉 서술적 기능, 표현적 기능, 그리고 행위 유도적 기능을 강조하고 싶다.

언어의 서술적 기능은 올바른 정보를 전달하는 참 문장을 형성하거나, 올바르지 않은 정보를 전달하는 거짓 문장을 형성하는 것을 말한다. 언어의 이런 기능은 특히 날씨·증권 또는 도로 상태에 대한 보도에서 찾아볼 수 있다.

표현적 기능은 '아야!' '와!' '어머나!' 같은 외침 속에서 찾아볼 수 있다. 이 기능은 시에서도 두드러지게 나타난다. 가령 고트프리트 벤스(1886-1956)의 시가 그러하다. "장미여, 참으로 아름답구나/초록 하늘 아래의 도시는/밤에/세월의 무상함 속에서!" 시인이 밤하늘을 초록으로 표현한다고 해서 아무도 잘못된 정보라고 탓하지 않을 것이다. 장미를 바라보는 순간 노쇠한 시인을 엄습한 울적한 마음——시인의 울적한 마음에는 희망이 뒤섞여 있다——을 고려하면 참·거짓에 대한 문제는 부차적이다. 이러한 표현적 기능이 단지 느낌만을 표현하는 것은 아니며, 느낌을 불러일으킬 수도 있다. 가령 아이, 여자 또는 남자의 울음이 감정을 표현하면서 동시에 감정을 불러일으킬 수 있다.

끝으로 행위 유도적 기능이 있다. 이 기능은 가령 "조심, 거기 서!"와 같은 명령이나 "자리에서 일어나 주시길 부탁드립니다!"와 같은 부탁의 경우에 나타난다. 이 세 가지 기능이 순수한 형태로, 즉 어느 한 가지 기능만 단독으로 나타나는 경우는 드물다. 시도 종종 정보를 전달하고, 학문적인 보고도 감탄적 또는 평가적 요소를 포함하고 있다. 학문적인 보고도 겉으로 객관적인 듯해도 항상 그런 것은 아니다. "당신은 사물에 대해 말하면서 자기 자신을 의미한다……."(카를 크라우스, 1874-1936) 마찬가지로 군대에서, 또는 아이나 동물을 다루는 경우를 제외하면 언어의 명령적인 기능이 홀로 나타나는 경우도 드물다. 원칙적으로 성인에게 단순히 명령할 수는 없다. 가령 누군가에게 "가난한 사람을 위하여!"라고 쓴 입금 용지를 달랑 보내는 것은 충분치 않다. 여기에 가난의 성격과 기부의 목적에 대한 추가적인 정보를 전달해야 한다. 즉 기부에 대한 감정 호소를 넘어서, 기부금이 유용하게 사용된다는 점을 분명하게 알려야 한다. 입금 용지를 받은 사람이 기부가 긍정적인 목적에 기여한다는 걸 확신한다면, 그에게 틀림없이 좋은 목적에 대한 좋은 감정이 생겨날 것이다. 이처럼 사람의 감정을 불러일으키기 위해서 언어의 표현적 기능이 필요하다. 결론적으로 언어의 세 가지 기능은 서로 분리되어 있지 않다. 효과적인 전달을 위해서 오히려 세 가지——또는 더 많은——기능이 함께 이용된다.

언어의 세 가지 기능은 세 가지 상이한 문법적 형태와 일치하는 것처럼 보인다. 서술적 기능은 주로 서술문에, 표현적 기능은 감탄문에, 그리고 행위 지시적 기능은 명령문에 나타난다. 따라서 문장의 문법적 형태로부터 직접적으로 기능을 추론할 수 있는 것처럼 보인다. 하지만 꼭 그런 것은 아니다. 똑같은 미소가 여러 의미, 예를 들어 호감·조소 또는 고소함을 암시하듯이 똑같은 화행이 여러 가지 기능을 수행한다. 강연 후에 "정말 좋았어요!"라는 서술문의 사용을 통해 강연이 아주 좋았다는 감정을 표현할 수 있다. 멋진 저녁 시간을 끝낸 후 주인이 이런 말을 하면 손님더러 다시 찾아와 달라는 초대의 표현이 되고, 상황에 따라 손님의 귀가를 유도하는 관용적인 표현이 되기도 한다. 많은 시와 기도는 서술문의 '옷'을 입고 있지만 실제로는 주로 감정을 나타낸다. 성서의 〈시편〉 저자는 다음과 같이 쓰고 있다. "네가 사자와 독사를 밟으며, 젊은 사자와 뱀을 발로 누르리로다."[33] 〈시편〉의 저자는 이를 통해 주로 확신의 감정을 표현하고 있다. 명령이 의문문 또는 소망문의 형태로 나타날 수 있다. 가령 "커피 좀 갖다 주세요!"라는 말 대신에 "커피 좀 마실 수 있을까요?"라고 말하는 경우가 그렇다. 공손함을 표시하기 위해 이런 표현을 사용한다. 또 "여기 정말 좋구나!"라는 감탄문은 행위 유도적 기능을 수행할 수도 있다. 즉 누군가에게 체류를 종용하는 기능을 갖기도 한다. 이는 일정한 문법적 형태가 종종 그러한 기능을 암시한다는 것을 뜻한다. 그러나 문법적 형태와 기능 사이에는 필연적인 일치 관계가 성립되지 않는다.

내용과 기능 사이에도 필연적인 일치 관계가 성립되지 않는다. 예를 들어 우리가 날씨에 관해 대화를 하는 경우에 일반적으로 날씨에 대한 보도를 하려는 것이 아니라, 대화를 이끌려고 하거나 뭔가 다른 이야기를 끄집어 내려고 하는 것이다. "누군가 날씨에 대해서 이야기하면, 그는 뭔가 다른 걸 이야기하고 싶은 게 틀림없다."(오스카 와일드, 1854-1900) 누군가 '예'라고 말하면 '아니오'를 의미하기도 하고, 그 반대인 경우도 있다. 편지를 읽을 때 씌어진 줄만 따라 읽을 게 아니라 줄 사이도 읽어야 한다. 소크라테스가 사소한 것에 대해서 묻는 경우에 종종 가장 중요한 내용을 의미하기도 한다. 우리에게 남겨진 소크라테스의 언어는 사실상 그 자신의 생각을 숨기기 위해 사용된 것처럼 보인다. 그런데 중요한 것은 문장의 형태로부터 (또는 내용으로부터) 기능을 추론할 수 있는 기계적인 절차가 없다는 사실이다. 기능의 추론은 개별적인 화행의 의미를 해석함으로써 가능하며, 이러한 해석은 경험과 사고를 통해 학습될 수 있다. 즉 해석을 통해 화행의 의미를 이해할 수 있다.[34]

3. 표현과 의미

그럼 어떻게 순수한 표현 형태로부터 의미에 도달하는가? 의미는 표현과 분리된 채 나타나지 않는다. 우리가 어떤 단어나 문장을 들으면 음만 듣는 것이 아니라 내용도 감지한다. 우리가 책 제목을 읽으면 글자뿐만 아니라 주제도 파악한다. 우리가 '조심!'이라는 단어를 읽으면 ㅈ, ㅗ, ㅅ 등과 같은 철자를 읽는 게 아니라 경고의 의미를 이해한다. 즉 우리가 예상치 못한 곳에서 "조심! 낙석 위험!"

이라는 문구를 읽게 되면 아마도 적잖은 충격을 받게 될 것이다. 그리고 화가 난 상태에서 문득 달력에 씌인 "이 친구야, 화내지 마!"라는 말을 발견하게 되면 웃음을 터뜨릴 것이다. 즉 우리는 철자뿐만 아니라 내용도 인지한다. 단어란 일반적으로 물리적인 사건——음파의 결합체, 또는 종이 위에 끄적거린 것——과 이것이 갖는 의미를 함께 가리킨다. 문장의 경우도 마찬가지로 물리적인 사건과 의미를 말한다.

어쨌든 우리는 구두 언어와 문자 언어를 직접적으로 인지한다. 이처럼 우리가 직접적으로 인지하는 것을 현상이라고 부른다. '현상'은 그리스어 phainómenon에서 유래한 것으로 '나타나는 것'이라는 뜻이다. 이 표현은 후설에 의해 성립되고 마르틴 하이데거(1889-1976)에 의해서 계승된 현상학에서 등장하는데, 대상을 관찰하는 특정한 방법을 가리키는 전문 용어이다. 이러한 방법의 특성은 모든 사전 지식을 배제하고 대상을 나타나는 그대로 보려는 데 있다. 그렇게 보이는 대상이 현상학에서 말하는 현상이 되며, 하이데거의 규정에 따르면 "자신에게서 스스로 보여지는 것"[35]이다. 자신에게서 스스로 보여지는 것은 종종 우리의 선입견에 의해서 가려진다. 이런 의미에서 직접적으로 인지된 내용의 발견을 현상적인 결과라고 부른다.

그런데 우리는 현상적인 결과를 구성 요소들로 해체할 수 있다. 뭔가를 해체하는 것은 뭔가를 분석하는 일이다. '분석하다'란 말은 그리스어 analýō, 즉 '해체하다'라는 말에서 유래한다. 언급한 현상적 결과를 구성 요소로 분석할 때 표현 내지 표현 형식을 의미로부터 구분해야 한다. 이때 표현은 한 단어의 일회적인 출현을 말하며, 표현 형식은 그에 비해 이 단어의 반복적인 형상이다. '조심'이라는 표현은 현재, 이곳에서 언어 기호의 일회적인 출현이다. 반면에 '조심'이라는 언어 기호의 표현 형식은 항상 반복적으로 등장한다. 우리는 이 표현 형식을 도로 교통 표지판에서, 기차 안에서, 그리고 공항에서 볼 수 있다. 조심이라는 뜻의 독일어 단어 Achtung, 프랑스어 단어 Attention, 그리고 이탈리아어 단어 Attenzione는 출현의 양상에서 뿐만 아니라 형식에서도 각각 다르다. '조심하세요!'란 뜻의 독일어 문장 "Achtung bitte!" 프랑스어 문장 "Attention s'il vous plaît!" 그리고 이탈리아어 문장 "Attenzione per favore!"도 마찬가지이다. 이 문장들의 의미는 뉘앙스에서 차이가 있을 수 있지만 원칙적으로 같다고 할 수 있다. 때문에 언어마다 의미와 표현 내지 표현 형식이 같지 않다. 표현 내지 표현 형식은 통사론에 속하며, 의미는 의미론에 속한다.

문장론은 그리스어 동사인 syntáttō, 즉 '구성하다' 또는 '배열하다'에서 유래한다. 학교 문법에서 통사론은 문장론을 의미한다. 미국의 철학자 찰스 윌리엄 모리스(1901-1979)가 도입한 용어를 중심으로 언어철학의 입장에 바라본 통사론은 "기호의 특정한 의미 또는 기호의 등장 상황에 관계 없이 기호들 사이의 결합에 대한 연구"[36]를 뜻한다.

반면에 의미론은 그리스어 동사인 semaínō, 즉 '신호를 주다' 또는 '가리키다'에서 유래한다. 의미론은 표현 또는 표현 형식이 가리키는 것에 대한 이론이다. 그런데 표현은 의미를 가리킨다. 따라서 모리스의 언어 규정에 따르면 의미론은 "가리키는 방식의 측면에서 바라본 기호의 의미"[37]에 관한 연구이다. 기호의 의미는 표현 또는 표현 형식을 사물과 연관시킨다. 따라서 의미론은 통사론처럼 표현들 사이의 관계에 대한 이론이 아니며, 오히려 표현과 사물의 관계에 대한 이론이다.

4. 표현의 의미는 무엇인가?

그럼 어떻게 통사론으로부터 의미론에 이르는가? 순수하게 통사적인 기술만으로는 의미적인 기술이 불가능하다. 때문에 통사 구조, 또는 물리적인 형태에 의미 차원을 부여하는 새로운 요소가 첨가되어야 한다. 이러한 새로운 요소는 무엇인가? 이것은 물리적인 사건과 사건 형식처럼 명백하게 파악될 수 있는 것이 아니다. 그럼에도 불구하고 이러한 요소는 존재한다. 그렇지 않다면 표현 내지 표현 형식이 의미를 갖지 못할 것이다.

제일 먼저 떠오르는 대답은 표상(表象)이 통사적 또는 물리적 사건을 언어적 사건으로 만든다는 대답이다. 그런데 표상은 물리적인 사건이 아니라 정신적인 사건이다. 따라서 정신적인 사건이 표현에게 의미를 부여한다는 것이다. 이미 아리스토텔레스가 이러한 논제를 폈다.

"음성적인 표현은 정신 속에 있는 표상에 대한 상징이며, 문자는 음성적인 표현에 대한 '상징'이다. 문자가 모든 사람에게 똑같지 않듯이 음성도 똑같지 않다. 이러한 상징인 '음성과 문자'는 일차적으로 기호이며, 기호는 모든 사람에게 똑같은 정신적인 표상이다. 그런데 이러한 '표상'과 유사한 것이 모든 사람에게 똑같은 사물이다."[38]

문자는 음성적인 표현의 상징이다. 문자와 음성은 사람마다 다른데 비해 정신 속의 표상은 동일하다. 게다가 정신적인 표상을 통해 묘사되는 대상도 동일하다. 이러한 관계는 소위 '기호론적인 삼각형'[39]이라고 불리는 모델을 통해 다음과 같이 표현할 수 있다.

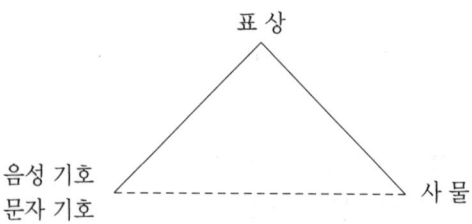

 문자 기호는 음성 기호를 가리키고, 음성 기호는 표상을 가리키며, 표상은 사물을 가리킨다. 중요한 사실은 낱말이 직접적으로 사물을 가리키는 게 아니라, 사물에 대한 표상을 통해서만 사물을 가리킨다.[40] '집'이라는 단어는 사물로서의 집과 직접적으로 관계를 맺는 것이 아니라, 집에 대한 표상을 매개로 사물로서의 집과 관계를 맺는다.

 이에 대해서 프레게는 반박을 제기한다. "표상은 운반자를 필요로 한다. 이와 달리 외부 세계의 사물은 독립적이다."[41] 표상의 운반자는 표상을 가진 사람이다. 그런데 표상이 상이한 운반자를 가지면서 동일한 표상으로 남는 것이 어떻게 가능할까? 나는 어떤 집에 대한 내 표상을 가지고 있고, 당신은 당신의 표상을 가지고 있다. 나는 고층집을 생각하고, 당신은 아마 정원 있는 괴테의 집을 생각할 것이다. 그렇지만 우리는 우리의 표상을 다른 사람의 표상과 직접 비교할 수 없다. 왜냐하면 우리는 다른 사람의 의식 세계로 미끄러져 들어가서, 그들의 표상이 우리 자신의 표상과 동일한 것인지 확인해 볼 수 없기 때문이다. 가령 작가가 자기 생각을 그대로 상대에게 전달하고자 희망하는 경우에 이를 확인해 볼 수가 없다.

 하인리히 폰 클라이스트(1777-1811)는 《작가가 다른 사람에게 쓴 편지》에서 이렇게 쓰고 있다. "만일 내가 시를 쓸 때 내 가슴에 손을 대고, 내 생각을 움켜잡아 이것을 손으로 네 가슴속에 넣을 수 있다면, 내 영혼의 내적인 요구를 가득 채우고 있는 진실을 고백할 수도 있을 텐데."

우리가 다른 사람의 의식 세계에 미끄러져 들어갈 수 있다고 가정해 보자. 그렇다면 집에 대한 다른 사람의 표상과 우리의 표상이 동일한지 여부를 판단할 수 있는 비교 기준은 어떤 것인가? 모든 비교 기준은 다시금 일종의 표상일 수 있다. 그런데 다른 사람의 의식 세계로 들어가면 비교 기준으로서의 표상에 대한 판단을 위해서, 즉 기준으로 삼은 표상이 동일한 것인지 알기 위해서는 또 다른 비교 기준이 필요하게 될 것이다.[42] 또 이러한 비교 기준은 계속해서 또 다른 비교 기준을 필요로 하며, 이같은 과정은 끊임없이 계속된다. 따라서 표현의 의미는 표상이 아니다. 표상은 주관적이며 개인적인 것이기 때문이다.

표상이 주관적이라는 반박에 대해서 프레게는 새로운 대안으로 '의의(意義)'라는 말을 생각해 냈다. 의의란 대상의 '존재 방식'으로, "넓은 범위로 해석된다."[43] 의의도 대상처럼 사람마다 다르지 않고, 즉 주관적이지 않고 객관적이다. 프레게에 따르면 단어는 직접적으로 표상을 거쳐서 사물과 관계를 맺는 것이 아니라, 표상과 의의를 통해 사물과 관계를 맺는다. 이러한 관계는 기호론적인 삼각형에서 다음과 같이 표현할 수 있다.

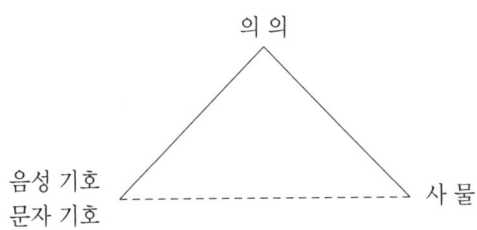

그런데 여기서 이미 표상에 관해 던진 것과 같은 질문이 다시 제기될 수 있다. 표상이 매번 동일하다는 것은 지금까지 증명되지 않은, 그리고 증명될 수 없는 요구이다.(37쪽 참조) '의의' 내지 대상의 '존재 방식'이 매번 동일하다는 요구도 이것과 마찬가지이다. 우리가 '집'이라고 말하면 본질적으로 같은 것을 의미한다는 것은 정당하고 타당한 요구이다. 그렇지 않다면 집에 대해서 의사 소통을 할 수 없을 테니까. 그러나 의의의 일치에 대한 기준은 어디에 있는가? "집 안으로 들어가!"라는 명령에 따라 집으로 들어가는 경우에 행동을 통해 집이 무엇인지 안다는 사실을 알려 줄 수 있다. 그런데 프레게의 설명은 이러한 행동에 관계 없이 의의의 일치에 대한 기준이 존재한다는 얘기이다. 하지만 단어를 통한 의사 소통의 사실을 설명하기 위해서 매번 동일한 의의를 구성한다는 주장은 표상에 대한 가정보다 더 부자연스러워 보인다. 때문에 많은 철학자들의 주장처럼 매번 동일한 의의를 통해서 의미를 설명하는 것은 애매하다.

비트겐슈타인의 《철학적 탐구》에 따르면 표현에 의미를 부여하는 것은 표상도 아니고 의의도 아니다. 그는 단어 사용의 경우에 비추어 '의미'라는 단어의 의미를 이렇게 설명한다. "한 단어의 의미는 단어의 사용이다."[44] 사용이 물리적인 실체——음파의 결합체, 또는 종이 위에 끄적거림——를 언어적 기호로 만든다. 이러한 관계는 기호론적 삼각형을 통해 이렇게 표현할 수 있다.

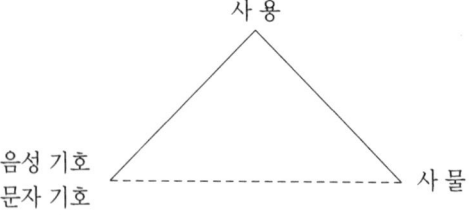

이는 표상이나 의의가 표현에 의미를 부여하는 것이 아니며, 단어의 사용을 통해서야 비로소 표현이 사물과 관계를 맺는다는 뜻이다. 언어 사용은 단어 사용의 관례를 지향한다. 그런데 우리는 언제 단어 사용의 동일한 관례를 따르는 것일까?

5. 의미와 규칙

이 질문은 우리가 규칙을 따르는 특별한 경우와 관련이 있다. 우리가 사물을 가리키려고 어떤 표현을 사용할 때, 우리는 일정한 규칙에 따라 이를 행한다. 예를 들어 '집'이라는 표현을 사용하는 경우, 사물로서의 집을 지칭하기 위한 표현 형식——'집'이라는 음성 기호 또는 문자 기호의 형식——을 사용하는 데 필요한 규칙을 따른다. 말하는 것은 행위와 다르지 않다. 즉 이는 일정한 규칙에 따라 수행되는 화행이다. 말하는 것은 규칙에 따른 행위이며, 의미의 동일성은 곧 우리가 동일한 규칙을 따른다는 뜻이다. 그런데 우리가 동일한 규칙을 따른다는 것은 무슨 뜻인가?

가장 먼저 떠오르는 대답은 이것이 의식 상태에 관한 문제라는 것이다. 그렇지만 의식 상태라는 말은 이미 앞서 언급한 문제를 다시 제기한다. 의식 상태는 주관적이므로 동일한 규칙을 따르도록 하는 공통적인 요소를 제시하지 못한다. 더 나아가서 의식 상태——마치 기억처럼——는 동일한 규칙의 준수 여부를 놓고 나를 착각하게 한다. 즉 의식 상태는 내가 실제로 규칙을 따르는지, 아니면 단지 따르고 있다고 생각하는지에 대한 판단 기준을 제시하지 못한다. 비트겐슈타인은 이를 다음과 같이 설명한다. "때문에 '규칙을 따르는 것'은 실천이며, 규칙을 따른다고 믿는 것이 규칙을 따르는 것은 아니다. 따라서 우리는 규칙을 '사적으로' 따를 수 없다. 그런 경우에는 규칙을 따른다고 생각하는 게 규칙을 따르는 것과 같게 되기 때문이다."[45] 따라서 의식 상태는 내가 동일한 규칙을 따른다는 걸 보장하지 않는다. 의식 상태는 내 속에 든 그 무엇이며, '내적인 과정'이다. 그러므로 "'내적인 과정'은 외적인 기준을 필요로 한다."[46]

다른 가능한 대답은 매번 동일한 규칙을 따르게 하는 것이 일종의 성향일 것이라는 설명이다. 그런데 여기에 두 가지 반박 요소가 생겨난다. 먼저 단어 사용의 규칙은 우리가 낱말을 어떻게 사용해야 하는가에 대해서 말한다. 즉 단어 사용 규칙은 행위의 규칙이며, 규범적이다. 가령 집을 지칭할 경우에 어떤 꾸며낸 표현이 아닌, 집을 뜻하는 '집'이라는 표현을 사용하도록 요구한다. 집을 칭할 때, 원한다면 '집' 대신에 '짐'이란 표현을 사용할 수도 있을 것이다. 그렇지만 내가 개인적으로 '짐'을 사용해서 집을 지칭하더라도, 다른 사람에게 사실은 내가 '짐'에 사는 게 아니라고 말하려면 언어 공동체의 규칙에 따라서 '집'이라는 단어를 사용해야 한다.

이처럼 성향은 왜 우리가 어떤 일을 하고 있는지 설명해 주지만, 왜 우리가 어떤 일을 해야 하는지, 즉 왜 우리가 언어 공동체의 규범에 맞게 행동해야 하는지 설명하지는 않는다. 더 나아가서 나는 '집'이라는 표현 형식을 수많은 임의의 집을 지칭하는 데 사용할 수 있다. 그러나 성향은 기껏해야 내가 왜 정해진 수의 경우에 그렇게 행동하는지 설명해 준다. 그러나 성향은 왜 내가 임의의 경우, 즉 수없이 많은 경우에도 그렇게 행동하는지 또 그렇게 행동해야 하는지 설명해 주지 않는다. 결과적으로 성향도 의식 상태처럼 수없이 많은 경우에 동일한 사물을 지칭하기 위해서 왜 내가 동일한 표현 형식을 사용해야 하는지 말해 주지 않는다. 성향은 의식 세계처럼 임의의 수많은 새로운 사물에 대한 동일한 표현 형식을 만들어 낼 권한을 부여하지 않는다. 미국의 철학자 소울 아론 크립케(1940~)는 비트겐슈타인의 뒤를 이어 이러한 사실을 강조했다.[47]

이제 남아 있는 가능한 대답은 단어를 규칙에 따라 사용하게 하는 것이 언어 공동체의 관습일 거라는 생각이다. 우리가 서로 의사 소통하는 데 성공한다면, 우리는 동일한 규칙을 따르는 것이다. 이것은 평범한 발상이다. 물론 이로써 우리가 동일한 규칙을 따른다는 것을 증명해야 하는 문제는 해결되지 않았다. 비트겐슈타인의 견해에 따르면 이러한 증명 문제가 해결되는 것이 아니라 용해되어 버린다. 즉 사라진다. 따라서 정신적인 의미나 의의가 사용 규칙을 결정하는 게 아니라 사용 규칙이 정신적인 의미나 의의를 결정한다. 내가 규칙을 내면화하고 난 후에 비로소 표상으로서의 의미가 생겨난다. 내가 규칙을 외부로 투영하고 난 후에 비로소 '존재 방식'으로서의 의의가 생겨난다.

표현을 아주 다르게 사용하는 것, 예를 들면 집을 지칭하는 데 '짐'이란 단어를 사용하는 것은 우리 자유다. 즉 난 내 자신만이 이해하는 개인적 언어를 만들 수 있다. 이런 경우에 나는 이러한 개인적 언어를 나 자신을 위해 새롭게 정의해야 할 것이다. 가령 '짐'이 내겐 집을 뜻한다고 말한다. 하지만 나는 그러한 언어 사용에 의해서 다른 사람과의 의사 소통으로부터 제외될 것이다. 인사로 손을 올리는 대신에 손을 내리거나 물구나무서기를 하면 미친 사람 취급을 받을 수 있는 것처럼 언어 공동체 속에 존재하는 관습은 우리로 하여금 사회의 규칙에 따라 언어 행위를 수행하도록 요구한다. 따라서 우리는 맹목적으로 규칙에 따른다. 즉 의식 상태나 성향을 통해 정당성을 증명하지 않은 채 그냥 규칙에 따른다. 우리는 사회적 훈련을 바탕으로 규칙에 따르는 것이다. 다시 말해 우리가 동일한 규칙을 따르는 이유 또는 정당성은 언어 공동체를 통한 사회적 훈련에 있다. 우리는 어릴 때부터 사회적 훈련을 받는다. 우리는 부모나 교사가 사용하는 단어와 문장을 따라 하며, 우리가 속한 언어 공동체의 언어를 사용한다. 따라서 우리로 하여금 동일한 규칙을 따르도록 하는 것은 언어 공동체의 언어 사용 제도라고 말할 수 있다.

언어 사용 제도는 개별적인 사회의 생활 양식 속에 녹아 있으며, 시대에 따라 변화할 수 있다――비록 그 변화가 천천히 진행될지라도. 사회적인 생활 양식도 인간의 생물학적 생활 양식에 녹아 있으며, 마찬가지로 변화할 수 있다――비록 그 변화가 훨씬 더 천천히, 수천 년에 걸쳐 진행될지라도 "언어는 생활의 흐름 속에서만 그 의미를 갖는다."[48]

철학의 특징은 뭔가를 최종적이며 놀라운 대상으로 인정하는 데 있다. 비트겐슈타인의 경우에 이런 최종적이며 놀라운 대상은 언어 사용의 사회적 사실이다.[49] 이는 더 이상 쪼갤 수 없는 '원초적인 현상'이다. 언어 사용의 사회적 사실은 '단단한 바위'와 같아서 "내 삽이 구부러진다."[50] 여기엔 어떤 의심도 무의미하다. 그러한 사회적 사실이 이미 의심의 전제가 되기 때문이다. 우리가 정말로 언어적 관습에 따르는지 의심을 나타내는 사람도 언어적 관습을 따라야 하기 때문이다.

때문에 그러한 경험 사실은 실제로 의심의 대상이 아닌 근본적인 요소이다. 우리가 인식 내용을 언어로 표현하는 한 우리의 인식은 그같은 사회적 사실에 기초하기 때문이다. 따라서 누군가 우리더러 왜 언어적 관습을 따르느냐고 되묻는다면, 비트겐슈타인처럼 대답할 수도 있을 것이다. 우리는 그냥 그렇게 한다. "우리는 그냥 기술할 수밖에 없으며, 인간의 삶이 그렇다고 말할 수밖에 없다."[51]

III

인 식

1. 지각과 논증

우리는 부분적으로 지각을 통해서, 그리고 부분적으로 사색을 통해서 인식에 도달한다. 지각, 특히 시각이 옛날부터 인식의 전형적인 형태로 간주된다. 우리는 눈을 뜨고 세계를 받아들임으로써 인식에 도달한다. 따라서 눈을 감거나 눈이 멀게 되면 우리가 인식하는 것은 더 적을 것이다.

그런데 우리는 눈을 통해 무엇을 인식하는가? 우리 시야에 들어온 '순수한 감각 자료' 예를 들면 단순히 붉은 점만을 보는가? 그렇지 않다. 우리는 '순수한 감각 자료'가 뭔지 알아챈다. 이것은 음성을 듣거나 텍스트를 읽을 때에도 분명해진다. 가령 붉은 점은 식탁보 위에 묻은 와인 자국일 수 있다. 산 속에서 찍찍 소리를 들으면 다람쥐가 내는 소리를 듣는지도 모른다. 또 어떤 냄새를 맡으면 그 냄새가 담배 냄새일 수도 있다. 뭔가 신맛나는 음식을 맛본다면 그것은 레몬 주스와 같은 것일지도 모른다. 가령 어둠 속에서 차가운 물체를 만진다면 우리는 그것을 열쇠라고 생각할 수도 있다. 예를 들어 ⊠와 같은 형상은 편지 봉투, 위에서 바라본 지붕, 또는 아래에서 올려다본 지붕의 뼈대일 수 있다.

인간을 바라보는 경우에 일반적으로 단순히 신체를 인지하는 게 아니라 남자, 여자아이, 은행원, 노동자, 망명 신청자 등 '인간의 다양한 집단'(빌헬름 부슈)을 인지한다. 프랑스의 작가 마르셀 프루스트(1871-1922)는 이렇게 쓰고 있다. "'아는 사람을 바라보는 일'과 같은 단순한 활동조차도 부분적으로 정신적인 활동이다. 우리는 존재의 물리적인 현상을 인식하는 데 우리가 가진 모든 개념을 동원한다. 이러한 개념은 우리가 그려내는 존재의 총체적인 양상에서 가장 큰 부분을 차지한다."[52] 따라서 본다는 것은 바라보는 것에 좌우될 뿐만 아니라 "이전의 시각적·개념적인 경험이 가르쳐 주는 것에도 좌우된다."[53]

일상적인 인지뿐만 아니라 학문적인 인지도 어떤 대상을 뭔가로 파악한다. 토마스 사무엘 쿤(1922-1996)은 《과학 혁명의 구조》(1962)에서 이렇게 쓰고 있다. "······아리스토텔레스와 갈릴레이가 움직이는 돌을 관찰하면서, 아리스토텔레스는 부자유스런 낙하를 보고, 갈릴레이는 진자 운동을 본다."[54] 경험적 학문조차도 순수 관찰 자료에서 출발하여, 이를 바탕으로 이론을 정립할 수는 없다. 오히려 관찰 자체가 이미 이론을 포함하고 있다. 관찰과 이론은 서로 결합되어 있다. 우리가 많이 알면 알수록 점점 더 많이 어떤 대상을 뭔가로 본다. 우리가 꽃을 많이 알면 알수록 점점 더 많이 개별적인 꽃들을 특정한 꽃, 예를 들면 동백꽃으로 본다. 이러한 감각적 인상을 분석하고 난 후에야 비로소 우리는 '순수한' 감각 자료와 이에 대한 해석을 구분할 수 있다. 그러나 자료와 해석은 엄밀하게 구별되지 않는다. 즉 지각은 우리의 해석 작업이라는 '안경'을 통해서 성립된다. 직접적인 감각적 인식은 존재하지 않으며, 이는 순수한 감각 자료처럼 일종의 추상적 개념이다.

지각은 인지(a)와 무언가(b)로 인지된 감각 자료(c) 사이의 관계이다. 따라서 지각은 삼항적인 관계이다. 인지된 감각 자료에서 두 가지 요소, 즉 즉 물리적 또는 화학적 측면과 현상적 상태를 구분할 수 있다.

우리는 감각 자료를 물리적 또는 화학적으로 분석할 수 있다. 예를 들어 번개는 막대한 전류와 고압을 가진 빛이 순간적으로 방전하는 현상이다. 그런데 마치 우리가 자료를 분석하듯이 번개가 우리에게 현상적으로 다가오려면 우리의 감각 기관에 작용해야 한다. 빛의 방전은 우리 눈의 망막에 작용한다. 우리의 눈은 주변 환경과 인과적인 관계에 놓여 있으며, 우리는 이를 바탕으로 망막을 통해 변화를 경험하게 된다. 인지 작용의 인과론에 따르면 이러한 인과적인 관계는 우리가 지각적인 경험을 하는 데 꼭 필요하다.

변화들은 신호가 되어 신경계와 뇌에 전달된다. 그곳에서 신호는 우리의 표상, 즉 광감각에 영향을 준다. 광감각은 뭔가에 대한 표상, 즉 번개에 대한 표상으로 해석된다. 듣거나 냄새 맡거나 또는 맛보거나 만지는 것도 이와 유사하다. 예를 들어 우리는 특정한 음파를 소나기 내리기 전에 들리는 지빠귀의 고독한 울음소리로 해석한다. 앞서 언급한 형상 ⊠처럼 여러 가지 해석이 가능한 경우에 의식의 창조적인 역할이 특히 두드러진다.

감각을 통한 인식은 이처럼 수동적인 부분과 능동적인 부분을 포함한다. 수동적인 부분은 신체가 받아들이는 것, 다시 말해 자극과 이러한 자극이 영향을 주는 것, 즉 표상이다. 반면에 능동적인 부분은 우리가 이러한 표상으로부터 만들어 내는 것이다. 그런데 인지의 인과론에 따르면 우리의 지각적인 인식이 제한되어 있다. 우리는 우리의 지각 기관에 영향을 주지 않거나 물리적인 에너지를 교환하지 않는 물체는 감지하지 못한다. 예를 들어 우리는 소나기를 상상할 수 있고, 루트비히 베토벤(1770-1827)은 〈전원교향곡〉 제4악장을 연주함으로써 우리에게 이러한 상상을 불러일으킬 수 있다. 그러나 〈전원교향곡〉을 들음으로써 시각적으로 번개를 볼 수는 없다. 〈전원교향곡〉이 우리 눈에 그러한 작용을 하지 않기 때문이다.

물론 우리는 다가올 소나기를 미리 보거나 예견할 수 있다. 왜냐하면 지각이 인식의 전형적인 형태이긴 하지만 유일한 수단은 아니기 때문이다. 지각은 우리를 현재에 국한시키며, 과거나 미래에 대한 추론을 허용하지 않는다. 따라서 순수하게 지각과 감각적 인상에 대한 기억만을 가지고는 학문적 법칙을 단 한 가지도 세울 수 없다. 게다가 지각으로는 얻을 수 없는 인식이 있다. 특히 수학적 인식과 논리적 인식이 여기에 해당한다. 따라서 우리의 해석 작업에 의해 제한되는 지각을 통한 인식 외에도 다른 인식 활동을 상정해야 하는데, 이러한 인식은 지각이 아닌 사고에 의해서 생겨난다.

사고는 이성을 이용한다. 여기서 이성이란 비감각적 인식을 말한다. 이러한 인식은 우리의 감각을 통해서 얻어진 것이 아니라 단어의 의미를 통해서 얻어진 인식이다. 이성은 지각과 달리 추론을 한다. 어떤 대상을 뭔가로 파악하는 인지는 추론에 바탕을 두고 있다. 지금까지의 경험이 우리로 하여금 어떤 대상을 그 '무엇'으로 보도록 가르쳤기 때문에 우리는 그 대상을 그 '무엇'으로 본다. 그러나 단순한 지각은 추론하지 못하며, 이성을 가져야 추론을 한다. 추론이 고유한 형식을 띨 필요는 없으나, 형식을 띠는 경우는 논증을 통해서이다.

논증은 서로 일정한 관계, 즉 추론의 관계에 놓인 문장들로 구성된다. 논리적 귀결에 필요한 이유를 담고 있는 문장을 전치문 또는 전제라고 부른다. 논리적 귀결을 담고 있는 문장을 후치문 또는 결론이라고 부른다. 따라서 논증은 전제와 결론으로 구성된다. 이러한 논증 가운데 특히 중요한 두 가지 논증은 연역적 논증과 귀납적 논증이다.

2. 연역적 논증과 귀납적 논증

두 개의 간단한 예를 통해 이 두 가지 형태의 논증을 설명하기로 한다.

모든 인간은 죽는다.
모든 철학자는 인간이다.
―――――――――――――――
모든 철학자는 죽는다.

이것은 두 개의 전제와 하나의 결론으로 구성된 연역적 논증의 예이다. 선은 전제와 결론을 구분짓는 것으로 '따라서'란 의미로 쓰인다.

연역적 논증에는 다음 사항이 유효하다.
1) 모든 전제가 참이고, 타당한 규칙에 따라 추론이 이루어지면 결론은 필연적으로 참이다. 타당한 연역적 논증의 결론은 전제의 진리를 그대로 보존한다. 즉 "모든 철학자는 죽는다"라는 결론은 "모든 인간은 죽는다"라는 전제와 "모든 철학자는 인간이다"라는 전제의 진리를 그대로 보존한다.

하지만 전제와 결론의 참과 논증의 타당성은 구별되어야 한다. 참은 전제 또는 결론과 관련이 있고, 타당성은 전제와 결론으로 구성된 논증과 관련이 있다. 전제의 긍정과 결론의 부정이 전제와 결론 사이의 논리적 모순을 만들어 낼 경우에만 연역적 논증은 유효하다. 논리적 모순은 어떤 진술을 그 진술의 부정과 결합하는 것이다. 예를 들어 "모든 사람이 죽고 모든 철학자가 사람인데, 모든 철학자가 죽는 것은 아니다"라는 주장은 논리적 모순을 낳는다. 왜냐하면 모든 사람이 죽고 모든 철학자가 사람이라면 마땅히 모든 철학자도 죽는다. "모든 철학자가 죽는다. 그리고 모든 철학자가 죽지 않는다"라는 주장은 한 진술과 그 진술의 부정을 결합하는 것이다. 이러한 진술은 논리적인 모순을 형성한다. 따라서 위에서 제시한 논증에서 전제의 긍정과 결론의 부정이 논리적인 모순을 낳기 때문에 위의 논증은 타당하다.

만일 모든 인간이 죽는 게 아니라 몇몇 인간은 죽지 않거나, 혹은 모든 철학자가 다 인간이 아니고 몇몇 철학자는 인간이 아닌 존재라는 것이 밝혀지더라도 위의 논증은 마찬가지로 타당할 것이다. 왜냐하면 그럼에도 불구하고 "모든 철학자가 죽는 건 아니다"라는 주장은 논리적 모순을 낳기 때문이다. 연역적 논증의 타당성은 전제와 결론의 관계에 그 근거를 두고 있으며, 전제와 결론의 진리에 그 바탕을 두고 있지 않다. 따라서 다음과 같이 거짓 전제에서 출발하여 거짓 결론에 이르더라도 연역적 논증은 타당하다.

모든 인간은 죽지 않는다.
<u>모든 철학자는 인간이다.</u>
모든 철학자는 죽지 않는다.

물론 타당한 연역적 논증이 두 개의 전제를 가져야만 하는 것은 아니다. 단 한 개의 전제를 가진 논증도 있다. 예를 들어 "몇몇 인간이 죽지 않는 경우는 없다"라는 전제에서 "모든 인간은 죽는다"라는 결론이 도출된다.

타당한 연역적 논증에서만 결론이 필연적으로 전제의 진리를 보존하고 있다. 하지만 타당하지 않은 연역적 논증은 그렇지 않다. 즉 결론이 진리를 보존하고 있지 않다. 예를 들어 아래의 연역적 논증은 전제가 참이지만 타당하지 않다.

> 어떤 철학자가 사열식장 아래에 놓인 금을
> 전부 소유한다면 그는 부자이다.
> 사열식장 아래에 놓인 금을 전부 소유한
> 철학자는 아무도 없다.
> ─────────────────────────────
> 그 어떤 철학자도 부자가 아니다.

따라서 연역적 논증이 참 전제를 가지고 있음에도 불구하고 타당하지 않은 경우도 있다. 전제의 긍정과 결론의 부정이 전제와 결론 사이의 논리적 모순을 나타내지 않는 연역적 논증은 타당하지 않다. 위의 예에서 전제에 대한 긍정과 결론에 대한 부정은 아무런 논리적 모순을 낳지 않는다. "그 어떤 철학자도 부자가 아니다"의 부정은 "그 어떤 철학자도 부자가 아닌 것은 아니다"이다. 여기에서는 "몇몇 철학자는 부자이다"라는 진술을 이끌어 낼 수 있다. 즉 "사열식장 아래에 놓인 금을 전부 소유한 철학자는 아무도 없다"란 진술과 "몇몇 철학자는 부자이다"란 주장은 논리적 모순을 낳지 않는다. 왜냐하면 몇몇 철학자는 다른 이유로 부자일 수 있기 때문이다. 따라서 위 논증은 타당하지 않다. 그러므로 연역적인 논증은 타당하거나 타당하지 않다. 적당히 타당한 연역적 논증이란 것은 없다.

2) 결론에 들어 있는 정보 내용은 펼쳐지지 않은 형태로 이미 전제 속에 포함되어 있다. 우리가 결론을 통해 얻는 지식은 단지 결론을 통해 펼쳐지는 것이다. 타당한 연역적 논증은 지식을 펼쳐낸다. 물론 이러한 지식의 펼침이 지식의 확장이 아니라는 뜻은 아니다.

모든 인간은 잘못을 저지를 수 있다.
모든 철학자는 인간이다.
─────────────────
모든 철학자는 잘못을 저지를 수 있다.

 가령 이 논증의 결론은 몇몇 철학자들이 아직도 깨닫지 못한 인식 내용을 포함하고 있다. 우리는 연역적 논증을 통해서 새로운 사실을 배울 수 있다. 연역적 발견도 존재한다. 물론 우리가 알고 있는 모든 전제로부터 결론을 추론해 낼 수 있는 것은 아니다. 쇼펜하우어 (1788-1860)는 다음과 같은 예를 들고 있다.

 "모든 다이아몬드는 돌이다.
 모든 다이아몬드는 불에 탄다.
 ─────────────────
 따라서 몇몇 돌은 불에 탄다."[55]

 이것은 우리가 이전에 깨닫지 못했던 인식이다. 물론 이러한 새로운 지식은 이미 이전의 지식에 숨겨진 채 포함되어 있다.
 연역적 결론의 예를 형식논리학에서만 찾아볼 수 있는 건 아니다. 수학이나 기하학에서도 찾아볼 수 있다. 가장 유명한 예는 에우클레이데스의 《원소》(기원전 325년경)이다. 여기에서는 기본 원칙과 요구 조건의 바탕에서 명제를 증명한다. 이때 명제를 정리(定理)라고 부르며, 기본 원칙을 공리(公理), 그리고 요구 조건을 공준(公準)이라고 부른다. 공리와 공준은 전제에 해당하며, 명제는 결론에 해당한다. 증명 방법은 특정한 추론 규칙에 따라 정리를 유도하는 데 있다. 물론 에우클레이데스는 이러한 추론 규칙에 대해서 언급하지 않는다. 우리는 이러한 방법을 이용해서 이전에 알지 못했던 것을 배울 수 있다. 가령 모든 삼각형에서 임의로 두 개의 각을 합친 것이 두 개의 직각보다 작다는 사실을 배운다.[56] 이것은 대부분의 학생들에게 새로운 인식일 것이다.

프레게도 수학적 진리가 연역적으로 얻어질 수 있으며, 우리의 지식을 넓힐 수 있다고 생각한다. "분석적 판단에 대한 일반적인 과소평가와 순수논리학의 비생산성에 대한 이야기는 근거가 없다."[57] 이렇게 연역적 논증을 통해 학생의 지식을 넓혀 줄 수 있는데, 예를 들어 소수가 알려진 수보다 더 많다거나[58] '(a+b)·(a-b)'란 형태에서 '(a.a)-(b.b)'라는 형태에 도달하는 방식도 학생들의 지식을 넓혀 준다. 마치 불에 탈 수 있는 돌이 있다는 사실처럼. 즉 연역적 논증은 지금까지 계산된 가장 큰 소수에 해당되는 258716자리보다 더 큰 소수가 존재한다는 지식을 제공한다.

그런데 연역적 논증과 구별되는 귀납적 논증이 있다. 아래의 간단한 예를 통해 귀납적 논증을 살펴보자.

<u>X날까지 관찰된 모든 철학자들이 죽었다.</u>
모든 철학자들은 죽는다.

이것은 귀납적 논증의 예로 다음과 같은 사실이 유효하다.

1) 위 논증의 전제가 (또는 전제들이) 참이라고 해도 결론이 필연적으로 참인 것은 아니다. 왜냐하면 전제의 참을 결론에 적용할 수 있는 타당한 추론 규칙이 없기 때문이다. "X날까지 관찰된 모든 철학자들이 죽었다"라는 전제는 과거나 현재의 어느 날과 관계된다. 그런데 "모든 철학자들은 죽는다"라는 결론은 미래의 모든 철학자들에게도 해당된다. 하지만 미래에 언젠가 태어날 철학자가 죽지 않는 때가 올 수도 있다. 따라서 결론의 참이 전제의 참에서 유도되지 않기 때문에 위의 결론은 틀릴 수도 있다. 귀납적 논증은 논리적인 타당

성을 갖지 않는다. 왜냐하면 전제의 긍정과 결론의 부정을 통해서 전제와 결론 사이의 논리적 모순이 생겨나지 않기 때문이다. 이처럼 귀납적 논증의 결론은 전제의 진리를 보존하지 않고, 전제의 내용을 확장한다. 즉 귀납적 논증의 결론은 진리 보존적이 아니라 내용 확장적이다.

따라서 일반적인 귀납적 추론에서 나온 결론은 틀릴 수 있다. 즉 경험을 통해 반박을 받게 되는 경우에 그렇다. 일반적인 귀납적 추론에서 나온 어떠한 결론도 엄격한 의미에서 참일 수 없다. 왜냐하면 참인 것으로 완전히 증명될 수 없기 때문이다. 일반적인 귀납적 추론을 완전히 증명하려면 가능한 한 미래의 모든 예들을 끝없이 제시할 수 있어야 한다. 예를 들어 미래의 모든 철학자들을 전부 포함시켜야만 할 것이다. 그러기 위해서는 우리 자신도 죽지 않아야 할 것이다. 하지만 언젠가 죽지 않는 철학자가 태어날 수도 있을지 모른다. 따라서 위의 결론은 현재 시점까지만 예외 없이 참인 것으로 증명된다.

귀납적으로 얻어진 다른 결론, 가령 "철학자들은 모두 이해가 잘 안 되는 사람이다"라는 결론은 참·거짓의 입증이 잘 안 된다. 이때 진실 판명의 정도를 결정하는 것은 단어의 의미가 아니라 경험이다. 물론 단어의 의미도 엄밀하게 정의되어야 하지만 말이다. 귀납적인 논증은 타당하거나 타당하지 않은 것이 아니라, 더 많이 또는 더 적게 타당하다. 귀납적인 논증이 경험에 의해서 다소 타당하다면, 논리적인 측면에는 다소 타당한 게 아니라 항상 타당하지 않은 것이다. 귀납적으로 얻어진 결론은 어느 정도만 참으로 증명될 수 있다.

2) 결론의 정보 내용은 펼쳐지지 않은 상태로 전제 속에 포함되어 있지 않다. 귀납적 결론은 우리가 펼쳐지지 않은 상태로 알고 있는 사실을 펼치는 게 아니라, 지금까지 알고 있는 지식을 미래에도 적용

하는 것이다. 즉 귀납적 결론은 지식 전개적이 아니라 지식 적용적이다.

귀납적 논증의 예는 주로 자연과학 분야에서 찾아볼 수 있다. 모든 자연 법칙은 지금까지의 세계 상태를 기술하는 데 그치지 않는다. "탄력적인 가죽의 경우 당기는 힘은 늘어나는 것과 정비례한다"라는 훅의 법칙과 같이 단순한 법칙도 지금까지의 지식을 미래에도 적용한다. 모든 가죽의 경우——미래의 가죽의 경우에도——에 "늘어나는 것과 당기는 힘은 정비례한다"는 법칙이 적용된다. 경험 자료의 단순한 열거에 의하지 않고 연구 가설을 바탕으로 자연 법칙을 고안하더라도, 이러한 자연 법칙은 이제까지의 경험 자료에 의해서만 참으로 증명된다. 따라서 자연 법칙은 근본적으로 잘못될 수 있다. 오늘 유효한 자연 법칙이 내일이면 더 이상 유효하지 않을 수 있다. 내일 지구가 더 이상 자전하지 않을 수도 있으며, 내일 태양이 더 이상 떠오르지 않을 수도 있다.

오해를 피하기 위해서 다시 한 번 말하면, 귀납적인 논증은 논리적으로 타당한 것이 아니다. 왜냐하면 전제의 긍정과 결론의 부정이 논리적인 모순을 낳지 않기 때문이다.

이러한 논리적 비타당성에도 불구하고 경험 학문과 일상 생활에 필요한 귀납적 논증의 비중은 연역적 논증의 경우보다 크다. 우리는 의학과 같은 많은 경험 학문에서 뿐만 아니라 일상적인 생활에서 귀납적 논증을 많이 사용한다. 지금까지 태양이 떠올랐기 때문에 앞으로도 떠오를 것이다. 여태까지 불이 탔기 때문에 앞으로도 불이 탈 것이다. 지금까지 빵을 식량으로 먹었기 때문에 앞으로도 빵을 먹을 것이다. 우리가 앉는 의자가 저절로 공중으로 떠오르지 않았기 때문에 앞으로도 의자는 중력을 잃지 않을 것이다. 이러한 결론은 모두 틀릴 수 있다. 하지만 이러한 진리에 대한 본능적이며 주관적인 믿음이 없다면 우리는 단순한 일상적인 행동마저도 할 수 없을 것이다. 이에 따라 흄은 《인간 이해력에 관한 철학 논고》(1748)에서 귀납법——또는 정확히 말해서 습관을(55쪽 참조)——을 "인간 생활의 위대한 영도자"[59]라고 불렀다. 왜냐하면 우리의 귀납적인 논증이 타당할 것이라는 믿음이야말로 세상에서 행동하고 생존하는 데 꼭 필요하기 때문이다. 반대로 세상에 규칙성이 없다면 예측이나 계획이 불가능할 것이며, 우리의 기대는 번번이 실망스럽게 무너질 것이다. 그러한 세계는 악몽과 비교될 만한 것으로 그 속에서는 한 발자국도 안심하고 걸을 수 없고, 한 끼의 식사도 편히 즐길 수 없을 것이다. 그런 세계에서는 어제까지 단단했던 땅이 오늘 갑자기 아래로 무너져 내리고, 우리가 매일 먹던 빵이 우리를 독살하며, 우리가 앉는 의자가 공중으로 떠오를 수도 있을 것이다. 심지어는 질량 보존의 법칙과 같은 자연 법칙이 효력을 상실할 수도 있다. 또 자연 법칙이 존재한다는 우리의 믿음도 사라질 것이다. "그렇게 되면 갑자기 모든 행동과 연구의 핵심 부분이 끝장날 것이다."[60] 어제와 오늘의 규칙성이 내일도 유효하다는 믿음은 논리적으로 타당한 논증을 통해서 설명되지 않으며, 또 설명될 수 없다. 이론적으로 내일은 모든 것이 달라질 수도 있다.

3. 귀납적 논증의 결론이 옳다는 것을 어떻게 증명할 수 있을까?

어느 날 먼 행성으로부터 이성을 가진 생명체가 지구에 온다고 가정해 보자. 그 생명체는 태양이 떠오르는 걸 보고 불이 타는 것을 느끼며, 빵을 먹을 수 있다는 걸 알게 된다. 그렇다면 그 생명체는 모든 게 앞으로도 그럴 거라고 결론을 내릴까? 아마도 그렇지 않을 것이다. 그러나 그 생명체가 지구에서 1주일을 보내고 난 후에는 앞으로도 똑같은 현상이 반복될 것이라고 예측할 것이다. 똑같은 현상이 1년 또는 수 년에 걸쳐 반복된 후에 이러한 현상이 미래에도 반복될 것이라는 결론을 내릴 것이다. 이러한 결론은 논리적으로 타당하지는 않다. 그럼에도 불구하고 우리는 본능적으로 그러한 결론을 끌어낸다. 젖먹이조차도 경험을 통해 배운다. "아기가 울면 먹을 걸 얻는다."(빌헬름 부슈)

동물들도 언어적으로 표현하지는 않지만 그러한 귀납적인 예상을 한다. 물론 동물들이 언어 사용 없이 귀납적 결론을 이끌어 낼 수 있는지는 의문이다. 고양이는 지금까지 먹었던 우유를 앞으로도 계속해서 먹게 되리라고 '예상한다.' 닭은 지금까지 먹이를 주었던 사람이 계속해서 먹이를 주리라고 '예상한다.' 그러나 버트런드 러셀이 지적하듯이 닭의 그런 예상은 비극적으로 끝날 수 있다. "닭에게 매일 먹이를 주었던 남자는 마지막으로 닭의 목을 비틀고 새로운 사실을 입증한다. 자연의 동일한 방식에 대한 좀더 다양한 다른 견해가 닭에게 유익했을 거라는 사실이다."[61]

우리는 어떤 논리 외적인 이유로 겪은 경험 내용을 겪지 않은 경험 영역까지 확장하는가? 우리는 어떤 권리로 지금까지의 경험적 지식을 미래에도 적용하는가? 이것은 소위 귀납법의 문제이다. 흄은 귀납법이란 표현을 사용하지 않았음에도 불구하고 처음으로 이런 문제의 중요성을 인식했다. 흄의 말을 빌리면 습관은 아는 것에서 모르는 것으로 넘어가게 해주는 원리이다. 흄에게 있어 습관은 이러한 추론의 생성 및 증명과 관련하여 결정적인 역할을 한다. 습관은 앞서 언급한 대로 아는 것에서 모르는 것으로 이행하는 이유이며, 우리가 이러한 이행을 수행해도 되는 근거이다. 이러한 정당성의 근거를 귀납법의 원칙이라고도 부른다.

정당성의 근거가 되는 습관과 달리 이러한 귀납적 추론을 가능케 하는 확신이 있다. 우리는 내일 다시 해가 떠오를지 알지 못하고, 불이 다시 타오를지 알지 못하며, 빵을 다시 먹게 될지도 알지 못한다. 그러나 실제로 우리는 내일 다시 해가 떠오를 거라고 확신하고, 불이 다시 타오를 거라고 확신하며, 빵을 다시 먹게 되리라고 확신한다. 앞서 언급한 방식의 귀납적 추론——비록 러셀이 예로 든 닭의 비극적인 착각에도 불구하고——은 자연에서 반증되는 일이 드물기 때문에 그러한 확신은 정당성을 부여받는다. 비록 닭의 목이 비틀어졌지만, 이것은 자연의 동일한 방식에 대한 단순한 견해 때문이 아니라 인간 행동의 동일한 방식에 대한 단순한 견해 때문이다. 해가 어디서나 뜨고 지는 것은 아니다. 예를 들면 북극이나 남극에서는 떠오르지 않는다. 그러나 이러한 사실이 지금까지 우리 주위에서 일어난 일출 및 일몰 현상을 잘못된 것으로 반증하지는 않는다. 그런데 단순히 습관에 의해서 이러한 추론의 정당성이 부여된다면 자연에 그 근거를 둔 확신은 이해가 잘 안 될 것이다. 다음과 같은 질문이 제기될 수 있기 때문이다. 왜 자연이 우리의 습관을 따라야 한단 말인가?

넬슨 굿맨(1906-1998)은 《사실, 허구, 그리고 예상》(1955)에서 흄의 문제에 대해서 새로운 설명을 제기했다. 흄의 경우 습관에 기초한 귀납적 추론의 정당성에 관한 문제를 다루는 데 반해서, 굿맨은 인간이 왜 습관적인 일반화를 선호하는지 그 이유를 밝히려 한다. 예를 들어 우리가 t라는 어느 한 시점까지 보아 온 에메랄드는 녹색이라고 가정해 보자. 이제 t라는 시점까지 녹색이고, 그 이후에는 빨강색으로 되는 인공적인 색을 '녹적색'이라고 부르자. 그러면 t 시점까지의 경험에 의하면 "모든 에메랄드는 녹색이다"라는 귀납적 보편화와 "모든 에메랄드는 녹적색이다"라는 귀납적 보편화는 모두 올바르다. 두 가지 보편적인 가설은 t라는 시점까지의 경험을 통해서 똑같이 옳은 것으로 증명되었다. 때문에 우리는 '녹색'을 '녹적색'으로 대체하고, "모든 에메랄드는 녹색이다"라는 말 대신에 "모든 에메랄드는 녹적색이다"라는 표현을 사용할 수도 있다. 하지만 t 시점 이후에 "모든 에메랄드는 녹색이다"라고 추론하는 것과 "모든 에메랄드는 녹적색이다"라고 추론하는 것도 모두 정당하다. 따라서 그러한 인공적인 개념을 사용한다면 일정한 양의 자료를 근거로 하여 하나의 일반화뿐만 아니라 여러 개의 일반화가 가능하며, 무수히 많은 정당한 추론도 가능하다. 그럼에도 불구하고 우리는 단 하나의 일반화를 취하게 된다.

그런데 왜 우리는 일반적으로 그러한——예를 들어 모든 에메랄드는 '녹적색'이다 같은——인공적인 개념을 사용한 추론을 하지 않는 것일까? 이에 대한 굿맨의 대답은 다음과 같다. '녹적색'과 같은 인위적인 개념을 사용하지 않는 추론이 그런 개념을 사용하는 추론보다 우리 언어 사용에 잘 통용되기 때문이다. 때문에 그 어느 하나를 취하고 다른 하나를 취하지 않는다. 즉 "모든 에메랄드는 앞으로도 녹색일 것이다"라고 말하는 것이 정당하다고 생각한다. 이러한 답변은 흄의 대답처럼 만족스럽지 못하다. 이런 질문이 제기될 수 있기 때문이다. 왜 자연이 지금까지의 우리의 언어적 습관을 따라야 한단 말인가?

한 가지 그럴 듯한 해답은 우리가 귀납적 추론에 참 대신에 개연성을 부여하는 것이다. 지금까지의 경험을 근거로 볼 때, 반드시 동일한 사건이 출현하는 것은 아니지만 그럴 가능성이 다분히 높다는 것이다. 여기서 우리는 사건의 개연성과 가설의 개연성을 구분해야 한다. 즉 사건에 개연성을 적용하는 경우와 사건에 대한 가설에 개연성을 적용하는 경우가 있다. 가설은 진술을 통해 표현되기 때문에 진술의 개연성이라고도 한다.

첫번째 경우에 개연성은 일련의 사건 연계 속에서 사건의 상대적인 빈도로 해석할 수 있으며, 경험적인 것이다. 예를 들어 흡연자의 경우 폐암에 걸릴 확률이 비흡연자의 경우에 비해 훨씬 높다는 경험적 사실이 여기에 해당된다. 두번째 경우에 개연성은 논리적인 것으로 진술들 사이의 관계를 말하는데, 어느 하나의 진술이 다른 진술을 부분적으로 포함한다. 때문에 진술의 개연성은 논리적 개연성이라 불린다. 물론 여기서 '논리적'이란 단어는 원래 따옴표를 붙여야 한다. "모든 에메랄드는 녹색이다"라는 진술에서 부분적으로 "모든 에메랄드는 미래에도 녹색이다"라는 결론이 나온다. 불이 지금까지 탔다는 진술에서 부분적으로 불이 앞으로도 탈 것이라는 결론이 나온다. 빵이 여지껏 식품이었다는 진술에서 부분적으로 빵이 앞으로도 식품으로 남을 것이라는 결론이 나온다. 따라서 지금까지의 관찰에 대한 진술이 잘 증명됨으로써, 그러한 진술에서 일반적인 진술이 논리적으로 유도된다면 일반적인 진술의 개연성이 거의 1에 가까운 극단적인 경우가 있다. 지금까지의 관찰에 대한 진술이 잘 증명이 되지 않음으로써, 그러한 진술에서 일반적인 진술의 부정이 논리적으로 유도된다면 일반적인 진술의 개연성이 거의 0에 가까운 극단적인 경우가 있다. 이 두 가지 극단적인 경우 사이에 수많은 경우의 연속체가 존재한다. 카르나프가 발전시킨 '귀납적 논리'가 바로 이러한 경우의 연속체를 설명하기 위한 것이다.(1950)

이러한 '귀납적 논리'는 본질적으로 연역적 논리와 다르다. 연역적 논증은 타당하거나 타당하지 않다. 이와 달리 귀납적 논리는 개연성의 논리이다. 따라서 귀납적 논증은 더 타당하거나 덜 타당하다. 귀납적 결론은 개연성이 더 많거나 더 적다. 이처럼 많고 적음을 수량화하기 위해서 1과 0 사이에 개연성의 수를 정한다. 예를 들면 지금까지의 경험 자료를 근거로 '빵이 식품'이라는 개연성이 0.999999 정도라는 것을 찾아낼 수 있을 것이다. 이러한 개연성의 결론이 정당하다는 것을 증명하려면, 다시 이제까지의 경험에서 앞으로 경험에 대한 추론을 정당화할 수 있는 또 다른 근거가 필요하다. 따라서 지금까지의 경험에서 앞으로 경험에 대한 논리적인 추론이 아닌 개연적인 추론을 가능케 하는 귀납적 원칙이 필요하다. 그런데 이렇게 귀납적으로 얻어진 개연성의 원칙이 정당하다는 것을 어떻게 증명할 수 있을까? 단지 그러한 원칙이 이제까지 맞았기 때문에 앞으로도 그렇다고 볼 것인가? 이런 사실은 다시 '왜 그러한 개연성의 원칙이 미래에도 적용될 수 있을까' 하는 질문을 제기할 것이다. 이를 위해 우리는 상위 단계에 속하는 개연성의 원칙을 필요로 하게 된다. 즉 이러한 상위 단계의 원칙에 따라 여지껏 통용되는 개연성 원칙이 미래에도 대체로 그럴 것이라는 가능성이 많다고 보는 것이다.

이러한 개연성의 원칙 없이도 일반적인 가설의 개연성을 측정할 수 있다고 가정해 보자. 이 경우에 잘 증명된 일반적인 가설 H_1의 개연성이 잘 증명되지 않은 가설 H_2보다 크다면, 우리는 당연히 H_2에 비해 H_1을 선호한다. 여태까지의 진술이 가설 H_2에 비해 가설 H_1을 더 많이 함축하고 있다면 H_1의 개연성이 H_2의 개연성보다 더 크다. H_1과 H_2는 모두 일반적인 가설이다. 일반적인 가설은 정의에 의한 자연 법칙처럼 무수히 많은 미래의 경우에도 유효하나, H_1과 H_2는 모두 무수히 많은 미래의 경우에 대해서 아직 입증되지 않았다. 지금까지 입증된 경우는 일정 수에 불과하기 때문에 H_1과 H_2의 개연성은 똑같이 0일 것이다.

끝없이 많은 증명되지 않은 경우에서 정해진 많은 증명된 경우를 빼면 정해진 많은 증명된 경우들 사이의 차이는 똑같이 0일 것이다. 무한한 수에서 정해진 작은 수 또는 정해진 큰 수를 빼도 여전히 무한하다. 따라서 "무한한 우주——우주는 상이한 사물의 숫자나 시간적·공간적인 영역의 숫자면에서 무한하다——에서 모든 일반적인 법칙의 개연성은 0"[62]일 것이다. 우리의 우주는 무한히 오랫동안 지속된다. 우리가 여태껏 관찰한 것은 우주의 아주 작은 부분에 불과하다. 때문에 귀납적인 논리에 따라 잘 증명된 가설 H_1이 잘 증명되지 않은 가설 H_2보다 개연성이 높다고 주장할 만한 근거가 없다.

하지만 우리는 주관적으로 가설 H_2에 비해 가설 H_1의 개연성이 높다고 생각할 수 있다. 이러한 주관적인 개연성은 우리가 H_2에 비해 H_1을 상대로 내기를 하게 될 것이라는 점을 통해서 좀더 정확하게 표현될 수 있다. 물론 우리는 개별적인 사건의 출현을 상대로 내기할 준비가 되어 있다는 뜻이지, 무한히 많은 증명되지 않은 경우에 대한 일반적인 가설을 놓고 내기할 준비가 되어 있다는 뜻은 아니다. 오직 사건만이 데이터화될 수 있으며, 일반적인 가설은 그렇지 않다. '이성적인 노름꾼'이라면 객관적인 내기에서 이길 수 있는 확률을 생각할 것이다. 무한히 많은 증명되지 않은 경우에 대해서는 아무도 내기에서 이길 수 없다. 따라서 '이성적인 노름꾼'의 내기에 대한 자세에서 보듯이, 주관적인 개연성에 대한 해석은 일반적인 가설 H_1이 H_2에 비해서 개연성이 높을 것이라는 주장에 관한 논리적인 근거를 제시하지 못한다.[63]

때문에 카를 포퍼(1902-1994)는 《탐구의 논리》(1934)에서 다른 길을 모색했다. 경험적 법칙에 대해서 완전한 참·거짓도 개연성도 입증되지 않는다. 그럼에도 불구하고 경험적 법칙은 단 하나의 반대 예를 통해서 반증, 즉 거짓으로 입증될 수 있다. 가령 검은색 속성을 까마귀의 본질적인 특성으로 간주하지 않고 흰 까마귀도 까마귀라고 부른다면 몰라도, "모든 까마귀는 검다"라는 진술은 단 한 마리의 흰색 까마귀 존재를 통해서도 거짓으로 입증될 수 있다. 그런데 내가 전에 네게브 사막에서 본 적이 있는 흰 까마귀도 사람들은 까마귀라고 불렀다. 따라서 경험적 법칙의 완전한 참·거짓 또는 개연성이 입증되지 않더라도, 경험적 법칙이 반대적인 경험을 통해 거짓으로 드러나지 않는 동안은 유효하다. "해가 뜬다" "불이 타오른다" 또는 "빵이 식량이 된다"는 것과 같은 우리의 일상적인 경험 법칙은 일반적으로 거짓으로 입증되지 않는다. 따라서 이러한 법칙은 옳은 것으로 증명된다. 경험 법칙 내지 경험 법칙의 체계, 즉 이론은 경험을 통해 시험을 통과하면 옳은 것으로 입증된다. 앞서 언급한 경험 법칙이 지금까지 옳은 것으로 입증되었기 때문에, 우리는 이런 법칙을 유효하다고 생각한다.

경험 법칙이 완전하게 옳은 것으로 입증될 수 없으며, 단 하나의 반대 예를 통해서도 거짓으로 입증될 수 있다는 생각은 옳다. 이때 구체적인 개별 반대 예는 가설적인 성격을 띤다. 예를 들어 앞서 언급한 흰 까마귀가 아마도 잠시 전에 밀가루 부대에 빠져서 하얗게 됐을 수도 있다.[64] 따라서 우리는 논리적인 가능성의 의미에서 거짓 입증 가능성과 실제 결정의 의미에서 거짓 입증을 구별해야 한다. 그리고 반대 예로 확정된 걸 분명하게 밝혀야 한다. "모든 까마귀는 검다"라는 경험 법칙은 한 마리의 흰 까마귀 존재를 통해서 거짓으로 입증할 수 있는데, 이때 해당하는 새가 까마귀이며 희다는 것을 규정적으로 확인해야 한다.

포퍼는 경험적 논증의 논리적 타당성을 인정하지 않음으로써 흄이 연역적 논리로 풀 수 없는 문제를 제기했다고 지적한다. 하지만 포퍼도 흄의 문제를 긍정적으로 해결하지 못하고, 원래 문제의 일부분을 떼어내고 이에 대한 부정적 해결을 제안했다. 귀납적 논증의 결론은 완전히 옳다는 걸 증명할 수 없지만 하나의 반대 예를 통해서 거짓을 입증할 수 있다. 그러나 포퍼의 부정적 대답은 원래의 문제, 즉 "어떤 논리 외적인 정당성의 근거를 통해 우리가 가진 현재의 지식을 미래에까지 유효하게 만들까?" 하는 문제를 해결하지 못한다. 왜냐하면 반대 예를 통한 증명은 우리가 가진 현재의 지식을 미래에도 유효하게 만드는 논리적 근거가 아니기 때문이다. 흄의 문제는 실제로 논리적-연역적 의미에서 풀 수 없는 문제이다. 귀납적 추론은 정의상 연역적 추론과는 같은 방식으로 유효하지 않다.

거짓으로 증명되지 않은 추론은 여지껏 옳은 것으로 유지되어 왔다는 포퍼의 긍정적 대답은, "어떤 논리 외적인 정당성의 근거를 통해 우리가 가진 현재의 지식을 미래에까지 유효하게 만들까?" 하는 근원적인 문제를 입증의 문제로 뒤바꿔 놓는다. 그런데 여지껏 옳은 것으로 입증된 경험 법칙이 미래에도 적용되어야 하는가? 우리는 이 점을 정확히 알 수 없으며, 앞으로도 알 수 없을 것이다. 따라서 내 생각에는 포퍼의 문제 해결 시도에도 불구하고 원칙적으로 흄의 생각이 옳다. "그것은 우리로 하여금 미래도 과거와 비슷하리라고 가정케 하는 이성이 아니다."[65]

4. 실천적 이성의 가설적 요구로서의 귀납적 원칙

포퍼는 확증 개념과 함께 가치 평가의 새로운 관점을 끌어들인다. 경험 법칙이 옳은 것으로 입증되었다면 충분히 받아들일 만한 가치가 있다는 것이다. 이로써 포퍼는 원칙적으로 이론적 이성에서 실천적 이성으로 전환한다. 흄이 앞선 인용에서 말하는 것은 이론적 이성을 뜻한다.[66] 우리는 앞으로 실천적 이성의 관점을 다루고자 한다.

우리는 포퍼의 비판을 수용해서 경험 법칙에 참·거짓도 개연성도 부여하지 않는다. 그러나 경험 법칙에 일정한 형식의 논리 외적 정당성, 즉 이론적 이성이 아닌 실척적 이성을 통해서 경험 법칙의 정당성을 인정할 수 있다.

우리는 여태까지 이론적 이성만을 관찰해 왔다. 우리가 이론적 추론뿐만 아니라 실천적 추론을 이끌어 내는 한 실천적 이성도 분명히 존재한다. 이론적 이성은 '존재했던 것' 또는 '존재하는 것'으로부터 추론한다. 반면에 실천적 이성은 '해야 하는 것'으로부터 추론한다. 사실로 입증된 경험 법칙에는 지금까지 인류가 얻은 지식이 들어 있다. 이러한 지식은 생존을 위한 싸움에서 이점이 된다는 것이 명백하게 밝혀졌다. 반대로 경험을 통해 깨달은 것을 알지 못하는 것은 커다란 단점이다. W. V. O. 콰인(1908~)은 이러한 단점을 이렇게 표현한다. "귀납적 교정을 할 수 없을 만큼 잘못된 생명체는 자신의 종을 재생산하기도 전에 멸망해 가는 경향을 보인다."[67]

나는 이와 같이 지금까지의 인류 경험의 생존적 가치로부터 출발한다. 우리는 현재까지 입증된 경험에서 미래에도 유효할 만한 행동 지침을 찾아낼 수 있다. 불이 지금까지 탔다는 경험이 사실로 입증되었기 때문에, 앞으로 계속해서 그러하리는 생각에 따라 불 속으로 손을 들이밀지 말아야 한다는 가정이 유용하다. 빵이 지금까지 식량의 역할을 해왔기 때문에 미래에도 식량으로 남을 것이라는 가정도 유용하다.

나는 귀납적 원칙을 존재하는 것에서 이끌어 낸 원칙으로 파악하지 않고, 대신에 규범으로 이해한다. 즉 귀납적 원칙은 "우리가 뭔가를 가정하고, 지금까지 입증된 가정을 바탕으로 무엇을 해야 하는지" 말해 주는 규범인 것이다.

이러한 규범이 갖는 정당성의 근거는 부여된 진리나 개연성에 있는 게 아니라 우리가 규범을 따를 때 생기는 이점에 있다. 따라서 귀납적 추론은 논리적으로 타당하지 않지만, 일반적으로 유리하다. 반대로 귀납법을 금지하는 것은 자살을 명령하는 일과 같을 것이다. 예를 들어 가까운 미래에도 불이 타고, 빵이 식량으로 남을 것이라고 추정하는 것은 타당하며 또 필요하다. 만일 불이 타지 않고, 빵이 식량이 되지 않는다고 가정한다면 우리는 화상을 입거나 굶어죽게 될지도 모른다. 물론 귀납적 일반화의 생존적 가치가 그렇게 명백한 것은 아니다. 가령 미래에는 까마귀가 희고 에메랄드는 '녹적색'이며, 돌이 아래로 떨어지지 않고 위로 날아간다고 가정하고, 또 행성들이 타원을 그리며 돌지 않는다고 가정할 수도 있다. 그래도 우리는 계속해서 살 수 있지만 '더 타당하고 더 유용한' 추론을 하는 사람들에 비해서 언젠가는 불리한 처지에 놓이게 될 것이다. 개별적인 경험 법칙들은 서로 연관 속에 있기 때문에 어느 하나를 포기하면 수많은 다른 것도 포기해야 한다. 때문에 대부분 개개의 경험적 법칙이 아닌, 경험적 법칙의 총체적인 체계가 옳은 것으로 입증되었다. 질량 보존의 법칙과 같은 몇몇 기본 법칙이 이러한 체계의 기둥 역할을 수행한다. 그렇게 입증된 체계가 앞으로도 옳은 것으로 남으리라고 보는 것이 유용하다. 물론 각각의 개별 법칙이 모두 우리의 생존을 위해 중요한 것은 아니다.

따라서——그러한 체계 속에 담겨진——귀납적 추론은 논리적으로 타당하지는 않지만 그렇다고 비이성적인 것도 아니다. 왜냐하면 귀납적 원칙을 수용하지 않는 다른 형태의 대안이 틀림없이 더 비이성적일 것이기 때문이다. 지금까지의 경험과 반대되는 현상이 출현할 것이라는 원칙의 가정은 마찬가지로 우리의 생존을 놓고 볼 때 더 비이성적인 생각이다. 여기서 다루는 것은 이론적인 이성의 타당한 추론에 관한 문제가 아니라 실천적 이성의 요구에 관한 문제이다.

실천적 이성의 정당성은 일반적으로 넓은 의미에서 우리의 생존을 위해 유용하다는 데 있다. 물론 그렇지 않은 예외적인 경우도 있을 수 있다.

포퍼는 프랑스의 한 마을에서 생긴 맥각 중독 현상을 보고한다.[68] 이 경우에 빵 또는 곡물이 식량이라는 가정이 적절하지 않았다. 하지만 이러한 경험이 우리로 하여금 일반적인 법칙을 의심하도록 만들지는 않는다. 왜냐하면 평소에는 이 법칙이 옳은 것으로 잘 입증되어 왔기 때문이다. 맥각 중독의 예에서 나타나듯이 일반적인 가설은 논리적 가능성의 측면에서 거짓으로 판명될 수 있으나, 그럼에도 불구하고 일반적인 가설로서 그 정당성이 유지된다. 앞서 언급한 반대의 예를 가지고 법칙 전체가 틀린 것으로 입증하는 증거로 삼지 않기 때문에 일반적인 가설은 유지될 것이다. 가령 맥각이 사고의 원인이 아니라 오염된 토양이 원인이었을 수도 있다. 그러한 사고에도 불구하고 빵이 식량이라고 가정하는 것이 빵이 독성 물질이라고 가정하는 것보다 유용하다.

귀납적 타당성은 유용성의 정도가 제기되는 한 양자택일의 문제가 아니라 정도의 문제이다. 따라서 미래에도 "탄력적인 가죽의 경우 당기는 힘은 늘어나는 것과 정비례한다"는 훅의 법칙과 같이 잘 증명된 경험적 법칙을 선호하는 것이 더 유용하다. 귀납적 개연성의 정도처럼 우리는 유용성의 정도를 이성적 선택 가능성의 정도로 수량화할 수도 있다. 지금까지의 진술이 옳은 것으로 잘 입증되어서 이에 상응하는 법칙이 추론된다면, 이성적 선택 가능성의 정도가 1에 해당되는 극단적인 경우가 등장한다. 그러나 지금까지의 진술이 옳은 것으로 잘 입증되지 않아서 이에 상응하는 법칙의 부정이 추론된다면, 반대로 이성적 선택 가능성의 정도가 0에 가까운 극단적인 경우가 등장한다.

이 두 가지 극단적인 경우 사이에 수많은 경우의 연속체가 존재하며, 이러한 경우들 사이에는 선호의 논리가 적용된다.[69] 선호의 논리는 연역적 논리도 귀납적 논리도 아니다. 연역적 논증의 경우 논리적으로 타당하거나 타당하지 않으며, 귀납적 논증은 (이론적으로) 더 많이 또는 더 적게 타당하고 귀납적 결론은 수량적인 의미로 개연성이 더 많거나 더 적다. 선호의 논리는 유용성의 논리이다. 유용성 논리의 논증은 (실제적으로) 더 많이 또는 더 적게 타당하며, 유용한 논증의 결론은 더 또는 덜 유용하다. 이러한 많고 적음을 수량화하기 위해서 이성적인 선택 가능성의 정도에 0에서 1 사이의 수를 부여할 수 있다. 가령 정해진 미래에도 빵이 식품일 것이라는 경험적 법칙에 부여할 수 있는 이성적인 선택 가능성은 0.999999, 즉 거의 1에 가깝다고 할 수도 있다.

귀납법의 원칙이 이론적 이성의 원칙이 아니라면, 내 생각에 이것은 실천적 이성의 자연스러우면서도 정당한 요구이다. 옳은 것으로 잘 입증된 또는 예외 없이 입증된 결론의 경우 귀납법의 원칙은 우리가 묵시적 또는 암시적으로 기대한 것, 즉 미래도 과거와 같은 형태를 가질 것이라는 점을 분명하게 해준다. 따라서 귀납법의 원칙은 묵시적으로 인정받는 제도를 형성한다.

제도는 행위의 총괄 체계로서 미래에도 행위를 규범적으로 고정화한다. 따라서 규범적인 귀납적 원칙은 우리가 지금까지의 지식을 미래에도 적용할 수 있게 하는 정당성의 근거와 같다. 이러한 귀납적 원칙은 억압할 수 없을 만큼 강한 충동에 의해서 생겨나는데, 이를 억압할 경우에 우리 자신 및 인류의 생존마저 위험해질 수 있다. 이러한 의미에서 귀납법의 제도는 실제로 "인간 생활에 위대한 영도자"(흄)의 역할을 수행한다. 귀납법의 원칙은 영도자처럼 인간이 무엇을 해야 하는지 말해 주기 때문이다. 귀납법의 원칙은 영도자로서 인간에게 '만일-그러면-명령'을 내린다. "만일 너희들이 건강하게 살려면, 옳다고 입증된 법칙이 미래에도 과거와 같은 형태라는 것을 가정해야 한다." 이러한 명령은 조건적이며 가설적인 명령법이다. 이는 그러한 명령의 지시가 미래를 서술하는 문장 형태로 또는 무조건적인, 정언적인 문장 형태로 나타나더라도 마찬가지이다.

물론 여기서 이같은 질문이 제기될 수 있다. 왜 자연이 동일한 방식의 요구를 따라야 하는가? 이에 대해서 대답은 다음과 같다. 옳은 것으로 입증된 경험 법칙의 경우에 있어서 자연이 이러한 요구를 따르는 한, 이러한 요구 자체가 '자연적'이기 때문이다. 그런데 자연이 지금까지 이같은 요구를 따랐다면 왜 미래에도 이러한 요구를 따라야 하는가? 이에 대해서 이론적인 대답은 없고, 앞으로도 없을 것이다. 왜냐하면 우리는 자연의 미래를 확실하게 예견할 수 없기 때문이며, 우리가 예측한 것과 다르게 될 수도 있기 때문이다.

따라서 포퍼의 다음 주장은 근본적으로 옳다. "우리는 알지 못하며, 단지 짐작할 뿐이다."[70] 우리는 종종 짐작함에도 불구하고 안다고 말한다. 이 점에서 포퍼는 우리의 일상적 언어 사용과는 동떨어진 표현을 쓴다. 여기서 이론적인 비오류성의 의미에서 지식을 갖춰야 할 필요가 없다고 말하는 것은 마찬가지로 옳다. 우리는 이론적인 비오류성을 필요로 하지 않는다. 존 스튜어트 밀(1806-1873)은 이러한 사실을 다른 문제와 관련해서 제대로 표현했다. "절대적인 확신은 존재하지 않지만, 인간 생활의 목적에 합당하는 충분한 확실성은 존재한다."

확실과 확신은 비록 일상 생활에서 거의 구분 없이 쓰이지만 다른 말이다. 확신은 심리적인 것이며, 확실은 실질적인 것이다. 우리는 비록 내일도 불이 계속해서 타오를지 알지 못하지만, 불에 데지 않도록 유용하게 행동할 것이다. 일반적으로 우리 인생의 목적을 위해서 이러한 이성적이며 유용한 선택에 근거한 실질적인 확신 이외에, 우리는 더 많은 걸 필요로 하지 않는다. 아마도 지금까지의 귀납적 추론이 미래에도 타당하리라는 확신——믿음——도 이같은 실질적인 확실성에 기인할 것이다. 이론적인 측면에서는 모든 귀납적 추론의 경우 더 이상 제거할 수 없는 비이성적인 요소가 남아 있다. 이론적으로 볼 때 내일은 모든 것이 완전히 달라질 수도 있다. 그러나 그렇지 않다고 가정하는 것은 습관에 기인할 뿐 아니라 실천적 이성의 요구이기도 하다.

5. 언제 공리가 참인가?

앞서 보았듯이 타당한 연역적 논증이 항상 참 결론으로 이어져야만 하는 것은 아니다.(48쪽 참조) 연역적 논증의 모든 전제가 참이고, 논증이 타당한 경우에만 결론이 참이다. 그렇다면 언제 연역적 논증의 전제가 참일까? 연역적 논증의 전제가 의심할 여지없이 참인 경우는 첫번째 전제일 경우만이다. 첫번째 전제를 공리라고도 부른다. "논리적 추론의 연계를 통한 증명 없이"(프레게)[71] 공리의 진리는 시간적·공간적 제약 없이 결정되어 있는 듯하다. 공리에 대한 진리 기준은 무엇인가?

예를 들어 에우클레이데스 《원소》의 아홉번째 공리를 살펴보자. "전체는 부분보다 크다." 약 2천 년 동안 학자들과 철학자들이 그래왔듯이 사람들은 이 문장을 참으로 만드는 명백성이 있다고 생각할 것이다. '명백한'이라는 단어는 달리 말하면 '밖으로 드러난다'는 뜻이다. '눈에 띄는' 것, 분명한 것이 명백하다. 우리는 구름 없는 날 해가 비치면 밖이 환하다는 것을 의심하지 않는다. 마찬가지로 우리는 전체가 부분보다 크다는 것을 의심하지 않는다. 두 가지 모두 직접적으로 명백하다. 하나는 내 눈에 비추어, 다른 하나는 내 이성에 비추어 명백하다. 그런데 명백성을 증명하려는 사람은 초를 들고 해가 비치면 밝다는 것을 증명하려는 사람과 같다.

에우클레이데스의 《원소》에는 공리가 유한한 대상과 관계된다고 한다. 그렇다면 무한한 차원에는 어떠한가? 무한한 차원에서도 전체가 부분보다 큰가? 부분이 무한히 많은 요소를 가지고 있어도 전체 집합이 여전히 부분 집합보다 큰가? 실제로 게오르크 칸토어(1845-1918)는 《초한집합론 기초》(1895)에서 무한 집합을 정의하면서 앞서 언급한 공리는 어떤 의미에서는 유효하지만, 다른 의미에서는 그렇지 않다고 했다. "모든 무한 집합 T는 이와 대등한 부분 집합 T_1을 갖는 성향이 있다."[72] 무한 집합은 끝없이 많은 수의 집합이다. 무한히 많은 점을 가진 구간을 통한 설명에서 나타나듯이, 무한 집합에서는 한편으로는 전체가 부분보다 큰 것으로 보이나, 다른 한편으로는 그렇지 않다.

전체 구간 AB는 부분 구간 AC보다 크다. 하지만 부분 구간 AC에 포함된 점은 전체 구간 AB에 포함된 점과 똑같이 많다. 즉 칸토어의 용어에 따르면 '대등'하다. 왜냐하면 부분 집합과 전체 집합은 똑같이 무한히 많은 점을 포함하고 있기 때문이다. "부분 집합이 전체 집합과 똑같이 크다 혹은 대등하다"는 사실이 단번에 분명하게 이해되지는 않을 것이다. 이는 정의를 통해서 확인해야 한다.

평행성의 정의에서도 참 문장, 즉 소위 평행성의 공리가 나온다고 추정했다. 에우클레이데스는 이렇게 정의한다. "평행선은 같은 차원에 놓인 직선들로, 양쪽으로 무한히 연장되며 어느 한 지점에서도 교차하지 않은 직선들을 말한다."[73] 이 정의를 가지고 에우클레이데스의 아홉 가지 공리에서 찾아볼 수 없는 평행선의 공리를 작성했다.[74] 이 정의에 따르면 직선 G와 이 직선 G에 놓이지 않은 점 P가 존재하는 면에는 점 P를 통과하는, 그리고 직선 G와 평행한 또 하나의 직선 G'가 존재한다. 이것은 명백한 사실인 것처럼 보여서 19세기까지 아무도 심각하게 평행선 공리의 진리를 의심하지 않았다. 논쟁의 초점은 이 정의가 첫번째 기하학적 전제 내지는 기하학적 공리인가, 아니면 결론 내지 정리인가 하는 문제였다. 일찍이 평행선의 공리를 증명하려는 많은 시도, 즉 에우클레이데스의 공리 체계에 있는 다른 공리들로부터 새로운 정리로서 평행선의 공리를 이끌어 내려는 시도가 있었다. 그러나 그러한 시도는 모두 잘못된 것으로, 즉 순환적인 것으로 판명되었다. 결론의 참이 이미 전제의 참 속에 전제되어 있으면 그같은 증명은 순환적이다.

1816년, 수학자 카를 프리드리히 가우스(1777-1855)는 평행선의 공리를 다른 공리에서 유도해 낼 수 없다는 것을 증명했다. 그러자 "평행선의 공리가 필요 없지 않을까" 하는 문제가 제기되었다. 가우스는 이 문제에 긍정적인 대답을 하며, 평행선의 공리 없이 모순 없는 기하학을 정립했으나, 이에 대한 결과를 출간하려고는 하지 않았다. 그후(1832)에 요한 보요이(1802-1860)와 니콜라이 이바노비치 로바체프스키(1792-1856)는 평행선의 공리가 다른 공리들로부터 파생될 수 없다는 것을 증명했다. 때문에 그들은——가우스와 관계 없이——평행선의 공리가 유효하지 않은 기하학을 구성하는 것이 옳다고 생각했다. 대신에 명백하게 여겨지지 않는 다른 유효한 공리가 있다고 했다. 이 공리에 따르면 한 차원에서 한 직선에 대해서 이 직선 위에 놓여 있지 않은 점을 통과하는 다른 평행선이 존재하지 않는다고 한다. 그 이후(1854)에 베른하르트 리만(1826-1866)은 한 점 P를 통과하는 1개 이상의 평행선이 있는 새로운 기하학을 구성했으며, 게다가 무수히 많은 평행선이 존재한다는 것을 밝혀냈다. 에우클레이데스 기하학에서는 점 P를 통과하며 직선 G와 평행한 직선은 직선 G' 하나였다. 그런데 보요이와 로바체프스키의 기하학에서는 직선 G'가 하나도 없으며, 리만의 기하학에서는 직선 G'보다 더 많은 직선이 존재한다. 하지만 이런 사실은 단번에 명백하게 드러나지 않는다.[75]

명백성은 아홉번째 공리나 평행선의 공리와 같은 공리가 참이라는 것을 암시한다. 그렇지만 우리는 공리의 진리 문제에서 단순히 무조건 명백성에 의지할 수 없다. 명백성은 공리의 진리에 대해서 일견 그럴 듯해 보이는 기준이다. 하지만 일견 그럴 듯해 보이는 기준은 심사숙고에 의해서 그 효력을 상실할 수도 있는 기준이다.

때문에 데이비드 힐베르트(1862-1943)는 《기하학 기초》(1899)에서 명백성을 진리의 기준으로 삼는 것을 포기하기에 이르렀다. 에우클레이데스 기학의 기본 개념, 즉 점·선·면은 단순히 변수 x·y·z에 해당하는 것으로 내용적으로 의미가 부여되지 않으며, 원칙상 임의대로 해석될 수 있다. 따라서 기하학의 공리는 명백할 필요가 없으며, 이러한 변수 사이의 임의적인 확정이다. 이같은 확정은 단순히 통사적인 문자, 즉 내용이 비어 있는 문자로 구성된다. 물론 기하학의 공리들은 모순이 없고, 상호간에 독립적이어야 한다. 내적으로 모순 없는 공리 체계에서 결론을 유도할 수 있기 때문이다.

논리적인 모순에서 논리적인 법칙에 따라 임의의 결론이 나온다. "만일 p이면서 p가 아니면 q이다." 여기에서 소문자 p와 q는 진술의 변수로 임의의 구체적인 진술을 대표한다. 예를 들면 다음과 같은 대입이 성립된다. 평행선의 공리가 참이면서 (p), 참이 아니면 (p의 부정), 힐베르트는 불행한 인간이다(q). 그러나 힐베르트는 《기하학 기초》에서 이러한 진술을 증명하려고 하지 않았다. 상호간의 종속적인 공리들은 서로에게서 파생되므로 더 이상 공리가 아닐 것이다.

힐베르트는 논리 형식을 명백성으로부터 분리하고, 논리적인 모순 없음을 진리와 (논리적) 실존의 기준으로 삼는다. 그래서 힐베르트는 프레게에게 편지를 쓴다. "임의로 설정된 공리들이 전체 결론과 서로 모순되지 않는다면 참이며, 따라서 공리를 통해 정의된 대상도 존재한다. 이것이 나에게는 진리와 실존에 대한 기준이다."[76] 그는 두번째 단계에서 기초 항과 공리에 의미를 부여한다. 가령 '점' '선' '면'의 의미, 또는 에우클레이데스 공리(평행선의 공리는 제외)의 의미이다.

진리 기준으로서의 명백성을 포기하는 것은 중요한 결과를 낳는다. 명백성을 진리 기준으로 삼을 때 어떤 공리 '자체'가 참이라는 의미에서 명백하다고 주장할 수 있었는데 반해서, 그렇지 않은 경우에는 어떤 공리 '자체'가 참이라고 주장할 수 없으며, 단지 이러한 공리를 받아들이는 언어 공동체 내에서만 참이라고 말할 수 있다. 마찬가지로 어떤 정리가 해당 공리 체계의 언어 내에서만 참이 된다. 공리가 갖는 진리의 보편적인 유효성은 이러한 결정과 의미 체계를 공유하는 수학자가 속한 언어 공동체로 제한된다.

그런데 여기서 한 걸음 더 나아갈 수 있다. 공리는 임의로 결정된 것이어서는 안 된다. 왜냐하면 우리가 통사적인 기호에 의미 체계를 부여하고, 이러한 의미 체계가 언어 공동체로부터 받아들여지면서, 그러한 결정이 언어 공동체의 의미적 규칙을 형성하기 때문이다. 그리고 이러한 규칙이 고정되면서, 언어 공동체의 의미적 제도가 된다. 이것은 공리의 진리에 대한 기준이 단순히 명백성이나 모순 없는 결정에 있는 것이 아님을 의미한다. 내 생각에 공리의 진리에 대한 기준은 의미를 고정적으로 받아들이는 사회적 사실이다.

언어 공동체는 비에우클레이데스적인 기학학의 경우처럼 아주 작을 수도 있다. 이 언어 공동체는 그러한 기하학을 정립하고 가르치는 수학자들로 구성된다. 언어 공동체는 에우클레이데스 기하학의 경우처럼 클 수도 있다. 이 언어 공동체는 평행선의 공리를 포함하여 에우클레이데스 공리를 가정하는 사람들로 이루어진다. 언어 공동체는 에우클레이데스 첫번째 공리의 경우처럼 좀더 커질 수 있다. "어느 동일한 대상과 각각 똑같은 것들은 서로 같다." 이 공리를 동일성의 전이성이라고 부른다. a와 b가 같고, b와 c가 같으면 a와 c가 같다. 미친 사람이나 몇몇의 철학자를 제외하면 대부분의 사람들은 이를 믿을 것이다. 하지만 깊이 생각하면 이 공리에 대해 반증을 제시할 수도 있다.

동일성과 비모순성의 메타논리적인 공리의 경우에도 똑같은 사실이 적용된다. 동일성의 공리를 이렇게 표현할 수 있다. 모든 사물은 있는 그 자체이다. 비모순성의 공리는 이렇게 표현된다. 어떤 사물도 있는 그 자체가 아니지 않다. 두 공리를 합쳐서, 조지프 버틀러 (1692-1752) 주교가 말한 대로 이렇게 말할 수 있다. "모든 사물은 있는 그 자체이며, 다른 사물이 아니다."[77]

근대 논리학에서 이 공리를 사고의 법칙이라고 불렀으며 이렇게 표현했다. "A는 A와 같으며, A는 A가 아닌 것과 같지 않다." '같은' 대신에 등식 부호 '='를 사용하고, '같지 않은' 대신에 부등식 부호 '≠'를 사용하면 이렇게 표시할 수 있다. "A=A" "A≠A가 아닌 것."

그러나 프레게에 의해 정립된 현대의 논리학은 더 이상 사고의 법칙에 대해서 말하지 않는다. 왜냐하면 주관적인 관점에서 벗어나서, 또 사실 간주, 사고, 판단 추론에 매달리는 '심리학적인' 입장에서 벗어나 객관적인 진리를 찾으려고 했기 때문이다. 게다가 동일성과 비모순성의 메타논리적인 공리는 "우리가 실제로 어떻게 생각하는가"를 설명하기보다는 "우리가 어떻게 생각해야 하는가"를 규정한다. 하지만 우리는 비논리적으로 생각할 수도 있다.

논리학은 사실 간주에 대한 일반적인 법칙의 학문이 아니라, 프레게의 정의대로 "사실인 것에 대한 일반적인 법칙의 학문"[78]이다. "사실인 것에 대한 법칙에서 비로소 사실 간주·사고·판단·추론에 대한 법칙이 생겨난다."[79] 때문에 논리학은 올바른 추론, 즉 타당한 추론의 법칙에 대한 학문이라고 정의할 수도 있다.

진술은 객관적으로 인지될 수 있도록 모든 사람에게 제공되며, 그 속에 우리의 생각이 표현된다. 두 가지 메타논리학적 공리가 진술에 적용된다. 메타논리학적인 공리 '동일성'은 이렇게 표현된다. "p는 p와 동일하다." 메타논리학적인 공리 '비모순성'은 이렇게 표현된다. "유효하지 않음: p와 p가 아닌 것."

진술의 변수 p를 구체적인 진술로 대체할 때마다 똑같은 진리치, 즉 진리치 '참'을 얻게 된다. 때문에 이러한 법칙을 '동어 반복'이라고 부른다. 동어 반복(말한 것을 반복함)은 매번 똑같은 것을 말한다. 때문에 논리학에서 '동어 반복'은 진술의 변수 p를 구체적인 진술로 대체할 때마다 똑같은 진리치, 즉 진리치 '참'이 생겨나는 진술 형태라고 부르기도 한다.

예를 들어 진술 변수 p에 "비가 온다"라는 구체적인 진술을 넣어 보자. 그러면 동일성의 메타논리적 공리, 즉 "비가 온다"는 "비가 온다"와 일치한다는 말이 유효하다. 여기서 두 진술의 동일성은 두 진술이 함께 참이거나 거짓이라는 걸 의미한다. 첫번째 진술이 참이고 두번째 진술이 거짓인 경우는 없으며, 첫번째 진술이 거짓이고 두번째 진술이 참인 경우도 없다. 두 진술은 똑같은 진리치를 가진다. 때문에 두 진술의 등치를 말하기도 한다. "비가 온다"는 "비가 온다"와 등치이다. '등치'란 말 대신에 등가 부호인 '≡'를 사용하면 이렇게 표현된다. "비가 온다"≡"비가 온다" 또는 p≡p. 이러한 등치는 상호간의 조건 관계를 통해 표현된다. 첫번째 진술이 참이면, 두번째 진술도 참이다. 첫번째 진술이 거짓이면, 두번째 진술도 거짓이다.

비모순성의 메타논리적인 공리에서 다음과 같은 대입이 생겨난다. 유효하지 않음: "비가 온다"와 "비가 오지 않는다." "비가 오지 않는다"와 "비가 온다"라는 두 진술은 (동시에 같은 장소에서) 참이거나 거짓일 수 없다. 두 진술은 서로를 전제하지 않고, 서로를 배제한다. "비가 온다"가 참이면 "비가 오지 않는다"는 거짓이다. "비가 오지 않는다"가 거짓이면 "비가 온다"는 참이다. 비모순성 법칙의 경우에 필요한 조건을 추가하면, 예를 들어 동일한 시간 동일한 장소에 일어난 사건과 연계시키면 항상 참이다.

에우클레이데스 기학학적 공리뿐만 아니라 어떤 특별한 논리 체계의 공리들도 동일성과 비모순성의 공리를 전제로 하기 때문에 우리는 이 공리를 메타논리적 진리라고 부를 수 있다.[80] 따라서 버트런드 러셀(1872-1970)과 앨프리드 노스 화이트헤드(1861-1947)에 의해 저술된 《수학 원리》의 논리 체계의 첫번째 공리는 이 두 메타논리적 공리를 전제로 삼는다. "1.1. 참인 기본적인 명제를 통해서 함축된 것은 모두 참이다."[81]

이 공리는 참 전제에서 참 결론이 나온다는 것을 말한다. "비가 오면 길이 젖는다"라는 논증을 예로 들어 보자. 여기서 "비가 온다"는 것이 기본적인 명제라고 가정해 보자. 그러면 다음과 같이 설명된다. "비가 온다"는 전제가 참이면 "길이 젖는다"라는 결론이 참이다. 마찬가지로 연역적 논증의 타당성은 다음과 같은 내용을 전제한다. 전제의 긍정과 결론의 부정이 논리적 모순을 낳지만, 전제의 긍정과 결론의 긍정은 논리적 모순을 낳지 않는다.

물론 극단적인 회의론자는 메타논리적 공리 '동일성'과 '비모순성'을 부정할 수도 있다. 사실상 그러한 회의론자가 거의 없겠지만, 그들의 입장을 가상할 수 있다. 그러나 메타논리적 공리를 부정하려면 극단적인 회의론자는 먼저 이 공리를 긍정해야만 할 것이다. 만일 그들이 "동일성의 공리는 참이 아니다"라고 말하면 다음과 같은 진술을 전제해야 할 것이다. "동일성의 공리는 참이 아니다"는 "동일성의 공리는 참이 아니다"와 동일하다. '동일한' 대신에 '등치의' 라는 표현을 사용하면 다음과 같이 가정할 수 있다. "동일성의 공리는 참이 아니다"는 "동일성 공리는 참이 아니다"와 등치이다. '등치의' 라는 단어는 진리치의 동일성을 표현하는 단어인 '동일한'의 다른 표현이다.

계속해서 회의론자가 "비모순성의 공리는 참이 아니다"라는 주장을 펴는 경우를 가정해 보자. 그러면 그는 "비모순성의 공리는 참이 아니다"라는 진술과 이에 대한 부정, 즉 "비모순성의 공리는 참이다"라는 진술이 동시에 참이 아니란 걸 전제로 한다. 그런데 이러한 전제를 한다면 그는 비모순성의 공리를 긍정한다. 그렇게 비모순성의 공리를 긍정한다면 그는 비모순성의 공리를 부정하지 않는다. 비모순성의 공리를 부정하지 않는다면 극단적인 회의론자는 더 이상 비모순성 법칙의 부정을 대변할 수 없다. 즉 비모순성의 공리에 대한 부정을 대변하기 위해서 이를 긍정해야 하기 때문에 회의론자는 더 이상 부정을 대변할 수 없게 된다.

이제 극단적인 회의론자가 자신의 이론적인 입장을 더 이상 대변할 수 없다면 상대방과의 대화에서 물러나 침묵을 지켜야 할 것이다. 극단적인 회의론자가 더 이상 자신의 이론적 입장을 대표하지 않는다면 반박당하지 않을 것이다. 그러나 회의론자는 반박될 수 없는 입장을 대변하기 때문에 반박당하지 않는 것이 아니라, 어떤 특정한 것을 말하지 않고, 또 말할 수 없기 때문에 반박당하지 않는 것이다. 왜냐하면 극단적인 회의론자가 하는 어떠한 진술도 모순적인 반대 의미를 지니기 때문이다. 그는 기껏해야 신체 언어를 가지고 자신의 입장을 표현할 수 있을 것이다. 예를 들어 누군가 동일성의 공리, 또는 비모순성의 공리를 표현하면 미심쩍게 머리를 흔드는 방식으로 입장을 표명할 수 있겠다. 그러나 미심쩍게 머리를 흔드는 것은 긍정 또는 부정을 의미할 수 있기 때문에 다른 사람들에게, 그리고 자신에게조차도 그 의미가 불분명해진다.

반대로 임의의 진술 p에서 "p이거나 혹은 p가 아니다. 제3의 요소는 존재하지 않는다"라는 제3의 요소를 배제하는 메타논리적 공리가 논리학과 수학의 모든 공리 체계에서 참인 것은 아니다. 가령 이 메타논리적 공리는 L. E. J. 브로우웨르(1881-1966)의 공리 체계에서 유효하지 않다. 브로우웨르에 따르면 수학적 문장은 공식을 통해서 증명 또는 반박될 수 있을 때에만 참 또는 거짓이다. 그런데 무한히 많은 영역에서 모든 수학적 진술이 공식을 통해 증명 또는 반박될 수 있다고 여길 수 없으며, 제3의 요소가 존재하지 않는다고 간주할 수 없다.

예를 들어 완전한 수와 불완전한 수가 있다. 완전한 수는 자연수 가운데 분모의 합계와 같은 수이다. 이를테면 6은 완전한 수인데, 6=1+2+3이기 때문이다. 28도 완전한 수로 28=1+2+4+7+14이다. 마찬가지로 496과 그밖에 6개의 짝수도 각각 분모의 합계와 같은 자연수이기 때문에 완전한 수에 해당된다. 그런데 지금까지 홀수 가운데 완전한 수가 있는지에 대해서는 증명된 바 없다. 하지만 이러한 사실이 모든 홀수가 불완전하다는 것을 뜻하지는 않는다. 모든 홀수에 대한 주장, 예를 들어 "모든 홀수는 불완전하다"라는 주장은 공식을 통해 증명 또는 반박될 수 없다. 왜냐하면 무한히 많은 홀수가 존재하기 때문이다. 때문에 브로우웨르에 따르면 제3의 요소를 배제하는 메타논리학적 법칙이 무한히 많은 수에 대한 문장에서는 참이 아니다.

따라서 내 생각에는 공리가 명백하기 때문에 참인 것이 아니며, 또 모순 없이 작성되기 때문에 참인 것도 아니다. 공리는 언어 공동체 내에서 제도화되었기 때문에 참인 것이다. 공리를 받아들이지 않는 사람은 해당 언어 공동체에 속하지 않는다. 언어 공동체의 제도는 참인 것에 대한 법칙, 즉 이 공동체 내에서 해당 경우를 서술하는 법칙일 뿐만 아니라 이 공동체 내에서 참으로 간주해야 할 것을 규정하는 규칙이다. 따라서 공리에 대한 제도주의적 견해는 "이러한 공리가 왜 언어 공동체 속에서 참인지" 그 이유를 보여 줄 뿐만 아니라, 더 나아가서 "개개의 언어 공동체에 속한 구성원이 왜 이러한 공리를 따라야 하는지" 그 까닭을 제시한다.

공리에 대한 제도주의적 견해는 우리의 정신이 번쩍 들게 만들 수도 있다. 이러한 견해가 옳다면 공리의 진리에 대한 절대적인 정당성은 존재하지 않으며, 개별적인 언어 공동체의 의미적 제도를 통한 상대적인 정당성만이 존재한다. 물론 공리들은 내적으로 모순이 없어야 하며, 상호간에 독립적이어야 한다. 이처럼 상대적인 정당성을 근거로, 우리는 더 이상 공리가 시간을 초월하며 어느곳에서나 참이라고 주장할 수 없다.

IV

진리

1. 진리의 고전적인 정의

 우리는 앞장에서 '진리의/참의' 또는 '진리/참'이라는 표현을 자주 사용했다. 그렇다면 진리는 무엇인가? 예수가 빌라도에게 이렇게 말한다. "나는 진리를 증거하기 위하여 났고, 또 이를 위하여 세상에 왔다."[82] 즉 예수는 진리가 무엇인지 안다고 믿으며, 또 자기 자신을 진리로 간주한다. "내가 곧 길이요, 진리요, 생명이다."[83] 그러자 믿음이 없는 회의론자인 빌라도는 조롱 섞인 말로 "진리가 무엇인가"[84]라고 되묻는다. 하지만 빌라도는 이에 대한 대답에 대해서는 흥미가 없었던 것 같다. 현대의 회의론자인 슈펭글러는 다음과 같은 답변을 제안했다.

 "진리가 무엇인가? 많은 사람들에게는 우리가 늘 읽고 듣는 수많은 일들이 진리이다. 어떤 불쌍한 멍청이가 어딘가에 앉아서 '진리'를 확인하려고 그 근거를 수집한다면 그것은 그의 진리이다. 다른 진리, 즉 효과와 성공의 세계에서 추구하는 지금의 대중적인 진리는 오늘날 언론의 산물이다. 언론이 원하는 것이 진리가 된다. 언론의 명령권자는 진리를 생산하고, 변화시키며, 갈아치운다. 3주간의 언론 활동이면 전세계가 진리를 깨닫는다. 진리의 내용을 중단 없이 반복할 돈이 남아 있는 동안은 진리의 기반이 부정되지 않는다. 고대의 수사학도 말의 내용보다는 말이 주는 인상에 역점을 두었으나, 현존하는 것과 현 시점에 국한되었다. 이에 반해 언론은 지속적인 효과를 추구하며, 영혼을 지속적으로 통제한다. 더 큰 재력이 반대 기반 위에서 반대 근거를 더 자주 제시할 때, 현재 언론이 가진 진리의 근거는 부정된다. 이 순간에 대중 의견의 자석 바늘이 더 강한 쪽으로 움직인다. 모두가 즉시 새로운 진리에 대해서 확신을 갖는다. 사람들은 갑자기 착각에서 깨어난다."[85]

따라서 진리는 '현재 언론의 산물'이다. 슈펭글러는 여기에서 명백히 진리를 '사실로 간주함'으로 이해한다. 그렇다면 그의 주장은 "언제 다수가 어떤 것을 사실로 간주하는가"에 대한 가설이다. 이 가설은 옳을 수도 있고, 옳지 않을 수도 있다. 어쨌든 '불쌍하고 멍청한' 우리는 뭔가 다른 것을 알려고 한다. 즉 "언제 우리가 어떤 견해를 사실로 간주하는가"를 알고 싶은 것이 아니라, 무엇이 '진리/참' 즉 '객관적인 진리/참'인가를 알려고 한다.

여기에서 한 가지 구분해야 할 것이 있다. "이 사람은 참된 친구다"라고 말할 때와 "어떤 진술이 참이다"라고 말하는 것은 똑같지 않다. 첫번째 경우는 "이 사람이 진정한 친구이다"라는 뜻이다. 그러나 다른 경우에, 예를 들어 "법정에서의 증인 진술이 참이다"라는 말은 다른 뜻, 즉 진술이 사실과 일치한다는 의미이다. 첫번째 경우에는 진리가 사람 또는 사물의 속성에 내재하나, 두번째 경우에는 진리가 진술과 실제의 관계 속에 있다. 사람들은 첫번째 진리를 존재의 진리라고 부르며, 두번째 진리를 진술의 진리라고 부른다.

더 정확히 말해서 두번째 경우에 진술 자체가 아닌 진술 내용이 참이다. 단순히 음의 연속체란 의미에서 단순히 진술 자체가 참이라면, 내용이 같은 진술을 다른 언어로 옮긴 것은 더 이상 참이 아닐 것이다. 단순한 음의 연속체는 언어마다 다르다. 따라서 물리적인 표현 형식이라는 의미로서의 진술은 참일 수 없다. 표현 형식의 내용이 비로소 참이다. 사람들은 이러한 진술 내용을 명제라고 부른다. 명제의 변수로서 대문자 P, Q, R 따위를 사용하고, 진술의 변수로서 소문자 p, q, r 따위를 사용한다. 우리는 앞으로 명제의 진리 문제에 국한하고자 하는데, 이는 종종 헛갈리게 진술의 진리라고도 불린다.

이미 앞에서 수학적·논리적 공리의 진리에 대해서 언급했으므로, 여기서는 외부 세계에 대한 명제의 진리에 관해서 설명하고자 한다.

어떤 명제가 사실과 일치하면 그 명제는 참이고, 사실과 일치하지 않으면 거짓이다. "눈은 희다"라는 명제는 눈이 흴 경우에 참이고, 눈이 희지 않을 경우에는 거짓이다. 진리에 대한 이러한 견해는 일치 또는 불일치에 근거를 둔다. 때문에 사람들은 이것을 진리의 일치 이론이라고도 부른다. 이것은 "진리는 인식과 실제의 일치"라는 고전적인 논제를 새로운 형식으로 표현한 것이다.

아리스토텔레스는 '일치'란 말을 사용하지 않고 이렇게 말한다. "있는 것에 대해서 있지 않다고 말하고, 있지 않은 것에 대해서 있다고 말하는 것은 거짓이다. 있는 것에 대해서 있다고 말하고, 있지 않은 것에 대해서 있지 않다고 말하는 것은 참이다."[86]

이러한 정의에서 주목할 만한 사실은 다음과 같다. 일치 이론에 따르면 명제의 진리를 요구하기 위해서 해당 명제가 참이라고 말할 필요는 없다. 우리가 명제를 표현하는 동시에 이미 명제가 참이란 것을 말하고 있기 때문이다. 예를 들어 "눈이 희다"고 주장하면 이미 눈이 희다는 게 참이란 것을 의미한다. 반대로 "눈이 희지 않다"고 주장하면 눈이 희다는 게 참이 아니란 것을 의미한다. 때문에 우리는 "P가 참이다" 또는 "P가 참이 아니다"라고 말하더라도 이미 P를 가지고 말한 것 이상을 말하지는 않는다. 명제가 요구하는 진리는 당연한 것이므로, 우리는 그런 말을 특별히 언급하지 않는다.

때문에 우리는 명제가 참이란 것을 특별히 강조하려고 하지 않는 이상 '참'이란 단어를 빼도 된다. 그러면 '참'이라는 단어는 더 이상 서술적 기능을 갖지 않고, 강조적 또는 표현적 기능을 갖는다. 서술적 측면에서 '참'이란 단어는 외부 세계에 대한 명제와 관련해서 볼 때 불필요하거나 중복적인 듯하다. 때문에 이를 진리의 중복 이론이라고 말하기도 한다.[87] 중복 이론은 진리에 대한 정의도 제공하지 않고, 진리에 대한 기준도 제시하지 않으며, 단지 일치 이론의 의미에서 진리에 대한 요구가 당연하다는 것을 보여 줄 뿐이다. 따라서 진리에 대한 중복 이론은 일치 이론에 대한 대안이 아니다. 중복 이론은 일치 이론의 의미에서 외부 세계에 대한 명제의 진리 요구가 갖는 당연성을 지적하고 있다.

2. 고전적인 정의에 대한 반론과 타르스키의 재구성

진리를 명제와 사실의 일치로 정의하는 것에 대해서 몇 가지 반론이 생겨난다.

1) 정의는 순환적이다. 왜냐하면 "진리가 명제와 사실의 일치에 있다는 게 참이란 것을 어떻게 알 수 있을까?" 하는 의문이 제기되기 때문이다. 명제의 진리가 사실과의 일치에 있다는 것이 실제로 사실과 일치하는지 우리는 알아야 할 것이다. 따라서 정의와 진리의 일치 여부를 판단하기 위해서, 우리는 진리에 대한 정의와 진리 자체를 비교할 수 있어야만 할 것이다.

2) 정의는 인식론적 의미에서 중립적이지 않다. 왜냐하면 위의 입

장은 소박한 인식론적 실재론을 전제로 하기 때문이다. 인식론적 실재론에 따르면 외부 세계는 자체로, 인간의 이해 방식과 관계 없이 그리고 객관적으로 존재한다. 예를 들어 눈이 실제로 희며, 이것은 단순히 인지에 의해서 그렇게 보이는 것이 아니라는 것이다. 그렇다면 우리는 어떤 명제가 '실제 그대로' 사실과 일치한다는 걸 어떻게 알 수 있을까? 이것을 판단하기 위해서 우리는 명제를 알아야 하고, 명제와 관계 없이 사실도 알아야 한다. 그래야 명제가 사실과 일치하는지 여부를 결정할 수 있기 때문이다. 우리는 양자를 독립적으로 볼 수 있는 '신의 눈'[88]과 같은 입장을 취해야 할 것이다.

3) 우리가 신의 눈과 같은 입장을 취할 수 없기 때문에 그런 정의는 무수히 많은 사실로 끝없이 환원된다. 가령 "눈이 희다"라는 명제 P_1이 눈이 희다는 사실과 일치하는지 판단해 보자. 이를 위해서 우리는 언급한 사실을 다른 명제 P_2로 작성해야 할 것이다. 그래야 P_1과 P_2가 일치하는지 여부를 판단할 수 있기 때문이다. 그런데 우리는 P_2가 눈이 희다는 사실과 일치한다는 걸 어떻게 알 수 있을까? 이를 위해서 우리는 언급한 사실을 또 다른 명제 P_3로 작성해야만 할 것이다. 그래야 P_2와 P_3가 일치하는지 여부를 판단할 수 있기 때문이다. 이런 식으로 끝없이 진행된다. 우리는 문장과 사실의 일치 여부를 확인하기 위해서 문장 또는 문장의 의미(명제)를 사실과 비교할 수 없다. 왜냐하면 문장 내지 명제와 무관하게 사실에 이르는 통로가 없기 때문이다. 우리는 신체의 눈을 통해 눈의 흰색을 볼 수 있다. 하지만 아무도 자신의 눈으로 눈이 희다는 사실을 보지 못했다. 눈이 희다는 사실은 문장 없이 존재하지 않는다. 더 정확히 말해서 사실은 문장 또는 진술의 의미 없이——명제 없이——존재하지 않는다.

이러한 세 가지 이유에서 진리가 실제와 일치하는 고전적인 이론을 애초에 아리스토텔레스가 말한 대로 수용할 수는 없다. 그러나 고전적인 진리 정의를 지키는 방법이 있는데, 물론 사전에 규정된 언어 구조로 표현하는 것이다. 앨프레드 타르스키(1902-1983)는 《형식화된 언어로 표현된 진리 개념》(1935)이란 저술에서 이러한 방법을 제안하였다. 그는 명제 개념이 분명하지 않다는 견해를 갖고 있기 때문에 진술이라는 말을 쓴다. 그렇지만 그러한 용어상의 결정이 그가 제시한 해결 방안의 기본 원리를 이해하는 데 방해가 되지는 않는다. 물론 타르스키는 여기에서 단순한 물리적인 상태로서의 진술, 즉 단순히 음의 연속체나 인쇄 잉크로서의 진술을 의미하지 않는다. 그는 의미 있는 진술을 의미한다. 이러한 의미 있는 진술에 파생적 방식으로 참 또는 거짓이 부여될 수 있다. 원래 진술——명제——의 의미만이 참 또는 거짓이다.

타르스키는 고전적인 정의를 다음과 같이 표현한다.

(1) "사물이 이러하다고 진술하고, 사물도 마찬가지로 이러하면 그 진술은 참 진술이다."[89] 참 진술의 일반적인 도식은 다음과 같이 표현할 수 있다. (2) "만일 p이면, 그리고 p일 경우에만 x는 참 진술이다."[90] x는 진술에 붙는 임의의 개별 이름을 상징하며, p는 진술 자체를 상징한다. 구체적인 예로 '눈이 온다'라고 말하는 것은 진술이 '인용 부호'의 형태(x)로 쓰인 경우로, 눈이 온다는 진술을 상징한다. (2)에 따르면 다음 내용이 유효하다. (3) "'눈이 온다'는 눈이 오면, 그리고 눈이 올 경우에만 참 진술이다."[91]

인용 부호의 형태 x 대신에 진술 변수인 'p'를 사용하면, 진술 'p'는 만일 p이면, 그리고 p일 경우에만 참이다. 따라서 진술 'p'의 진리는 인용 부호를 떼어내는 것에 있다. 콰인의 표현에 따르면 진리는 인용 부호의 삭제라고 한다. "눈이 희다"라는 진술은 눈이 희며, 또는 눈이 흴 경우에만 참이다. "'p'는 참이다"와 p 사이의 등치 관계를 등치 도식이라고도 부른다. 'p'는 참이다. ≡ .p.

일견 이러한 도식은 진부해 보일 뿐만 아니라 고전적인 진리 정의를 단지 도식화하는 데 지나지 않은 것처럼 보인다. 하지만 이것이 타르스키의 의도이다. 타르스키가 시도한 재구성의 핵심은 진리가 더 이상 진술과 실제의 관계가 아니며, 두 가지 상이한 진술, 즉 대상 언어적인 진술과 메타언어적인 진술 사이의 관계라는 점에 있다. 대상 언어적인 진술은 언어 외적인 대상에 대해서 말하며, 메타언어적인 진술은 대상에 대한 대상 언어적인 진술에 관해서 말한다. 대상은 임의의 비언어적인 현실을 말한다. 메타언어적인 진술은 'p' 내지 '눈이 희다'와 같은 진술이다. 반면에 대상 언어적인 진술은 p 내지 눈이 희다라는 것이다.

이러한 진리 정의가 갖는 이점은 진리 정의가 더 이상 인식론적인 실재론에 얽매이지 않고 —— 어쨌든 타르스키의 의도상 —— 인식론적으로 중립적이라는 데 있다. "……우리는 어떤 인식론적인 입장을 가졌든지간에 그러한 입장을 포기하지 않고도 진리에 대한 의미론적인 견해를 받아들일 수 있다. 우리는 순수한 실재론자, 비판적인 실재론자, 관념론자, 경험론자, 또는 형이상학자 등 이전 그대로 남을 수 있다. 의미론적인 견해는 이러한 입장에 관계 없이 완전히 중립적이다."[92]

왜냐하면 진리에 대한 '의미론적 견해'는 단지 '참'이라는 단어가 의미하는 바를 말하기 때문이다. 이미 언어의 형식적인 구조가 정확하게 규정된 언어 진술의 경우에 그러하다. 이때 어떤 진술이 대상 언어에 속하는지, 아니면 메타 언어에 속하는지 정확하게 표시되어야 한다. 왜냐하면 타르스키의 경우에 '참'이라는 단어는 메타 언어에 속하는 개념이기 때문이다.

그러나 '의미론적 견해'는 어떤 주어진 진술, 특히 어떤 경험적 진술을 주장할 수 있는 정당한 조건을 정해 주지 않는다.[93] 즉 우리가 언제 어느 특정한 진술을 참 진술로 정당하게 주장할 수 있는가에 대한 기준을 제공하지 않는다. '의미론적 견해'는 단지 '참' 또는 '진리'라는 표현의 의미를 정의하는 데 그칠 뿐, 진리에 대한 기준을 제공하지 못하는 것이 단점이다.

반면에 고전적인 진리 정의는 정의와 함께 진리에 대한 조건 또는 기준을 제공하고자 한다. 고전적인 정의는 진리가 무엇인가에 대해서 설명할 뿐만 아니라(사실과의 일치), 언제 경험적인 명제를 주장하는 것이 정당한가에 대해서도 말한다(명제가 사실과 일치하는 경우). 그런데 타르스키의 재구성에 따른 정의는 진리에 대한 의미론적 정의로서 유효하나, 기준으로서는 유효하지 않다.

때문에 타르스키의 등치 도식에 바탕을 둔 진리 이론은 진리에 대한 일상적인 또는 고전적인 개념과는 어울리지 않는 것으로 보인다. 타르스키의 등치 도식에 따르면 '참' 개념은 단지 의미론적 개념으로 등치 도식으로 표현되는 것 이상이 아니다. 'p'는 참이다.≡.p. 반면에 타르스키는 고전적인 진리 개념이 등치 도식 이상의 것을 의미한다는 사실을 알았다. 때문에 사람들은 타르스키의 등치 도식에 바탕을 둔 진리 이론을 최소 이론이라고도 한다.[94] 이와 같이 진리의 기준을 제공하지 못하는 부적절한 진리 정의 때문에 우리는 다른 기준을 찾아보아야 한다.

3. 진리의 다섯 가지 기준

1) 첫번째 기준은 연관성이다. 어떤 대상 언어적인 명제가 다른 대상 언어적인 명제와 연관될 때 참이다. 여기서 연관성은 일관성의

의미로, 일관성은 비모순성의 뜻으로 이해된다. 태양이 지구 둘레를 돈다는 대상 언어적인 명제는 이 문장 및 다른 명제들로 이루어진 체계와 모순 없이 연관될 때, 예를 들어 프톨레마이오스의 세계 체계에서 나온 명제들과 모순 없이 연관될 때 참이다. 그러나 지구가 태양 둘레를 돈다는 명제는 코페르니쿠스의 세계 체계에서 나온 다른 명제들과 모순 없이 연관될 때 참이다.

명제와 체계의 모순 없는 연관성은 좀더 강한 의미로 이렇게 설명된다. 명제는 체계에서 논리적으로 파생된다. 이에 따르면 프톨레마이오스의 세계 체계에서 태양이 지구 둘레를 돈다는 명제가, 코페르니쿠스의 세계 체계에서 지구가 태양 둘레를 돈다는 명제가 생겨난다.

연관성 이론에서 개별적인 명제의 진리가 다른 명제들의 진리와 무관하지 않다는 것은 옳다. 대부분 진리는 개별적인 명제에 부여되지 않고 명제들의 체계에 부여된다. 개별적인 명제를 고립시켜서 진리를 부여하는 것은 원칙적으로 허용될 수 없는 단순화를 의미한다. 연관성 이론은 언제 명제가 이미 받아들여진 체계 내에서 '참' 또는 '거짓'인가를 말해 준다. 예를 들어 "지구가 태양 둘레를 돈다"라는 명제는 프톨레마이오스의 세계 체계 속에서는 거짓이다. 그러나 연관성 이론은, 예를 들어 "우리가 프톨레마이오스의 세계 체계와 코페르니쿠스의 세계 체계 사이에서 어떠한 결정을 내려야 하는가"에 대한 기준을 제시하지 않는다. 어떤 명제, 또는 명제들의 체계는 서로 '연관성'을 가질 수 있다. 그런데 그렇다고 해서 참일까?

2) 이미 공리에서 진리 기준으로서의 명백성에 대해서 이야기했다. 진리에 대한 명백성 이론은 공리에 국한되지 않는다. 경험적 자료도 명백하기 때문에 경험적 자료에 대한 명제도 참일 수 있다. 우리는 명백성에 관해서 정신적인 명백성과 감각적인 명백성을 구분

해야 한다. 이미 공리에서 감각적 명백성의 경우에도 모호한 경우, 즉 진리 기준으로서 명백성이 충분하지 않은 경우가 나타날 수 있다. 이미 에우클레이데스의 기하학의 아홉번째 공리인 "전체는 부분보다 크다"와 평행선의 공리에서 이것을 살펴보았다. 이 점은 도덕적인 공리의 경우에도 마찬가지로 적용된다. 〈미국독립선언서〉(1776)의 서문에서는 이렇게 밝히고 있다. "모든 인간은 평등하게 태어났고, 조물주로부터 몇 가지 양도할 수 없는 권리를 부여받았는데, 그 가운데 생명과 자유와 행복 추구의 권리가 있다는 것을 우리는 자명한 진리로 믿는다."

하지만 모든 인간이 평등하게 태어났다는 것은 절대로 자명한 사실이 아니다. 이러한 사실이 왜 아리스토텔레스에게 명백한 것으로 여겨지지 않았는지 설명하기는 어렵다. 아리스토텔레스는 앞서 언급한 기하학적 공리를 명백한 것으로 간주했다. 반면에 아리스토텔레스는 선천적으로 노예가 있다고 생각했다. "선천적으로 자기 자신에게 속하지 않고 남에게 종속된 사람은 비록 인간이라고 하더라도 선천적으로 노예이다. 인간이 다른 사람의 소유물이 되면 남에게 종속된다. 소유물인 사람은 행위 능력을 가진 자주적인 도구란 의미에서 노예란 뜻이다."[95] 모든 노예가 법에 의해서 선천적인 노예가 되는 것은 아니다. 노예는 다른 사람이 가진 이성을 알아보기는 하지만, 스스로 이성을 소유하지 못한 사람이다. 아리스토텔레스에 따르면 그러한 노예는 거의 가축처럼 취급되며, 또 비슷한 기능을 갖는다. "노예와 가축은 우리 육신의 욕구를 충족시킨다는 점에서 우리에게 도움이 된다."[96] 아리스토텔레스가 보기에 노예는 가축처럼 '양도할 수 없는' 자유에 대한 권리를 가지고 있지 않다. 따라서 미국 건국의 아버지들에게 당연한 것으로 받아들여진 것이 아리스토텔레스에게는 그렇지 않았다. 미국 건국의 아버지가 그 자체로 명백하다고 일컫는 바는 습득된 명백성이다. 마찬가지로 오늘날 포유동물이 가축, 또는 유용한 동물의 의미에서 '노예'로 간주되어 도살되고 먹이가 된다는 것도 당연하다. 이런 사실이 후대에는 아마 더 이상 당연하지 않을 수도 있다.

이밖에 감각적인 명백성, 예를 들어 물 속에서 다리가 부러진 것처럼 보이는 현상, 혹은 해가 뜨고 지는 일도 진리의 타당한 기준이 아니다. 실제로 다리는 부러지지 않았으며, 해가 뜨고 지는 것도 아니다. 가령 어떤 일이 자기 뜻대로 되지 않으면 누군가 자신을 모략하기 때문이라고 확신하는 사람들도 있다. 실제로 전혀 그렇지 않음에도 불구하고 그렇게 생각하는 것이다.

진리의 기준으로서 명백성은 진짜 명백한 것과 주관적·확신적 경험을 구분하는 기준을 제공하지 못한다는 점에서 반박의 소지가 있다. 때문에 명백성의 기준은 객관성에 대한 요구를 충족시키지 못한다. 블레즈 파스칼(1623-1662)이 말했듯이, 이성에 비추어 볼 때 가장 명백한 문장도 믿을 수 없다는 것이 당연하다. 물론 이렇게 극단적인 회의에 빠질 필요는 없다. 명백성은 일견 보기에 확실한 증거로 사용될 수 있는 듯하다. 그러나 실제로 이론의 여지없이 명백한 경우에도 대부분 우리가 해당 명제에 대해서 의견 일치를 보았다는 표시일 뿐이다. 명제 또는 명제의 체계는 전적으로 명백하게 보일 수 있다. 하지만 그렇다고 해서 참일까?

3) 인간 집단의 의견 일치가 진리에 대한 합의 이론의 주제이다. 이 이론은 위르겐 하버마스(1929~)에 의해 대표된다.[97] 합의 이론에 따르면 담화, 즉 논증적인 대화에서 모든 사람의 찬성을 얻을 수 있는 경우에 대상 언어적인 명제가 참이다. 그러나 대상 언어적인 명제가 모든 사람의 찬성을 얻기 때문에 참이 되는 것은 아니다. 격언에 따르면 진리를 찾아 헤매는 사람은 홀로 찾아다닌다. 물론 진리 추

구의 끝에 홀로 남으려고 하지는 않는다. 합의 이론을 주장하는 사람은 소수 또는 개인에 의해서 진리가 인식된다는 것을 알고 있다. 대상 언어적인 명제는 모든 사람 또는 대부분의 찬성을 얻지 못한 시점에도 이미 진리였다. 소크라테스(기원전 469-399)로부터 에너지 보존 법칙의 발견자인 율리우스 로베르트 마이어(1814-1878)에 이르기까지, 수많은 창조적인 인간의 비극은 그들의 인식이 사람들의 찬성을 얻지 못했다는 데 있다. 원칙적으로 어떤 주장이 단 한 사람에 의해 인식되더라도 참일 수 있다. 법원의 실수로 유죄 판결을 받은 피고인은 자신이 무죄임을 알고 있는 유일한 사람일 수 있다. 진리에 대한 합의 이론은 임의의 조건하에서 이루어진 모든 사람의 동의을 말하는 것이 아니라, '이상적인 발화 조건' 하에서 이루어진 동의를 말한다. 이는 가능한 모든 담화 참여자가 정보적·논증적·표현적·지시적인 화행을 수행하는 동일한 기회를 가지는 상황이다.[98] 이것은 구체적으로 의견 형성 과정이 구속받지 않는 대화 속에서 이루어진다는 것을 의미한다. 즉 이러한 대화에서는 아무도 어떤 물리적 또는 비물리적 압력 수단을 통해 다른 사람의 동의를 강요하지 않으며, 모두가 논증 내용에 대해 확신한다. 이러한 대화에선 누군가 정당화하거나 체면을 유지하려고 자기 주장을 고집하지 않으며, 특정인의 위신 또는 그밖의 요소가 고려되지 않는다. 하버마스에 따르면 이러한 '이상적인 발화 상황'은 "경험적인 현상 또는 단순한 가설이 아니며, 담화 속에서 대화자 상호간에 전제된 가정이다."[99]

그런데 우리는 이러한 가정이 실현되었다는 것을 언제 알 수 있을까? 권력 또는 독선의 메커니즘, 그리고 권위에 대한 본능적인 복종의 메커니즘은 눈에 띄지 않게 작동되므로 구체적인 경우에 동의의 과정이 '이상적인 발화 상황'의 조건에서 이루어졌는지 여부를 판단하는 것이 거의 불가능하다. 진리에 대한 합의 이론은 담화가 이루어지는 이상적인 상태를 나타내고 있는 듯하다. 그러나 합의 이론은 언제 명제가 실제로 참인지에 대한 기준을 제시하지 못한다. 하버마스도 이렇게 쓰고 있다. "이러한 '이상적인 상황'이라는 표현이 삶의 구체적인 형태를 가리키게 되면 우리는 혼란에 빠진다."[100] 그러나 실제적인 합의는 언제 명제가 진리로 인정되는가에 대한 기준을 제시할 것이다. 옳다고 인정을 받거나 간주되는 것은 참인 것으로 보이며, 개연성이 있고 명백하다. 아리스토텔레스는 다음과 같이 표현했다. "참 공리는 다른 공리를 통해서 설득력을 갖는 게 아니라, 스스로가 설득력을 지닌다. (왜냐하면 우리는 학문적인 원칙을 상대로 근거를 찾는 것이 아니며, 이러한 원칙은 모두 스스로 설득력을 갖기 때문이다.) 그러나 모든 사람에게, 대부분의 사람에게, 또는 현자들에게, 무엇보다도 이들 가운데 유명한 사람들에게 참인 것으로 보이는 공리가 납득이 가는 공리이다."[101]

"모든 사람에게, 대부분의 사람에게, 또는 지혜로운 사람들에게, 무엇보다도 이들 가운데 유명한 사람들에게" 참인 것으로 보이는 것이 개연성 또는 신빙성을 요구할 수 있다. 그러나 실제적인 합의에서 그 이상의 것이 유도되지는 않는다. '가장 유명한 현자'들이 의견의 일치를 보더라도——사실상 '현자'들은 대부분 의견 일치를 보지 못하지만——그들 또한 잘못 생각할 수 있다.

현자들의 미래적인 합의가 '이상적인 발화 상황'의 조건하에서 이루어져야 한다면, 이는 사전에 예견할 수 없으며 진리의 기준으로 이용될 수 없다. 명제 또는 명제 체계가 진리라면 모든 현자들이, 혹은 '대부분의 유명한 현자들은' '이상적인 발화 상황'에서 이러한 진리에 동의해야 한다. 그런데 반대로 현자들의 동의에서 진리가 유도될까?

합의는 명제 또는 명제의 체계가 참이라는 사실에서 나온 결과이지, 합의가 명제 또는 명제 체계의 진리 기준은 아니다. 어떤 명제 또는 명제 체계가 '현실적인' 발화 상황에서 모든 사람의 실제적인 동의를 얻거나 '이상적인 발화 상황'에서 동의를 얻었을 수도 있다. 그렇다고 그것이 참일까?

4) 그외의 기준으로 진리에 대한 실용주의적 이론이 있다. 윌리엄 제임스(1842-1910)가 구체적으로 실용주의를 표방하기 전에도, 실용주의적 생각은 여러 차례 언급되었다. 예를 들어 괴테는 〈유산〉이라는 시에서 이렇게 말한다. "유익한 것만이 진리이다." 제임스는 이것을 좀더 명확하게 표현했는데, 이때 명제라는 말 대신에 관념이라는 말을 쓴다. "참 관념은 우리가 습득해서 유효한 것으로 만들고, 정당성을 입증한 관념이다. 거짓 관념은 이러한 것이 가능하지 않은 관념이다."[102] 이에 따르면 진리는 고정된 것이 아니라 유동적인 것이다. 진리는 본질적으로 진리화 과정, 즉 옳음을 입증하는 과정에서 생겨난다는 것이다. 이때 이러한 옳음 또는 거짓을 입증하는 과정에서 삼아야 하는 기준은 유용성이다. "참 관념이 처음부터 이런 방식으로 쓸모 있지 않다면 선택되지 않을 것이며, 가치를 내포하는 이름도 얻지 못했을 것이다."[103]

실용주의적 진리 개념에서 보자면 진리의 기준은 말 그대로 유용성이다. 납득할 만한 예를 들어 보기 위해 우리가 낯선 도시에서 길을 잃었다고 가정해 보자. 우리는 질문을 던져 호텔로 가는 지름길에 대한 정보를 얻어낼 것이다. 덕분에 호텔로 가는 지름길을 찾는다면 그 정보는 참이다. 실용주의적 진리 이론에 따르면, 외부 세계의 존재와 인간의 존재에 대한 믿음이 진리인 이유는 이러한 믿음이 넓은 의미에서 인간 생활에 유익하기 때문이다. 이와 비슷한 논리가 신의 존재에도 적용된다. "실용주의적 원칙에 따르면, 신에 대한 가설이 넓은 의미에서 만족스러운 역할을 하기 때문에 참이다."[104]

그러나 여기서 진리의 실용주의적 기준에는 불충분한 점이 분명하게 나타난다. 신의 존재를 믿는 사람은 이러한 믿음이 자신에게 만족스러운 역할을 하기 때문에, 즉 플라시보(僞藥) 효과 때문에 신의 존재를 믿는 것이 아니다. 반대로 믿음을 가진 자는 신의 존재를 믿기 때문에 비로소 자신의 운명을 홀가분히 느끼게 되는 것이다. 마찬가지로 외부 세계와 인간의 존재를 믿는 것이 우리의 생활에 유익하기 때문이 아니다. 반대로 우리가 외부 세계와 인간의 존재를 믿기 때문에, 비로소 이러한 믿음이 우리 자신과 타인 생활을 유익하게 하고, 외부 세계를 우리에게 유리하도록 변형시킨다. 실용주의적 진리 기준은 유익한 진리와 혼동하기 쉬운 것처럼 보인다. 즉 올바른 정보가 유익하듯이 진리는 유익할 수 있다. 그러나 모든 유익한 정보가 올바른 것은 아니며, 유해한 정보가 모두 잘못된 것은 아니다. 예를 들어 "당신은 암에 걸렸습니다"와 같은 올바른 정보는 때때로 잘못된 정보보다 해로울 수 있다. 오히려 환자의 건강 상태를 악화시킬 수 있기 때문이다. 마찬가지로 "당신은 젊은이와 같은 심장을 가졌습니다"라는 잘못된 정보는 노쇠한 심장병 환자에게 올바른 정보보다 도움이 될 수도 있다. 심리적인 안정을 줄 수 있기 때문이다. 그리고 신에 대한 가설이 수많은 사람들의 불행과 엄청난 고통을 이겨내는 데 유익하다고 증명되었는가? 그렇다고 해도 그러한 가설이 진리인가? 게다가 진리를 "넓은 의미에서 만족을 준다"는 말로 대체할 경우에, 무엇이 '넓은 의미에서' 만족을 주는지 분명하지 않다. 실용주의의 진리 기준은 너무나 모호하다. 설령 '넓은 의미에서 만족을 주는' 이라는 의미가 명확해지더라도 다음과 같은 문제가 제기된다. 어떤 명제 또는 명제의 체계가 넓은 의미에서 만족을 준다면 과연 진리인가?

5) 찰스 샌더스 퍼스(1839-1914)는 우리가 끊임없이 학문적인 방

법을 추구하는 경우를 생각하고, 우리의 지향 목표를 진리의 기준으로 선택했다. "운명적으로 모든 학자가 어떤 의견을 인정하게 되면, 우리는 그 의견을 진리로 이해하며, 이러한 의견을 통해서 생각하는 대상이 바로 실재하는 것이다. 이것이 우리가 실재를 설명하는 방식이다."[105] 퍼스도 모든 학자의 합의를 진리의 기준으로 삼는다. 그러나 여기에서 진리의 기준은 실제적인 또는 '이상적인 발화 상황' 속에서 이루어지는 의견 일치를 의미하지 않으며, 모든 학자에 의한 미래의 최종적인 의견 일치를 말한다. 모든 이성적인 사람들이 진리에 대해서 동의해야 하기 때문에 진리는 통합하는 효과를 갖는다. 그러나 반대로 진리는 이러한 통합적인 힘에서 생겨나지 않는다. 그리고 여기서 말하는 학문적인 방법이 무엇인가? 이에 대한 대답을 제외하더라도 퍼스의 이론은 언제 구체적인 명제 또는 명제의 체계가 참이 되는지를 말해 주지 않는다. 우리는 최종 상태를 알지 못하기 때문에 어떤 특정한 명제가 지금 참인지 알지 못한다. 그리고 특정한 명제가 최종 상태로부터 얼마나 떨어져 있는지도 알지 못한다. 게다가 학문적인 연구는 끝없이 계속될 수 있다. 가령 우리가 최종적인 동의에 도달했다고 가정해 보자. 그럼에도 불구하고 최종적인 동의에 도달한 명제가 정말 참인가 하는 문제가 아직도 남아 있다. 왜냐하면 최종적인 동의가 모든 학자가 범한 최종적인 오류 또는 불행일 수도 있기 때문이다. 논리적으로 볼 때 미래의 모든 학자로부터 동의를 얻은 명제일지라도 거짓일 가능성이 있다. '이상적인 발화 상황' 조건 아래에서의 동의처럼 모든 학자의 동의는 어떤 명제 또는 명제 체계가 참이라는 사실에서 나오는 결과일 수는 있지만, 거꾸로 명제 또는 명제 체계가 참이 되기 위한 기준은 아니다. 어떤 명제 또는 명제 체계가 모든 사람의 최종적인 동의를 얻을 수 있다. 그러나 그렇다고 과연 참일까?

4. 다섯 가지 기준에 진리 개념의 추가

이러한 다섯 가지 기준 가운데 어느 하나도 대상 언어적인 명제 P가 참이라는 것을 말하는 데 충분하지 않다.[106] 어떤 명제 또는 명제 체계가 연관성을 지니고, 명백하고 합의될 수 있으며, 만족을 주고 모든 학자의 최종적인 동의를 얻을 수 있다. 그렇지만 여전히 다음과 같은 질문이 제기된다. 그러한 명제나 명제 체계가 또한 참인가? 진리 개념은 언급한 다섯 가지 기준으로 해결되지 않는 추가적인 의미를 가진다. 즉 언급한 다섯 가지 진리 기준에 진리 개념이 더해지며, 진리의 의미는 이러한 진리 기준에 한정되지 않는다.[107]

여기에서 진리 개념의 추가를 두 가지 의미로 이해할 수 있다. 첫째, 진리 개념이 다섯 가지 기준에 더해지며, 진리가 이러한 기준 없이는 파악될 수 없으므로 진리는 진리 기준에 매여 있다. 가령 타르스키의 등치 도식 "'p'가 참이다. $\equiv .p$"만 가지고는 고전적인 또는 일상적인 진리 개념의 의미를 파악할 수 없다. 둘째, 진리 개념은 다섯 가지 기준을 넘어선다. 진리의 추가 개념은 진리 개념이 진리 기준에 매여 있을 뿐만 아니라, 다섯 가지 기준을 넘어선다는 것을 표현한다.

추가 개념은 중요한 결과를 낳는다. 어떤 명제 또는 명제 체계가 다섯 가지 기준 가운데 어느 하나에 의해서 참이더라도, 그 명제 또는 명제 체계는 아직 참이 아니다. 왜냐하면 여전히 해결되지 않은 문제가 남아 있기 때문이다. 명제 또는 명제 체계 자체가 참일 경우에만 최종적으로 우리에게 참이다. 가령 우리가 추첨에서 일등상을 뽑았다는 것이 우리에겐 아직 참이 아니다. 그것이 비록 우리가 가진 일상적인 확신과 일치하고, 명백하고, 유익하며, 다른 사람의 동의를 얻게 되더라도 그렇다. 실제로 백만이 손에 들어와야 비로소 우리에게 참이 된다.

앞서 언급한 다섯 가지 진리 기준이 명제 P가 언제 참이 되는지를 말해 주기에 비록 충분치 않더라도 쓸모 없는 것은 아니다. 그렇지만 이 기준은 단지 일견 그럴 듯해 보이는 기준에 불과하다. 즉 숙고를 거쳐서 무효화될 수 있는 기준이다. 당첨되는 것이 우리의 일상적인 확신과 일치하더라도 백만이 손에 들어오지 않을 수 있다. 반대로 어떤 명제가 기존의 명제 체계와 연관되지 않더라도 참일 수가 있다. 가령 지구는 평평하지 않고 둥글다고 최초로 말한 사람의 명제가 그렇다. 어떤 명제가 보기에 명백하지 않더라도 참일 수 있다. 가령 무한 집합은 전체 집합과 대등한 부분 집합을 갖는다는 명제가 그러하다. 명제가 전문 학자의 담론에서 동의를 얻지 못하더라도 참일 수 있다. 예를 들어 운동이 열로 변화한다는 마이어의 명제가 그렇다. 명제가 넓은 의미에서 감정적으로 만족을 주지 못하더라도 참일 수 있다. 가령 속담에서 유감스럽지만 진실이라고 말하는 경우가 그렇다. 마지막으로 명제가 모든 학자들의 최종적인 동의를 얻지 못할지라도 참일 수 있다.

우리는 그밖의 진리 기준, 예를 들어 아름다움의 기준 또는 우아함의 기준을 세울 수 있다. 니콜라 부알로(1636-1711)는 이렇게 쓰고 있다. "진리보다 아름다운 것은 없다. 진리만이 매력이 있다." 그러나 이러한 다른 진리 기준에 대해서 질문이 제기될 수 있다. 어떤 명제가 이러한 기준을 충족시키면 참인가?

진리 기준의 불충분성은 중요한 결론을 낳는다. 대상 언어적인 명제 P가 언제 객관적으로 참인가를 결정할 충분한 기준이 없다는 사실이다. 이미 크세노파네스(기원전 570-475년경)가 이러한 사실을 알고 있었다. 카를 포퍼에 의해 번역된 크세노파네스의 말을 인용해 보자.

> 아무도 확실한 진리를 인식하지 못했고,
> 인식하지 못할 것이다.
> 신에 대해서, 그리고 우리가 말하는 모든 대상에 대해서.
>
> 누군가 완전한 진리를 언젠가 선언하게 될지라도
> 그는 그것을 알지 못한다.
> 모든 것이 추측으로 이루어진 것일 뿐이다.[108]

크세노파네스의 생각을 오늘날의 언어로 옮긴다면, '완전한 진리'란 객관적인 진리라고 할 수 있다. 따라서 누군가 객관적인 진리를 선언하더라도, 그는 진리를 알지 못할 것이다. 왜 그럴까? 명제 P가 객관적인 진리라는 것을 말하는 데 필요한 기준이 없기 때문이다. 앞서 우리는 주관적인 진리 간주와 객관적인 진리를 구분하였다. 그러나 우리가 표현한 진리 P는 모두 진리 간주에 근거를 두고 있다. 일찍이 회의론적 철학자인 섹스토스 엠피리쿠스(200-250년경)는 다음과 같이 표현했다.

"값비싼 장신구로 가득 찬 어두운 집에서 몇몇 사람들이 금을 찾는 경우를 가정해 보자. 그러면 이런 일이 생길 것이다. 집 안에 있는 물건을 만지는 사람은 모두 금을 만졌다고 믿을 것이다. 그러나 아무도 금을 만졌다고 확신하지 못할 것이다. 설령 금을 손에 쥐고 있는 경우에도 그렇다. 마찬가지로 수많은 학자들이 진리를 찾기 위해서 커다란 집에 들어오듯 이 세상으로 왔다. 따라서 진리를 파악한 자는 그 성공 여부를 의심하는 것이 현명할 것이다."[109]

5. 결정적인 기준과 이상으로서의 고전적인 정의

우리는 언제 대상 언어적인 명제를 진리로 간주할 것인가? 우리는 언제 "눈이 희다"라는 명제가 참이라고 말해도 되는가? 앞서 논의된 다섯 가지 진리 기준, 그리고 아름다움의 기준과 같은 그밖의 다른 기준이 근본적으로 불충분하다는 것이 확인된 마당에 또다시 새로운 기준을 찾는 일은 무의미하다. 따라서 진리에 대한 고전적인 정의로 돌아가는 것 외에는 다른 방도가 남아 있지 않은 것처럼 보인다. 진리는 인식과 실제의 일치, 또는 명제와 사실의 일치이다. 이러한 진리에 대한 고전적인 정의도 진리의 기준이다.(86쪽 참조) 내 생각에 이것은 다른 기준과 비교해 볼 수 있는 결정적인 관점이다. 대상 언어적인 명제 또는 명제 체계는 연관되고 명백하고 합의를 구할 수 있으며, 만족을 주고 모든 학자의 최종적인 동의를 얻을 수 있다. 그런데 이러한 명제 또는 명제 체계가 실제와 일치하지 않으면 진리가 아니다. 따라서 고전적인 정의가 진리의 본래 의미에 가장 가깝게 진리 개념을 설명해 준다. 왜냐하면 다른 기준에서 제시하지 못하는 의미가 이 개념과 결합되어 있기 때문이다. 다른 기준은 진리를 주관적인 요소, 즉 연관성·명백성·유용성 또는 합의성으로 제한한다. 때문에 포퍼는 이러한 기준을 주관적인 진리 이론이라고 부른다.[110] 그런데 어떤 명제가 일치의 의미에서 진리를 충족시키지 못하면, 진리 개념에 부여된 객관성이 없어지게 될 것이다.

물론 우리는 고전적인 정의에 대해서 세 가지 반론을 전개하였다. 이러한 세 가지 반론에도 불구하고 고전적인 정의를 진리에 대한 기준으로 삼으려면 이 정의의 한계를 인정해야 한다.

1) 진리 정의의 순환성은 모든 철학적 기본 개념을 정의하려는 노

력에 나타나는 전형적인 현상이다. 우리는 철학적 개념을 전제하지 않은 채 정의할 수 없다. 진리를 명제와 사실의 일치로 정의하기 위해서 이미 일치로서의 진리 개념을 전제하는 것이 옳은 일이다. 원칙적으로 다른 진리 정의의 경우에도 이러한 점이 적용된다. 진리 개념이 이렇기 때문에 다른 진리 기준에 대해서도 대답이 불확실한 질문을 제기할 수밖에 없었다. 명제 P가 주어진 기준 가운데 어느 한 기준을 충족시키면 진리일까? 존재나 선과 같은 다른 철학적 기본 개념에 대해서도 이와 유사한 것이 성립된다. 프레게가 주장했듯이 "정의를 통해서 '진리'의 의미를 이해하는 것은 소용 없는 일이다."[111] 똑같은 사실이 이러한 형식의 모든 설명에 적용된다.

"'A가 일정한 특성을 가지거나 일정한 대상과 일정한 관계에 있다면 진리이다.' 그런데 이런 경우에서 항상 문제가 되는 것은 A가 일정한 특성을 가지거나 일정한 대상과 일정한 관계에 있을 때 과연 진리인가 하는 문제이다. 진리는 분명히 원초적이며 단순한 것이어서 더 단순한 것으로의 환원이 불가능하다."[112]

이러한 의미에서 프레게는 고전적인 진리에 대한 타르스키의 재구성을 진리에 대한 본래적인 또는 명시적인 정의라고 인정하지 않을 것이다. 명시적 정의란 정의되어지는 대상(피규정어)이 정의하는 것(규정어)에 의해서 대체되어질 수 있는 정의를 가리킨다. 진리에 대한 고전적인 정의를 유지하려면 이를 명시적 정의로 이해하지 말고, 함축적인 정의로 이해해야 한다. 우리는 함축적인 정의를 해석이라고도 부른다.[113] 해석은 일종의 개념 규정으로, 규정하고자 하는 개념에 대해서 이미——명확히 또는 불명확하게——알고 있음을 전제로 한다.

2) 고전적인 진리 해석은 인식론적 실재론을 전제로 한다. 즉 이것은 우리가 현실을 그 자체 그대로 인식할 수 있다는 이론이다. 이

이론은 외부 세계가 객관적으로 존재한다는 것을 전제한다. 예를 들어 눈이 색을 가지고 있고, 단지 우리의 감각에 의해서 그렇게 보이는 것이 아니라는 말이다. 우리가 진리에 대한 고전적인 해석을 가설적인 실재론에 국한시키면, 인식론적 실재론을 피할 수도 있다. 즉 어떤 명제가 '실제 그대로' 사실과 일치한다고 주장하는 것이 아니라, 명제가 '우리에게 보이는 대로' 사실과 일치한다고 주장하는 것이다. 따라서 명제와 사실의 일치 여부를 판단하기 위해서, 명제와 명제와 독립된 사실 자체를 알아야 할 필요는 없다. 따라서 우리는 '신의 눈' 관점을 가질 필요가 없다. 예를 들어 우리의 관찰을 근거로 사실을 언어적으로 표현할 수 있는 만큼 사실을 알아야 한다. 우리는 "눈이 희다"라는 대상 언어적 명제――해당되는 상황하에서――를 우리 눈에 희게 보이는 눈과 비교할 수 있다. 눈이 신의 눈에, 또는 그 자체가 하얀색인지 여부에 대한 문제를 놓고 우리가 대답할 필요는 없다. 신의 관점은 우리 입장에서 보면 '어디에도 없는 시각' 과도 같은 것이다. 반대로 우리는 '어디선가로부터의 시각' 즉 인간적인 시각을 가질 수밖에 없다. 인간의 시각에서 보자면 진리는 명제와 사실간의 관계가 아니라, 명제와 가설적인 사실과의 관계이다.

진리에 대한 고전적인 해석은 인식론적 실재론 안에서 탄생했다. "네가 희다는 것이 참이라고 믿기 때문에 네가 흰 것이 아니다. 네가 희기 때문에 희다고 말하는 우리는 진리를 말하는 것이다."[114] 하지만 진리는 가설적인 실재론에서만 유효하다. 왜냐하면 눈이 희다는 것은 하나의 가설이기 때문이다. 해에 비추어 본다면 아마 눈이 노란색일 것이다. 물론 우리는 이러한 한계에 대한 대가를 지불해야 한다. 우리는 어떤 명제 또는 명제 체계 자체의 진리 여부를 말할 수 없다. 이것이 두번째 한계이다.

3) "눈이 희다"라는 현실의 존재를 가설적인 실재론 내에서 확정한다면 끝없는 회귀를 피할 수 있다. 명제 P_1과 사실의 일치 여부를 판단하려면, 우리는 이미 그 사실을 함축적 또는 명시적으로 또 다른 명제 P_2로 표현해야 한다. 그러면 P_1과 P_2가 일치하는지 판단할 수 있다. 이때 "P_2가 그 사실과 일치하는지 여부를 우리가 어떻게 알 수 있을까" 하는 질문은 제기하지 않는다. 우리는 P_2에서 멈추기 때문이다. 단지 가설적인 사실을 표현하는 명제에서 멈추는 것이 세번째 한계이다.

우리는 여기서 "눈이 희다"라는 명제와 같은 단순한 예를 택했다. 진리 문제는 복잡한 예보다 단순한 예에서 더 잘 연구될 수 있기 때문이다. 그리고 명제 P_2에서 일시적으로 중단한 것은 정당한 듯하다. 우리가 집단적으로 감각적 현혹에 빠지지 않는다면 눈은——적절한 상황에서——희다. 그러나 진리 내지 객관적 진리 문제는 어떻게 되는가? 우리가 진리 또는 객관적 진리를 찾지 못하는 한 우리의 진리 추구는 만족스럽지 못할 것이다. 우리가 추구하는 진리는 '현실 자체'와 일치하는 명제 또는 명제 체계일 것이다. 우리가 이것을 얻지 못하는 한 외부로부터 또는 우리 스스로가 이의를 제기할 것이다. 진리 개념은 객관성을 요구하며, 객관성은 가설적인 객관성을 통해서 해결될 수 없기 때문이다.

눈의 흰색 여부에 대한 물음의 경우에 객관적인 진리가 무엇인지 묻는 질문은 완전히 사소한 문제일 수 있다. 그러나 어떤 사실 관계가 객관적으로 재현되는 것이 매우 중요한 경우가 있다. 예를 들면 법정에서 그렇다. 모든 판사는 자신이 할 수 있는 한 객관적인 진리를 찾아낼 의무를 갖는다. 그것은 어떤 사실 관계, 예를 들어 특정한 교통 사고가 일정한 방식으로 발생했다고 하는 사실적인 연구 가설이다. 경우에 따라 그 일이 어떻게 발생했는지 나중에 정확히 인식 또는 재구성할 수 없을 수도 있다. 교통 사고의 재구성이 어려운 경우이다. 이 경우에 명제 P_2에서 멈추는 것이 온당하지 않을 수도 있다. P_2가 착각에 근거를 두고 있어서, 새로운 명제 P_3에 의해 수정되어야 할지도 모르기 때문이다. P_3가 또 P_4에 의해서 수정되어야만 할 경우도 있다.

학문적인 이론은 그것이 자연에 관한 것이든 역사에 관한 것이든 더욱 어려워진다. 여기서는 명제 P_2가 P_3를 통해서, P_3가 P_4를 통해서 수정되거나, 명제 체계 SP_2가 SP_3를 통해 수정되고 다시 SP_3가 SP_4를 통해 수정될 수도 있다. 왜냐하면 진리 추구에 종지부를 찍을 수 있는 최상급 법원이 없기 때문이다. 그럼에도 불구하고 '현실 자체'가 존재한다고 생각하는 것은 건강한 인간 오성의 자연적인 요구이다. 비록 그게 인식될 수 없을지라도 말이다. 학자들은 건강한 인간 오성을 가지려고 한다.

다시 좀더 간단한 예, 즉 문학 텍스트를 번역하는 경우에 대해서 설명해 보자. 그러한 번역은 문장들의 체계로 구성되어 있다. 문장은 원본을 덜 또는 더 충실하게 재현할 수 있고, 원본에 덜 또는 더 가까이 근접할 수 있다. 이러한 근접 과정은 원칙적으로 끊임없이 계속된다. 번역자는 문장이 임의대로 번역될 수 없다는 것을 전제로 한다. 마찬가지로 번역자는 텍스트가 번역되어야 할 하나의 의미를 가지고 있다고 전제한다. 이때 본래 의미는 다의적일 수 있다. 모든 구체적인 번역은 단지 번역 가설임에도 불구하고 번역자는 원래의 의미를 전제한다.

감각 경험에서 유리된, 복잡한 학문적 이론의 경우에 경험의 '원형'에 대한 간접적인 검증만이 가능하다. 가령 상온에서 원자 구조에 대한 이론은 '안개 상자'에서의 간접적인 관찰을 통해서만 제어가 이루어진다. 콰인은 심지어 이론들이 서로 모순이 되는 경우에도, 이론들이 모든 경험 자료와 일치하기도 한다고 주장했다.[115] 콰인은 경험을 통한 이론 규정의 미흡함을 역설한다. 단지 가설적인 '현실'과의 일치를 근거로 이론을 검증하는 것은 망상인 듯하다. 가령 두 이론이 가설적인 현실과 일치하는 경우, 일치는 어느 한 이론을 선호하는 기준이 되지 않는다. 여기서 진리에 대한 추구는 가망이 없는 듯하다. 따라서 사람들은 단지 연관·합의 또는 유용성에 만족해야 하는 것처럼 보인다. 실제로 언급한 기준은 일견 유효한 것처럼 보이는 기준이다. 예를 들어 경험 학문에서는 사람들이 종종 실용주의적 진리 기준에 의존한다. 그래서 유효한 자연과학적 이론은 비록 우리가 그 진리 여부를 알지 못하더라도 목적에 맞고 쓸모가 있다.

그렇지만 직접적인 감각 경험으로부터 유리된 경험적 이론의 경우에도 진리 기준에 있어 고전적인 진리 해석에 따라야 한다.[116] 이때 콰인이 말하는 경험을 통한 이론 규정의 미흡함을 도외시해도 된다. 경험적 현실에 대한 이론이 모든 다른 이론을 충족시키더라도 경험적 현실과 일치하지 않으면 진리가 아니다. 언급한 가설적인 실재론과 모든 명제에 해당하는 진리의 임시성은 이러한 당연한 요구를 충족시키지 못하는 듯하다. 그럼에도 불구하고 고전적인 진리 해석을 따르고자 한다면, 이를 현실의 차원에서 이상의 차원으로 끌어올려야 한다. 실제로 고전적인 진리 해석은 우리가 여지껏 소홀히 했던 가치 평가적인 의미를 담고 있다. 예를 들어 대표적으로 게오르크 빌헬름 프리드리히 헤겔(1770-1831)은 얽매이지 않은 사람과 철학자에 대해서 이렇게 말한다. "얽매이지 않은 사람에게 진리는 위대한 말씀으로 남고 심장을 두근거리게 만든다."[117]

현실 자체와 일치로서의 진리는 이상일 뿐이며 도달할 수 없다. 도달할 수 있는 것은 가설적인 현실과의 일치이다. 이러한 이상은 어떤 의미에서 도덕적인 이상의 기능을 갖는다. 왜냐하면 이러한 이상은 개인적인 시각과 관심에서 멀어질 것을 요구하기 때문이다. 작가 잉게보르크 바흐만(1926-1973)은 이렇게 표현한다. "너는 세상에 얽매여서, 사슬에 대해 불평한다. 하지만 진리는 벽을 향해 도약한다." 이상은 비당파성의 의미에서 객관성이라는 말로 바꿔 쓸 수 있다. 비당파성의 의미는 슈펭글러의 '진리 정의'를 생각하면 쉽게 이해될 것이다. 슈펭글러에 따르면 진리는 단지 '언론의 산물'이다. 그렇다면 진리란 뜻의 소련 신문 《프라우다》의 몰락과 함께 진리 자체도 몰락했을 것이다. 걸프전의 원인을 연구하는 역사학자는 상온에서 원자 구조 또는 원자력 발전의 안전을 연구하는 물리학자처럼 이러한 진리의 이상에 대한 의무를 진다. 비록 개인적 또는 당파적인 이해가 학문적 연구를 부채질할 수 있으나, 학자는 그런 이해를 추구해서는 안 된다.

물론 우리는 우리의 관점에서 출발한다. 현실 또는 실제 자체와 일치로서의 진리는 오직 신만이 가진 관점일 것이다. 신의 관점은 인간이 도달할 수 없다. 그럼에도 불구하고 인간의 진리 추구는 신적인 것에 대한 추구와 비교되었다.

인간이 도달할 수 있는 것은 사실을 있는 그대로 표현하기 위해서 모든 개인적인 편견과 이해를 버리려는 노력이다. 이것에 도달하는 방법은 자신의 명제를 가설적인 사실과 비교하고, 경우에 따라 가설적 사실을 통해 자신의 명제를 반박케 하는 것이다. 마찬가지로 자신의 명제를 비판 대상에 올려 놓고, 다른 사람의 관점을 통해 반박하게 하는 것이다. 이러한 시도의 과정은 끝없이 계속될 수 있다. 이것은 또한 끝없는 회귀의 의미이기도 하다. 즉 모든 논제를 사실에 비추어 검증하고, 이 사실을 또 다른 사실에 비추어 검증할 수 있다. 실제로 최종적으로 도달하는 것도 단지 가설일 것이다. 그렇지만 우리는 외적인 이유로 어디에선가 멈추어야 한다.

우리가 '순수' 실재론 또는 '실재론 자체'를 이상으로 이해한다면, 순수 실재론과 가설적인 실재론은 일치한다. 실재론 자체는 하나의 이상으로, 경험적 연구와 이론적인 이성에 바탕을 둔 가설적인 실재론을 유도한다. 우리는 그러한 이상에 도달하지는 못하지만 가까이 갈 수는 있다. 우리는 규범적인 방향 전환을 통해서 고전적인 진리 해석과 진리 의미를 확고하게 붙들 수 있다. 비록 실제적인 차원이 아니라 규범적 차원에 그칠지라도.

우리의 진리 간주가 이러한 이상에 근접하는 한 진리 간주는 정도의 차이를 갖는다. 하지만 객관적인 진리는 그렇지 않다. 어떤 가설도 앞서 언급한 이상에 도달하지는 못한다. 어느 가설이 다른 가설이 범한 실수를 피한다면 다른 가설에 비해 보다 진리에 가깝게 근접할 수 있다. P에 대한 진리 간주의 진리 근접 정도는 플러스 형식으로 정의될 수 없다. 우리는 P가 도달 불가능한 진리로부터 얼마나 떨어져 있는지 잴 수 없다.

그러나 상대적인 착오 정도로서의 진리 근접 정도는 마이너스 형식으로 정확하게 표현할 수 있다. 지구가 공 모양이라는 가설은 지구가 원반 모양이라는 가설보다 진리에 근접해 있다. 전자는 후자가 범한 착오를 피하기 때문이다. 그런데 지구가 극으로 가면서 평평해지는 공 모양, 즉 타원형이라는 가설은 지구가 그냥 공 모양이라는 가설보다 진리에 근접해 있다. 마찬가지로 전자는 후자가 범한 착오를 피하기 때문이다. 따라서 우리는 다음 속담이 옳다는 것을 기대할 수 있을 것이다. 진리와 아침은 차츰차츰 밝아진다.

V

존 재

1. '있다/~이다'의 네 가지 의미

진리가 전형적인 의미에서 인식과 실제와의 일치라면 이러한 질문이 제기된다. 무엇이 실제인가? 한 가지 대답은 '있는/~인 것 모두'라는 대답이다. 그럼 '있다/~이다'는 무슨 뜻인가? 진리의 개념을 명확하게 정의하는 것이 불가능하듯이 '있다/~이다'의 개념을 명확하게 정의하는 일도 불가능하다. "'있다/~이다'의 의미는 이것 또는 저것이다"라는 형식의 정의는 모두 정의되어야 할 '있다/~이다'라는 표현을 다시 사용하고 있다.

'있다/~이다'의 명사화된 형태는 '있음/~임' 즉 '존재'이다. 다음에서 '존재'는 '있는/~인 것'과 동일한 방식으로 사용된다. '있다/~이다'라는 표현의 의미와 마찬가지로 명사형 '존재'의 의미도 명확하게 정의할 수 없다. "존재는 이것 또는 저것이다"라고 말하면 정의하려는 개념이 이미 정의 속에 사용되어진다. 우리는 '있다/~이다'라는 표현과 함께 존재 개념에 대한 이해를 전제한다. 가령 '존재는 실제이다'라는 존재에 대한 정의의 경우에 여전히 반문이 제기된다. 실제가 바로 존재인가? 우리는 이러한 질문을 부정해야 할 것이다. 왜냐하면 실제가 아닌 상상의 것도 있기 때문이다. 진리 개념처럼 존재 개념도 명확하게 정의할 수 없는 철학적 기본 개념이다. 진리 개념처럼 존재 개념도 모든 종류의 명확한 정의에 뭔가 '추가' 되어야 할 개념이다. 때문에 우리는 '존재' 개념을 명확하게 규정할 수 없고, 다만 함축적으로만 정의할 수 있다. 우리는 존재의 개념을 단지 설명할 수밖에 없다. 즉 우리가 존재에 대해서 막연히 알고 있는 것을 의식하게 만드는 것이다.

 진리 개념처럼 존재 개념도 다의적이다. "소크라테스가 있다"고 말할 때 '있다'는 "소크라테스는 인간이다"라고 말할 때와 같지 않다. 첫번째 경우 소크라테스에 대한 진술에서 '있다'는 '소크라테스가 존재한다' 라는 의미이다. 반대로 두번째 경우는 소크라테스와 인간을 연결하는 것이다. 첫번째 경우는 실존적인 의미이고, 두번째 경우는 연결적인 의미이다. 연결적인 의미의 경우에 세 가지를 구분할 수 있다.

 "소크라테스는 인간이다"라고 말하면 소크라테스가 어떤 부류의 일원, 즉 인간의 구성원이라는 뜻이다. 구성원 대신에 요소라는 표현도 사용한다. 부류는 여기서 총체를 뜻한다. 이러한 의미에서 어떤 부류는 공통적인 특성을 가진 모든 대상의 총체를 가리킨다. 가령 인간 부류는 인간으로서의 공통적인 특성을 가진 모든 존재의 총체이다. 그러한 부류에 대해서 복수로 표현할 뿐만 아니라 단수로 나타낼 수도 있다. '인간들은 생명체이다' 대신에 '인간은 생명체이다.' 소크라테스와 같이 개별 인간은 구체적이며, 눈에 보이는 대상이다. 반대로 인간 부류는 추상적인 대상이다. 즉 인간 부류는 개별적이며, 구체적인 인간으로부터 '멀어져' 있고, 눈에 보이지 않는 것이다. 따라서 우리는 모든 인간에 공통적인 특성, 인간으로서의 추상적인 특성을 눈으로 확인하지 못했다. 우리가 본 것은 단지 개별 인간일 뿐이다.

소크라테스가 한 인간이라면, 그는 인간 부류의 요소이다. 더 나아가 인간이 생명체라면 인간 부류는 생명체 부류에 포함된다. '~이다'라는 표현은 첫번째 경우에 요소 관계를(ⓐ), 두번째 경우에 부류의 포함 관계를(ⓑ) 의미한다. 부류의 포함 관계의 경우에 큰 부류의 특징은 작은 부류의 특징이기도 하다. 예를 들어 생명체 부류가 눈에 보이지 않는다면 인간 부류도 마찬가지로 눈에 보이지 않는다. 요소가 부류에 속하는 경우에 부류의 특성이 요소의 특성으로 되는 것은 아니다. 가령 인간 부류에 머리가 달려 있지 않다고 해도 소크라테스에겐 머리가 있다. 세번째로 소크라테스는 소크라테스라고 말할 수도 있다. 따라서 연결적인 의미의 '~이다'는 '~와 동일하다'(ⓒ)라는 의미를 갖는다.[118] 따라서 단어 '있다/~이다'는 실존적인 의미와 최소한 세 가지의 연결적 의미를 지닌다. 즉 단어 '있다/~이다'는 최소한 네 가지의 다른 의미가 있다.

그런데 '있다/~이다'가 네 가지의 상이한 의미를 가진다는 것은 단순히 여러 가지 의미가 있다는 뜻, 즉 단순히 동음이의어라는 뜻이 아니다. 동음이의어의 경우 동일한 표현 형태가 여러 가지 의미를 갖는 경우이다. 예를 들어 독일어 'Schloβ'는 자물쇠의 의미와 볼프강 호숫가의 성, 즉 건물을 뜻한다. 이에 비해서 표현 형식 '있다/~이다'는 단순히 상이한 여러 의미를 지니는 데 그치지 않는다. 즉 '있다/~이다'는 한 가지 핵심 의미를 갖고, 다른 의미는 이 핵심 의미에 속한다.

'있다/~이다'의 핵심 의미는 어느것일까? 실존적인 의미일까? 아니면 연결적 의미 가운데 하나일까? 내 생각에는 실존적인 의미가 핵심 의미이다. 왜냐하면 "소크라테스는 인간이다"라는 명제가 참이기 위해서는 소크라테스가 존재하는 것이 전제되어야 한다. 만일 소크라테스가 존재하지 않는다면 명제는 참이 아닐 것이다. 따라서 참 명제는 현실에서 관련 대상을 가져야 한다. "인간은 생명체이다"라는 명제의 진리는 해당 부류의 존재를 전제하며, "소크라테스는 소크라테스이다"라는 명제의 진리도 소크라테스의 존재를 전제한다.

이것은 논리적인 법칙으로 다음과 같이 표현될 수 있다. 어떤 명제가 참이면, 그 명제가 참이라고 말하는 대상이 존재한다는 것을 전제한다. 이것을 존재 일반화의 법칙이라고도 일컫는다. 명제의 진리에서 유도되는 일반적인 결론은 명제가 가리키는 대상이 존재한다.

따라서 '~이다'의 연결적인 의미는 논리적 의미에서 실존적인 의미를 전제한다. 때문에 우리는 앞서 언급한 '있다/~이다'의 네 가지 의미 가운데 실존적인 의미가 논리적으로 기본이 된다고 가정할 수 있다. 즉 '있다/~이다'의 네 가지 의미는 다르지만, '있다/~이다'가 단지 다른 것을 의미하는 데 그치지는 않는다. 단어 '있다/~이다'의 여러 가지 연결적 의미는 하나의 기본 의미에 귀결된다. 단어 '있다/~이다'는 하나의 중심 의미, 즉 실존 의미를 지니고 있다. 아리스토텔레스가 이 점을 처음으로 인식했다. 하지만 그는 언급한 '있다/~이다'의 여러 가지 의미를 구분하지는 않았다. 아리스토텔레스는 '있다/~이다'의 여러 가지 의미 가운데 중심을 실존이라고 부르는 대신 실체라고 일컫는다.[119] '실체'를 본질이라는 말로 번역할 수 있다.

존재하는 것에 대한 연구를 존재론이라고 부른다. 아리스토텔레스는 자신이 연구하는 주제에 대해서 다음과 같이 표현한다.

"존재하는 것을 존재하는 것으로서 연구하며, 존재하는 것 자체와 관련된 것을 연구하는 학문이 있다. 이러한 학문은 소위 다른 부분 학문과 일치하지 않는다. 다른 학문은 그 어느것도 존재하는 것을 일반적으로 존재하는 것으로서 연구하지 않는다. 이런 학문들은 존재하는 것의 일부분을 잘라내어, 그 일부분을 대상으로 존재하는 것과 관련된 것을 관찰한다. 예를 들면 수학적인 학문이 그러하다."[120]

다른 학문들, 예를 들어 수학·물리학·생물학 등은 부분 학문이다. 이러한 학문들은 전체에서 일부를 '잘라내어' 존재하는 것을 수, 움직임 또는 생명의 관점에서 연구한다. 이와 반대로 존재론은 전체에서 아무것도 '잘라내지' 않는다. 존재론은 존재하는 것을 존재의 관점에서 연구한다. 이러한 의미에서 존재론은 부분 학문 또는 특수 학문이 아니라 존재하는 모든 것의 공통점을 연구하는 학문이다. 있는 것은 모두 존재한다. 때문에 존재는 모든 존재하는 것의 공통점이다. 존재하는 것을 존재하는 것으로서 연구하는 학문이 존재론이며, 따라서 특수한 존재론이 아니라 일반적인 존재론이다. 존재론은 존재하는 모든 것을 연구한다. '있다/~이다'의 실존적 의미가 1차적이기 때문에, 존재론의 기본 질문은 1차적으로 "무엇이 있는가?" 즉 "무엇이 존재하는가?"라는 질문이다.

2. 실재적 존재와 실재적 사실

위 질문에 대해서 가장 먼저 떠오르는 대답은 이렇다. 감각적으로 파악될 수 있는 모든 것이 존재한다. 예를 들면 돌·식물·동물·사람 등을 감각적으로 파악할 수 있다. 우리는 이런 대상을 실재적 존재라고 간주한다. 물론 우리는 앞장에서 실재적 존재는 단지 가설이라는 것을 배웠다. 그럼에도 불구하고 우리는 감각적으로 경험할 수 있는 모든 것이 실재한다고 간주할 수 있다. 즉 이러한 제약을 감수한다면, 가설상의 실재적 존재를 그냥 간단히 실재적 존재라고 부를 수도 있다.

일상적인 이해에 따라 우리는 실재적 존재를 감각적 경험으로 입증 가능한 존재라고 해석한다. 예를 들어 우리는 돌·식물·동물·사람을 보고 확인했다. 때문에 우리는 돌·식물·동물·사람이 존재한다고 말한다. "돌·식물·동물·사람이 실제로 혹은 실재적으로 존재하는가"라는 질문에 대해서 우리는 "물론 그렇다"라고 대답할 것이다. 우리가 보고 만질 수 있는 것보다 더 실제적인 것이 무엇이란 말인가? 그렇게 우리는 돌을 날랐고, 잔디를 깎았으며, 고양이를 쓰다듬었고, 사람들을 얼싸안았다. 우리의 감각을 통한 경험 가능성이야말로 실재적 존재에 대한 기준이다.

그러나 이러한 감각적 기준에 따라 실제 감각적으로 경험한 것만이 실재적으로 존재한다는 것은 아니다. 예를 들어 해저에 아무도 보지 못한 많은 금이 가라앉아 있을 수도 있다. 우리가 이를 경험하지 못함에도 불구하고 금은 실재적으로 존재한다. 언젠가 '채금 탐험가'에 의해서 발견되어 위로 끌어올려질 수도 있기 때문이다. 존재에 대한 기준으로서 감각적 경험성은 우리가 감각적으로 경험할 수 있는 것만이 실재적으로 존재한다는 의미이다. 반대로 우리가 감각적으로 경험할 수 없는 것은 실재적 존재를 갖지 않는다는 뜻이 된다. 예를 들어 베네치아에 있는 조반니 바티스타 티에폴로(1696-1770)가 그린 〈페가소스를 탄 페르세우스〉라는 프레스코의 날개 달린 말을 제외하면, 우리는 여태껏 날개 달린 말을 보지 못했다. 즉 그러한 프레스코를 제외하면, 날개 달린 말은 실재적 존재가 아니다. 때문에 실재적 존재에 대한 기준은 실재적으로 존재하지 않는 것을 판단하는 기준이 된다.

실재적 존재는 다른 것과 연계되어 존재한다. 이러한 연계는 상이한 방식으로 나타날 수 있다. 그런데 이러한 연계가 일어나는 방식은 범주를 통해서 제한된다. '범주'는 애초에 고발이란 뜻으로, 여기에서는 진술을 뜻한다. 가령 우리는 소크라테스에 대해서 키가 1백70센티미터라고 진술할 수 있다. 그의 키는 양의 범주에 속한다. 우리는 소크라테스가 어떤 특정한 모습, 가령 뚱뚱하다고 진술할 수도 있다. 그의 모습은 질의 범주에 속한다. 또 우리는 소크라테스가 어떤 특정한 시간에 특정한 장소에 있다고 진술할 수도 있다. 가령 그가 아침 7시에 아테네 시장에 있다고 말할 수 있다. 장소와 시간은 공간과 시간의 범주에 속한다. 더 나아가서 우리는 소크라테스가 뭔가를 하고 있다고 진술할 수도 있다. 가령 그가 이리저리 돌아다니고 있다고 말할 수 있다. 계속해서 우리는 그가 뭔가에 고통받고 있다고 진술할 수도 있다. 가령 그가 양털옷을 입고 있는데, 추위에 떨고 있다고 말할 수 있다. 돌아다니는 것과 추위에 떠는 것은 각각 행동의 범주와 고통의 범주에 속한다. 이밖에 우리는 소크라테스가 다른 사람과 일정한 관계를 맺고 있다고 진술할 수도 있다. 가령 그가 크산티페와 결혼했고, 세 아이의 아버지라고 말할 수 있다. 결혼한 것과 아버지인 것은 관계의 범주에 속한다. 끝으로 우리는 소크라테스가 인간이라고 말할 수 있다. 이것은 본질의 범주로, 그가 무엇이라고 진술한다.

물론 '본질'이라는 표현은 여러 가지 의미를 갖는다. 구체적 본질을 뜻하기도 하고, 추상적 본질을 뜻하기도 한다. 구체적 본질은 구체적인 소크라테스, 즉 살과 피를 가진 소크라테스를 가리킨다. 반대로 추상적 본질은 구체적인 소크라테스로부터 살과 피를 '제외하고' 남아 있는 것이다. 그러면 그가 다른 사람들과 공통으로 갖고 있는 것만 남는다. 그것은 최종적으로 순수한 인간 자체이다. '본질'이라는 표현처럼 '실체'라는 표현도 여러 가지 의미를 갖는다. 실체는 구체적인 실체와 추상적인 실체가 있다. 구체적인 실체는 질료와 형식이 '합쳐서 자란' 것이며, 반대로 추상적인 실체는 질료를 떼어내고 남

은 것이다. 범주의 구분은 아리스토텔레스로 거슬러 올라간다.[121]

아리스토텔레스에 따르면 '몇 가지의 범주가 있는가'라는 문제는 반론의 여지가 있다. 그렇지만 중요한 사실은 존재하는 어떤 것이 마찬가지로 존재하는 다른 것과 연계되어 나타난다는 그의 통찰이다. 존재하는 것이 다른 것과 연계되어 나타나는 방식은 범주를 통해 제시된다. 범주는 단순한 문장의 서술어로 표현되는 가장 일반적인 개념이다. 여기서 단순한 문장이란 주어와 서술어, 그리고 경우에 따라 목적어로 구성되는 문장을 말한다. 단순한 문장은 여러 개의 문장들로 구성되어 있지 않다. 한편 단순문은 복합문의 부분이 될 수 있다. 그러나 범주가 단순한 문장의 서술어로 표현되는 가장 일반적인 개념에 그치는 것은 아니다. 범주는 보편적인 장르로, 여기에 언어적 서술어로 명명되는 모든 사물이 가지런히 배열될 수 있다.[122] 즉 범주는 커다란 '서랍'으로, 우리는 이 속에 거의 존재한 모든 것을 '보관'할 수 있다.

오늘날 범주 안에 사물 또는 존재한 것의 연계를 사실이라고도 부른다. 가령 마이어 씨는 키가 이렇고, 모습이 이러하며, 일정한 시간에 일정한 장소에 있고, 무엇을 하거나 뭔가에 시달리고, 아버지 또는 어머니라고 말하는 것은 하나의 사실이다. 사실에 대해서 우리는 "사실이 존재한다"라고 말하지 않고, "사실이 그러하다"고 말한다. 세계는 단지 존재하는 것으로만 이루어진 것이 아니며, 존재한 것들의 연계로 이루어졌다는 생각은 한 단계 진보된 사고이다. 비트겐슈타인은 《논리철학 논고》(1921)에서 다음과 같이 역설한다. "세계는 전부 그러한 경우들로 이루어져 있다. 세계는 사실의 총체이지, 사물의 총체가 아니다."[123]

사물은 존재한다. 반대로 사실은 그러한 경우이다. 즉 사물은 존재하는 것이며, 사실은 존재하는 것의 연계이다. 존재하는 것의 연계는 일정한 가능성의 틀 안에서 일어난다. 존재하는 것의 연결 가능성은 범주를 통해서 제약을 받는다. 가령 "소크라테스는 소수이다"라고 말할 수 없다. 마찬가지로 "마이어 씨 혹은 뮐러 씨는 제곱근이다"라고 말할 수도 없다. 왜냐하면 비유적인 의미에서라면 몰라도 마이어 씨 또는 뮐러 씨의 존재가 제곱근에 속하지 않기 때문이다. 세계가 모두 범주적으로 가지런히 배열된다는 점에서 세계는 사실의 총체이다. 따라서 "무엇이 존재하는가?"라는 질문은 이제 다음과 같이 좀더 정확히 표현될 수 있다. 어떤 사실들이 그러한 경우인가?

3. 물리적 사실과 심리적 사실

위의 질문에 대해서 가장 먼저 떠오르는 대답으로 외적인 감각에 의해 증거를 제시할 수 있는 사실, 가령 "눈이 희다"와 같은 사실을 들 수 있다. 이것은 물리적 사실이다. 우리는 눈으로 눈이 희다는 사실을 보지 못하며, 단지 눈의 흰색, 정확히 말해서 구체적인 눈덩이의 흰색을 볼 수 있다. 시각은 증거를 제시하는 데 쓰이는 기관으로 외부를 지향한다. 즉 시각은 네 가지 다른 감각처럼 외적인 감각이다. 외적인 감각을 통해 증거를 제시할 수 있는 사실을 물리적 사실이라고 부른다. 앞서 우리는 "눈이 희다"와 같은 물리적인 사실도 가설적이라는 것을 배웠다. 그렇지만 우리가 이러한 제약을 인정한다면, 비록 가설적인 의미를 가지더라도 물리적인 사실을 실재적이라고 부를 수 있다.

그런데 우리의 외적인 감각을 통해 모든 사실을 증명할 수는 없다. 가령 우리는 눈의 흰색을 볼 수 있지만, 보는 것 자체를 볼 수는 없다. 그럼에도 불구하고 우리가 흰 눈덩이를 보고, 다람쥐의 찍찍대는 소리를 들으며, 담배 냄새를 맡고, 레몬즙의 맛을 느끼며, 집 열쇠를 손의 촉감으로 느끼는 것은 실재적 사실이다. 그리고 우리가 벌에 쏘였을 때 아픔을 느끼는 것도 실재적 사실이다. 벌의 침은 볼 수 있다. 하지만 고통은 볼 수 없으며, 다른 외적인 감각 기관을 통해서 감지할 수 없다. 우리는 그냥 고통을 느낀다. 따라서 이러한 사실은 외적인 감각이 아닌 내적인 감각을 통해서 증명된다. 그러나 외적인 감각처럼 내적인 감각도 원칙적으로 말초 신경의 자극을 전제한다. 이것을 좀더 실감나게 표현한다면 '세상의 파도가 육체의 암초에 부딪히는 것'이다.

우리의 내적인 감지를 통해서만 입증할 수 있는 사실을 심리적 사실이라고 부른다. 심리적인 사실을 의식 사실이라고 칭할 수도 있다. 의식 개념도 명확하게 정의될 수 없으며, 단지 설명할 수밖에 없다. 의식 개념은 의식 속에서 일어나는 모든 것을 포함한다. 우리는 일상 생활에서 좁은 의미의 의식이라는 표현을 사용한다. 그런데 의식 속에서는 여러 가지가 일어난다. 철학자들도 의식을 여러 가지로 구분하였다. 우리는 일상 생활에서 느낌, 소망, 그리고 생각에 대해서 말한다. 여러 가지 정신 능력의 상호 관계가 어떠한지는 분명하지 않다. 때문에 근대 의식 철학의 창시자인 데카르트가 《제일철학에 관한 성찰》(1641)에서 의식 구분을 시도하였고, 프란츠 브렌타노(1838-1917)가 《경험적 심리학》(1874)에서 이를 수용하였다. 데카르트는 (a)관념, (b)판단, (c)원망의 행위를 구분한다.[124] 브렌타노는 데카르트를 따라 (a)상상, (b)판단, (c)원망의 행위를 구분하는데, 그는 원망의 행위로 감정의 동요, 흥미, 그리고 사랑과 증오의 행위를 들고 있다.[125]

(a) '관념'이라는 표현은 상상과 같은 의미이다. 그런데 '상상'은 두 가지 의미를 지닌다. 상상은 상상하는 행위와 상상된 것, 즉 상상

의 내용이라는 뜻으로 이해할 수 있다. 상상이 의식의 한 부분이라면, 이는 상상의 행위를 가리킨다. 상상의 개념도 명확하게 정의할 수 없다. 상상 행위는 우리가 상상하는 것 모두이다. 따라서 상상 행위는 의식 속에서 일어나는 모든 것이라고도 설명할 수 있다. (b)판단은 우리가 어떤 명제를 참 또는 거짓으로 인정하는 것이다. 이때 판단은 명제와 구분되어야 한다. 판단은 심리적인 것으로, 상상과 같이 사람에 따라 다양하게 나타날 수 있다. 반대로 명제, 즉 진술의 내용(80쪽 참조)은 정신적인 것이 아니다. 따라서 우리는 사람에 따라 정신적인 과정이 다르지만, 명제는 동일하다고 전제한다. 우리는 피타고라스 정리를 참 또는 거짓으로 판정할 수 있다. 이때 정리의 의미, 즉 명제 $a^2+b^2=c^2$는 우리의 참 또는 거짓 판단에 관계 없이 존재한다. (c)원망의 행위는 우리가 어떤 것을 좋다고 열망하거나 나쁘다고 회피하는 것이다.

이 모델에 따르면 의식은 여러 층으로 되어 있다. 맨 아래층이 (a)상상이고, 두번째 층이 (b)판단이며, (c)원망 행위가 세번째 층이다. 이때 판단은 상상을 전제하며, 원망의 행위는 상상과 판단을 전제한다. 상상 없이는 그 어떤 것의 참·거짓 여부를 판단할 수 없으며, 그 어떤 것도 좋다고 열망할 수 없다. 마찬가지로 판단 없이, 즉 어떤 것을 좋거나 나쁘게 평가하지 않고서 그 어떤 것도 좋다고 열망하거나 나쁘다고 거부할 수 없다. 가령 내가 사과를 열망하면, 이미 명시적으로든 아니면 묵시적으로든 사과가 좋다는 판단을 내렸기 때문이다. 가령 내가 상한 우유를 회피한다면, 이미 명시적으로든 아니면 묵시적으로든 상한 우유가 나쁘다는 판단을 내렸기 때문이다. 열망과 회피는 판단에 근거를 두고 있기 때문에 일반적으로 '맹목적'이지 않으며, '확인'에 따른 것이다. 그런데 이러한 판단이 항상 명시적이거나 표현되어야 하는 것은 아니다. 우리는 사람을 보고 이미 '첫눈에' 호감을 갖거나, 또는 친숙함을 느낀다. 셰익스피어는 이렇게 표현한다. "사랑을 할 때 첫눈에 반하지 않는 사람이 있을까?"[126]

우리의 의식 속에서 일어나는 것이 넓은 의미의 의식 사실이다. 반대로 표현된 판단은 좁은 의미의 의식 사실이다. 그러나 넓은 의미의 의식 사실이 모두 우리에게 의식되는 것은 아니다. 가령 군중 속에서 아무런 의식 없이 어떤 얼굴을 보는 경우가 있다. 뒤늦게 다시 그 얼굴을 보고 나서야, 전에 본 얼굴이라는 사실을 알게 된다. 얼굴——가면이나 이름과 달리——을 인식하는 것은 진화 과정에서 획득된 인간의 놀라운 특성이다. 우리는 의식하지 않고 통증을 느낄 수 있다. 이 경우에 그 고통의 정체가 뭔지 인식되지 않은 상태이다. 통증이 더 커져야 비로소 좁은 의미의 의식 사실이 된다. 니체는 이렇게 말한다. "멈추지 않고 고통을 주는 것만이 기억 속에 남아 있다."[127]

따라서 어떤 명제를 명확하게 알지 못한 상태에서도 그 명제를 수긍할 수 있다. 자기 어머니의 모순성을 비난하는 아이들도 이미 묵시적으로 비모순성의 공리를 긍정한다. 아우구스티누스(354-430)는 《고백록》(400년경)에서 이렇게 말한다. "나는 질투심이 가득 찬 아기를 보고 경험한다. 아기는 말을 할 수는 없지만 창백한 얼굴과 낙담한 시선으로 다른 젖먹이를 바라본다."[128] 아기가 비록 말을 못하고 질투란 개념도 알지 못하지만, 이미 질투의 감정을 갖는 듯하다. 지그문트 프로이트(1856-1939)가 《꿈의 해석》(1900)에서 언급한 소년도 무의식적인 질투를 느끼고 있는 것 같다. "아이는 여지껏 외아들이었다. 그런데 황새가 새로운 아이를 데리고 온다는 통보를 받게 된다. 아이는 새로 온 아이를 유심히 관찰하고 나서 단호히 말한다. '황새는 아이를 도로 데려가야 해.'"[129]

우리 어른들도 의식하지 못한 동기에 의해서 움직일 수 있다. 우리는 (남을) 도우려 한다고 생각하면서 사실상 자신을 내세우려고 하는 경우가 있다. 반대로 누군가 자기 현시 욕구에서 행동한다고 말하는 경우가 있다. 하지만 그는 자신에 대해서 말하는 것과 달리 순수한 동기에서 행동한다. 의지 행위, 즉 넓은 의미의 의식 행위는 좁은 의미의 의식 행위가 동반되지 않고도 수행될 수 있다. 칸트가 《실용주의적 관점에서 본 인류학》(1798)에서 말한 바와 같이 인간의 감정 지도에서 밝혀진 곳은 아주 작은 부분에 불과하다. "따라서 명료하지 않은 상상의 영역이 인간 속에 가장 큰 부분으로 남아 있다."[130]

상상이 언어로 표현되지 않으면, 명료하지 않은 경우에 해당된다. 그러나 인간의 감정 지도에서 단지 작은 영역만이 밝혀졌다는 사실은 밝혀질 수 있는 영역이 더 이상 없다는 뜻이 아니다. 또 우리가 의식 행위를 의식하지 못한다는 사실이 우리가 의식 행위를 표현할 수 없는 처지라는 뜻도 아니다. 우리가 외적인 감각으로 인지하지 못하는 대상이 존재하듯이, 우리가 의식할 수 없는 의식 행위도 있다. 이것은 얼핏 보면 모순된 것처럼 보인다.

이러한 모순은 다음과 같이 해결할 수 있다. 넓은 의미의 의식 사실이 좁은 의미에서 의식되어야만 하는 것은 아니지만, 의식될 수 있어야 한다. 우리가 넓은 의미의 의식 사실을 언어로 표현할 때 비로소 우리에게 의식된다. 그렇지만 외적인 감각으로 인지할 수 있는 것보다 더 많은 물리적 사실이 존재하듯이, 언어로 표현하는 것보다 더 많은 심리적 사실도 존재한다.

고트프리트 빌헬름 라이프니츠(1646-1716)는 이렇게 말한다. "정신은 그 자신 속에서 상이한 방식으로 상상되는 것만 읽을 수 있다. 정신은 자신의 주름을 한꺼번에 펼칠 수 없다. 왜냐하면 정신은 무한히 진행되기 때문이다."[131] 그런데 펼쳐지지 않은 주름이 무한히 진행된다는 것을 보여 주기 위해서는 그것을 언어로 표현해야 하며, 이러한 언어적 표현은 끊임없이 진행될 수 있다. 우리가 언어로 표현할 수 없는 것을 어떻게 설명할 수 있을까? 원칙적으로 언어 습득 후에는 우리가 늘 상상하는 것을 표현할 수 있어야 한다. 그렇지 않으면 우리는 그것을 더 이상 상상하지 못할 수도 있기 때문이다.

우리는 이것을 표현 가능성의 원칙이라고 부른다.[132] 또 이를 언어화 가능성의 원칙이라고도 한다. 무의식적인 '지식'은 언어로 표현될 수 있어야 한다. 물론 무의식적으로 '아는' 것을 언어로 발화하는 것이 쥔 손을 펴는 일처럼 간단하지는 않다. 교사들의 경험에 따르면 무의식 속에 아는 것을 표현하는 일은 어린아이들뿐만 아니라 어른에게도 어렵다. 모든 아이들은 우유가 어떤 맛인지 안다. 그렇지만 어떤 맛이라고 표현할 수 있을까? 우리는 모두 피아노에서 어떤 소리가 나는지 알고 있다. 그렇지만 어떤 울림인지 말할 수 있을까? 우리는 모두 '있다/~이다'라는 낱말이 무슨 뜻인지 무의식적으로 안다. 그렇지만 '있다/~이다'의 의미에 대한 무의식적인 지식을 언어로 표현하는 일——그것은 아주 어렵다.

물리적 사실은 외적인 인지를 통해서 입증할 수 있고, 반대로 심리적 사실은 내적인 인지를 통해서 입증할 수 있다. 우리는 이 두 종류의 사실을 실재적 사실이라고 부른다. 이 두 가지가 우리의 인지를 통해서 입증될 수 있기 때문이다. 두 종류의 사실, 즉 물리적 사실과 심리적 사실이 존재한다고 보는 세계관을 종종 이분법이라고 부른다. 이러한 생각은 데카르트로 거슬러 올라가는데, 데카르트의 《제일철학에 관한 성찰》에 따르면 인간은 두 가지, 즉 부피를 가진 것과 생각하는 것으로 구성되어 있다.[133] 부피를 가진 것은 육신이며, 생각하는 것은 의식이다. 나는 외적인 감각을 통해서 내 육신을 경험하며, 내적인 감각을 통해서 내 의식을 경험한다. 나는 먼저 외부를 지향한다. 그리고 나 자신을 되돌아볼 때 내적인 것을 경험할 수 있다.

그런데 물리적 사실이 심리적 사실보다 더 실재적인 것처럼 여겨진다. "눈이 희다"는 것이 '내가 눈의 흰색을 보는 것'보다 더 실재적으로 보인다. 내부 세계가 있다는 것보다 외부 세계가 존재하는 것이 더 실재적으로 여겨진다. 그렇지만 데카르트는 그렇지 않다는 걸 보여 준다. 왜냐하면 내적인 감각보다 외적인 감각이 더 의심스러울 수 있기 때문이다. '눈이 희다'는 것이 '내가 눈의 흰색을 보는 것'보다 더 의심스럽다. 이미 앞서 보았듯이 진리 기준으로서 감각적인 명백성은 단지 그럴 듯해 보이는 기준에 불과하다. 데카르트가 "한 번 우리를 속인 것은 절대로 믿지 않는 것이 영리한 일이다"[134]라고 한 것처럼 감각을 통해서 속은 경우에는 또다시 그럴 수 있다고 추론할 수 있다.

때문에 내적인 감각이 외적인 감각에 비해 덜 기만적이다. 예를 들어 셰익스피어의 《햄릿》에서 폴로니어스는 오필리아에게 이렇게 말한다. "태양의 밝음을 의심하세요. / 별빛을 의심하세요. / 진리가 거짓말을 할 수 있다는 걸 의심하세요. / 단지 내 사랑만은 의심하지 마세요."[135] 그는 '태양의 밝음'과 '별빛' 보다도 자신의 사랑을 더 확신한다. 따라서 이렇게 말할 수도 있다. "나에게 있어 사랑은 다른 무엇보다도 가장 강한 실재이다." '태양의 밝음'과 '별빛'은 눈의 흰색처럼 한낱 꿈일 수도 있기 때문이다. 만일 그렇다면 우리는 좀더 의식 행위, 즉 공상을 해야 할지도 모른다. 물리적 사실의 존재가 심리적 사실의 존재보다 더 의심스럽다면, 심리적 사실이 물리적 사실보다 더 실재적이며, 물리적 사실이 심리적 사실보다 더 가설적이다.

브렌타노는 데카르트에 이어 이렇게 쓰고 있다. "내적인 감각——대상의 독특함을 제외하면——은 유일하게 다른 뛰어난 점, 특히 직접적이며 거짓 없는 명백성을 갖는다. 경험 대상의 인식에 있어 내적인 경험만이 이러한 특성을 지닌다."[136] 내적인 경험의 명백성이 외적인 경험의 명백성에 비해 덜 기만적이라는 면에서 이것은 옳다. 물론 내적인 경험의 '직접적이며 거짓 없는' 명백성도 단지 그럴 듯한 명백성에 지나지 않는다. 우리는 다른 사람에 대한 자신의 고유 감정, 예를 들어 사랑의 감정에 대해서 자신을 속일 수 있으며, 느낌, 가령 통증도 의심스러울 수 있다. 그냥 상상으로 아프다고 생각할 수도 있기 때문이다.

그런데 또 다른 반박이 있다. 심리적 사실을 물리적 사실로 환원시킬 수 있지 않을까 하는 주장이다. 그러면 한 종류의 사실, 즉 물리적 사실만 인정한다는 뜻이다. 이것은 일원론적이며 물리학적인 세계상이다. 심리적 사실도 단지 물리적 사실의 외형에 불과하지 않을까? 모든 상상, 모든 판단, 모든 의지 행위는 뇌의 작용에 지나지 않다는 것이다. 이러한 전제가 의식을 자연 현상으로 파악하는 근대 연구 계획의 시작이다. 자연과학에 유사한 움직임이 있다. 예를 들어 열소 이론이 산화 이론으로 대체된 경우가 그렇다.

열소 이론에 따르면 연소될 수 있는 물체는 연소할 때 빠져 나오는 특정한 물질, 즉 열소를 함유하고 있다. 반대로 산화 이론에 따르면 공기가 스스로 탈 수 있는 성분, 즉 '불에 타는 공기' 내지 산소를 함유하고 있다. 따라서 심리적 사실인 비학문적인 '열소'를 일정한 유형의 물리적 사실로 대체하는 일이 가능한 것처럼 보인다. 외적인 감각 기관으로 인지되는 현상――물리학적으로 볼 때――은 실제의 그것과 다르다. 예를 들어 색과 음은 우리에게 광파나 음파로 보이지 않는다. 마찬가지로 어떤 뇌의 작용이 우리에게 심리적 사실로 나타난다는 것이다. 때문에 심리적 사실이 마치 심리적 존재인 것처럼 나타난다고 보는 것이다. 따라서 이러한 심리적 사실은 물리적 사실과 다르지 않다고 주장한다.

이처럼 의식을 자연 현상으로 파악하는 연구 계획이 성공적이라고 말할 수 없다. 이것은 인간 뇌에 대한 학문이 충분히 발전하지 못했기 때문이 아니라 근본적, 즉 개념적인 이유로 그렇다는 말이다. 이미 라이프니츠가 다음과 같이 반박을 했다.

"상상과 이에 종속된 것에 대한 기계적인 설명, 즉 형상과 운동에 근거한 설명이 불가능하다는 것을 우리는 인정해야 한다. 어떤 기계를 예로 들어 보자. 그 기계의 구조가 생각하고, 느끼고, 상상하게 하는 기계라고 가정해 보자. 그러면 그 기계가 마치 커다란 방앗간 같아서, 사람이 그 안으로 들어갈 수 있는 상태라고 상상할 수도 있을 것이다. 만일 이렇게 가정한다면 사람들은 그 내부를 둘러보면서 서로 작용하는 개별적인 부분을 발견할 수 있을 것이다. 하지만 상상을 설명할 수 있는 그 어떤 것도 찾아내지 못할 것이다."[137]

이 반박은 순환적이다. 왜냐하면 라이프니츠는 이미 증명하려는 내용을 전제하고 있기 때문이다. 그럼에도 불구하고 그는 상상의 고유한 특성을 예를 들어 설명하고 있다. 물리적인 것을 통해서 상상, 즉 심리적인 것을 설명할 수 없다는 것이다. 왜냐하면 심리적인 것은 물리적인 것과 개념적으로 다르기 때문이다. 심리적 사실과 물리적 사실은 같은 사실이다. 하지만 물리적 사실에 대한 증거는 모두가 확인할 수 있으나, 심리적 사실은 오직 나만이 확인할 수 있다. 물리적 사실에 대한 증거는 외적인 감각을 통해서 간접적으로 주어지나, 심리적 사실에 대한 증거는 내적인 감각을 통해서 직접적으로 주어진다. 내적인 감각을 갖는다는 것은 내부 관점을 소유한다는 뜻이다.[138] 반대로 우리는 물리적 사실을 외부로부터 감지한다. 만일 우리가 심리적 사실을 물리적 사실로 환원시킨다면 심리적인 사실과 연관된 개념적인 내용, 가령 내부 관점 같은 것이 소실될 것이다. "상상은 뇌의 작용에 지나지 않는다"라는 환원적 설명의 경우에 반문이 제기될 수 있다. 그렇다면 뇌의 작용은 일종의 상상 행위인가?

우리는 이러한 질문을 부정한다. 심리적인 것을 물리적인 기준으로 다 설명할 수 없기 때문이다. 가령 우리가 어떤 통증을 느낄 때, 뇌의 작용이 일어나는 장소를 파악할 수 있을 것이다. 하지만 통증 자체는 뇌피질 내의 일정한 장소에 있는 파편이 아니다. 고통은 단지 자신만이 확인할 수 있다. 누구나 원칙적으로 뇌피질 내의 파편처럼 고통스러워하는 모습을 확인할 수 있다. 하지만 고통스러워하는 얼굴 표정은 내부 관점을 가지고 있지 않다. 사람들은 얼굴 표정을 외부로부터 감지한다.

마찬가지로 꿈을 꿀 때 우리는 뇌의 작용이 일어나는 장소를 확인할 수 있으며, 눈의 움직임조차도 측정할 수 있다. 그러나 아무도 나 자신처럼 내 꿈을 감지할 수 없다. 다른 사람은 단지 나의 꿈 이야기를 들을 수 있다. 그러면 다른 사람은 내 꿈을 내부로부터 감지하는 것이 아니라 외부로부터 감지한다. 다른 사람들은 내가 설명하는 꿈에 대한 말을 듣는다. 이런 의미에서 비트겐슈타인의 설명이 옳다. "내적인 과정은 외적인 기준을 필요로 한다."[139] 하지만 외적인 기준은 '내적인 과정'과 연관된 의미를 다 설명해 주지 못한다. 이처럼 심리적인 것을 물리적으로 환원할 수 없기 때문에, 우리는 계속해서 이분법적인 세계상에 의존한다.

4. 의미적 존재와 의미적 사실

우리가 더 이상 실재라고 부를 수 없는 다른 종류의 존재가 있다. 즉 우리가 더 이상 내적인 감각 또는 외적인 감각으로 입증할 수 없는 존재이다. 가령 우리는 수나 수의 연결과 같은 대상도 존재한다고 가정한다. 따라서 우리는 1이라는 수와 1+1=2가 있다고 믿을 수 있다. 감각으로 파악되는 것은 단지 물질화된 숫자, 예를 들어 손목시계에 그려진 숫자이다. 그런데 1+1=2라고 말할 때, 우리는 손목시계의 숫자 1에 숫자 1이 더해져 숫자 2가 된다는 것을 뜻하지 않는다. 숫자 1에 숫자 1을 더하면, 단순히 숫자 11이 될 것이다. 그것은 수 1의 의미에 또 수 1의 의미를 더하면 수 2의 의미가 생긴다는 뜻이다. 분명히 수 1과 2는 하나의 의미를 갖는다는 것을 가정할 수 있다. 수 1이 존재하고 덧셈 1+1=2라고 말하면, 우리는 이러한 기호의 존재를 인정한다. 이밖에 부류, 가령 인간 부류가 존재한다. 따라서 우리는 이러한 부류의 존재를 인정한다. 부류들도 서로 결합될 수 있다. 가령 "인간은 생명체이다"라고 말하는 것이 여기에 해당한다. 이때 인간 부류는 생명체 부류에 포함된다.

《수학 원리》에서 제시된 러셀과 화이트헤드의 이론에 따르면 수는 부류의 부류이다.[140] 수 1은 모든 단일 부류의 부류이며, 수 2는 양수 부류의 부류이고, 수 3은 3수 부류의 부류이다. 단일 부류 x는 유일한 요소로서 x를 포함하고 있는 부류이다. 단일 부류는 요소 x와 구분되어야 한다. 부류는 요소가 지니지 못한 특성을 포함하고 있기 때문이다. 부류는 요소를 포함한다. 단일 부류의 부류는 유일한 요소로서 x를 가지고 있는 모든 부류의 부류이다. 모든 양수 부류의 부류는 유일한 요소인 x와 y를 포함하고 있는 모든 부류의 부류이다. 이때 x와 y는 같지 않다. 모든 3수 부류의 부류는 유일한 요소인 x와 y 그리고 z를 포함하고 있는 모든 부류의 부류이다. 이때 x와 y 그리고 z는 같지 않다.

그렇다면 부류와 부류의 부류는 어떠한 존재를 갖고 있는가? 분명히 아무도 부류 또는 부류의 부류를 보거나, 듣거나, 맛보거나, 만지거나, 냄새 맡지 못했을 것이다. 부류는 인간의 외적인 감각을 통해 파악될 수 없다. 그렇다면 내적인 감각에 의해 파악될 수 있는가? 플라톤으로 거슬러 올라가면 가능한 대답을 찾아볼 수 있다. 플라톤에 따르면 부류와 같이 눈에 보이지 않는 대상을 육신의 눈으로는 보지 못하지만, '정신적인 눈'으로는 파악할 수 있다고 한다. 정신적인 눈은 지성이다. 지성은 추론하지 않고, 육신의 눈처럼 뭔가를 직접 볼 수 있는 능력을 가진다고 한다. 물론 지성은 눈에 보이는 것을 보는 게 아니라, 눈에 보이지 않는 것을 보는 것이다. 우리가 눈에 보이지 않는 것을 '볼' 수 있다는 모순적인 주장은 다음과 같이 설명할 수 있다. 우리는 보이지 않는 것을 육신의 눈이 아닌 정신의 눈으로 본다.

정신적인 눈에 대한 가설은 외적인 경험을 통해 어떠한 감각적인 증거도 제시할 수 없는 대상 존재의 인지 방식을 표현하는 멋진 비유이다. 그러나 비유가 아닌 실재를 생각하는 경우, 이를 증명해야 하는 무거운 부담을 지게 된다. 인간 육신의 눈도 대상을 직접 감지하지 못하고, 대상을 뭔가로서 파악한다.(43-44쪽 참조) 그런데 이처럼 육신의 눈에 적용되는 것이 정신의 눈에는 적용되지 않을까?

비트겐슈타인의 말을 다시 인용하면, 지적인 직관과 같은 '내적인 과정'은 외적인 기준을 필요로 한다. 그런데 내가 '지적인 직관'을 가지고 있다는 것을 증명할 외적인 기준은 어떤 것일까? 내가 그러한 경험을 하더라도, 그러한 경험을 하지 못하고 또 그것을 믿지 않는 다른 사람에게 그러한 경험의 존재를 외적인 기준을 통해서 보여 줄 수 없다. 마찬가지로 다른 사람들이 다른 경험을 한다면, 그것을 경험하지 못하는 나에게 외적인 기준을 통해서 그들 자신의 경험을 보여 줄 수 없다. 지적인 직관에 대한 가설은 상호 주관적으로 참 또는 거짓을 증명할 수 없다. 즉 오로지 내적인 관점으로만 접근이 허용되어서 개인적인 성질을 띤다. 따라서 관찰자가 갖는 주관적인 자의의 여지가 많아진다. 지적인 직관의 날개는 우리로 하여금 실재의 한계와 인간의 한계를 극복하게 만든다. 그러나 다른 한편으로 우리 자신의 눈을 가리는 천사의 날개와도 같지 않을까?[141]

내 관점이 특별하고 다른 사람의 관점은 그렇지 않다는 주장을 하면서 다른 사람을 설득하기는 어려울 것이다. 설득이 이루어진다면 그것은 아마 권위에 대한 믿음 때문일 것이다. 지적인 직관은 비유적인 보조 이론이다. 이를 통해 우리가 볼 수 없는 대상을 '볼' 수 있다는 모순적인 논리를 이해할 수 있게 만든다. 하지만 지적인 직관의 비유를 통해서 지적인 직관의 실재를 이끌어 내는 것은 잘못이다. 감각적-지적인 직관은 보이지 않는 부류를 파악하는 수단으로서의 역할을 다하지 못한다. 그렇다면 우리는 어떻게 보이지 않는 대상을 파악할 수 있을까?

플라톤은 이미 이러한 지적인 직관이 비유라는 것을 알았다. 플라톤에 의하면 '신을 추종하여 신과 같게 된 최고의 영혼'[142]만이 '지고한 경지'[143]에서 눈에 보이지 않는 대상을 '어렵사리 볼'[144] 수 있다고 한다. 실제로 플라톤은 이렇게 말하기도 하였다. "비육체적인 것은 가장 위대하고 가장 아름다운 것으로서 '로고스' 이외에는 어떤 것을 통해서도 분명하게 보이지 않는다……."[145] '로고스'를 글자대로 풀이하면 '말'을 뜻하는데, 플라톤에서는 설명 또는 정의를 의미하기도 한다. 비육체적인 것이 가장 위대하고 아름다운 것으로서 단지 로고스를 통해서만 보여지고 다른 어떤 방식으로도 보이지 않는다면, 이는 감각적 또는 정신적인 직관을 통해서는 안 되고, 오직 말·설명 혹은 정의를 통해서만 가능하다는 뜻이다.

우리는 로고스의 의미에서 출발하려고 한다. 우리는 인간 또는 수와 같은 추상 개념이 존재한다고 말한다. 우리는 언어를 수단으로, 예를 들면 형용사를 명사화함으로써 임의의 추상적인 표현을 만들 수 있다. 형용사 '빨간'을 명사화하여 추상 명사를 만들 수 있다: 빨강. 마찬가지로 형용사 '하얀'을 명사화하여 추상 명사를 만들 수 있다: 하양. 그렇다면 "눈은 하얗다"라는 말 대신에 "눈은 하양을 지니고 있다"고 말할 수도 있다. 이러한 추상 개념을 가진 참 명제, 예를 들어 "하양은 색이다" "인간은 생명체이다"와 같은 명제를 만들려면 존재 일반화의 법칙에 따라 그러한 부류가 존재한다는 것을 전제해야 한다. 예를 들어 하양 부류, 인간 부류, 단일 부류 또는 양수 부류 등.

그런데 이러한 추상 개념은 실재적 세계에 존재하지 않으며, 실재적 세계를 추상화한 서술 방식, 즉 언어 속에 존재한다. 단어를 단순히 음 또는 기호의 형성체로 보는 관점에서는 추상 개념이 언어적이지 않으나, 단어의 의미가 있다는 관점에서는 추상 개념이 언어적이다. 추상 개념이 실재적 존재를 소유하지 않는다면 무엇이 남는가? 명백히 추상적인 단어의 의미가 남을 것이다.

추상 명사는 의미가 없다고 가정하는 회의론자조차도 이 단어의 의미를 전제한다. 가령 '인간'이라는 추상적인 표현이 의미를 지니지 않는다는 것을 말하려면, 이 표현의 상호 주관적인 의미를 전제해야 한다. 단어의 의미는 의미론에 속한다. 즉 추상 개념은 실재적 존재를 갖지 않고, 의미적 존재를 갖는다.[146]

실재적 존재는 외적 또는 내적인 감각을 통해 입증할 수 있는 존재이다. 의미적 존재는 존재에 대해서 말하고 있는 표현의 의미——"인간의 생명체이다"에서 '인간'의 의미, 또는 '1+1=2'에서 '1'의 의미——가 실재적 세계에서 경험적인 연관 대상을 소유하지 못하고, 스스로가 연관 대상이 되는 존재이다. 나는 이런 의미에서 프레게의 말을 추상적인 대상에도 적용한다. "한 단어의 간접적인 의미가 그 단어의 일상적인 의미이다."[147] 프레게의 오해의 소지가 있는 용어인 '단어의 간접적인 의미'는 간접 화법에서의 연관 대상을 말한다. 예를 들어 "한스는 자신이 집에 있다고 나에게 말한다"라는 진술에서 "한스는 자신이 집에 있다⋯⋯"라는 표현을 통해 나는 "한스가-집에-있다"는 사실에 단지 간접적으로 연관된다. 반면에 나는 "한스는 자신이 집에 있다⋯⋯"라는 말에 직접적으로 연관된다.

추상적인 대상의 경우, 가리키는 대상이 외부 세계의 대상이 아니라 표현의 의미이다. 가령 우리가 "인간은 생명체이다"라고 말하면 '인간'이라는 표현을 통해 외부 세계의 개별 인간, 즉 한스와 연관되는 것이 아니다. 오히려 우리는 '인간'이라는 표현을 통해 "인간은 생명체이다"라는 말 속에 있는 '인간'의 의미와 관련된다. 마찬가지로 "인간 부류는 생명체 부류에 포함된다"라는 진술을 통해 우리는 외부 세계의 특정한 사실과 연관되는 것이 아니며, 진술의 내용과 연관된다. 우리는 진술의 내용을 명제라고도 부른다. 따라서 우리는 그러한 진술을 통해 명제와 연관된다.

우리가 "1+1=2"라고 하면 '1'이라는 표현을 통해 외부 세계의 개별적인 사물, 가령 돌 하나를 가리키는 것이 아니라 '1'이라는 표현의 의미를 가리킨다. 마찬가지로 "1+1=2"를 가지고 외부 세계의 개별 대상을 가리키는 것이 아니라 명제 1+1=2를 가리킨다. 이런 방식으로 추상 개념에 대한 진술의 경우 외부 세계의 사물이 연관 대상이 되는 것이 아니라, 진술 내지 명제의 내용 자체가 연관 대상이 된다. 우리는 이것을 명제의 대상화라고 부르며, 이를 통해 명제는 사실이 된다. 물론 우리는 감각적인 눈 또는 정신적인 눈으로 이러한 연관 대상 또는 연관 대상의 결합체를 볼 수 없다. 그런데도 이러한 연관 대상이 존재한다고 말한다면, 이는 해당 표현의 의미 또는 해당 진술의 내용이 존재한다는 뜻이다. "인간 부류는 생명체 부류에 포함된다" 또는 "1+1=2"와 같은 명제는 실재적 존재가 아니다. 그럼에도 불구하고 인간 부류는 생명체 부류에 포함되고, 1+1=2가 되는 경우가 있기 때문에 이를 사실이라고 말할 수 있다. 그런데 이것은 의미적 사실이다. 언어로 그러한 사실에 연관짓는 행위를 통해서 표현의 의미가 스스로 사실로 만들어지는 것이다.

의미적 존재는 실재적 존재와 달리 인간에 의해서 창조된 존재이다. 의미적 사실은 만들어진 사실이다. 왜냐하면 의미적 사실은 추상적인 표현의 사용 규칙이기 때문이다. 그런데 우리가 의미적 사실을 사실로 만들었으면, 이러한 의미 또는 의미의 결합체는 자연 사실과 유사한 상태를 얻게 된다. 이러한 의미적 사실이 자연적으로 존재하지 않는다. 하지만 우리가 의미적 사실을 사실로 만들고 나면, 의미적 사실은 마치 자연적으로 존재하는 것과 같은 상태가 된다. 즉 의미적인 사실이 마치 해당 추상적 표현을 만들어 내는 인간의 능력으로 생겨났다는 사실과 전혀 관계 없는 듯이 존재한다.

의미적 사실이 인간으로부터 독립적인 상태가 되면, 우리는 의미적 사실의 기원을 잊고 의미적 사실이 실제로 독립적이라는 생각에 빠진다. 그러면 "의미적 사실이 어디에 존재하며, 우리가 어떻게 인지할 수 있는가" 하는 질문이 제기된다. 이러한 의미 내지 의미의 결합을 지각적으로 이해되는 세계에서 찾지 못하며, 외적인 감각을 통해서 인지할 수 없기 때문에 많은 철학자들——플라톤주의자라고 불린다——이 다음과 같은 생각에 도달하였다. 의미 또는 의미의 결합은 보이지 않은 세계에 '집'이 있기 때문에, 우리는 정신적인 눈으로만 볼 수 있다. 플라톤은 이러한 비육체적인 사물이 말·설명 또는 정의를 통해 명백하게 보이고, '그밖의 다른 어떤 것을 통해서도' 보이지 않음을 알았던 것 같다. 그리고 플라톤은 이러한 비육체적인 존재에 대한 정신적인 통찰은 말을 통해서, 또는 '항상 로고스와 함께' 이루어진다는 것을 알았던 듯하다.

이렇게 실재적 존재, 즉 물리적 존재와 심리적 존재 외에도 의미적 존재를 가정해야 한다. 객관화될 수 있는 의미만큼 많은 수의 의미적 존재가 있을 수 있다. 이러한 의미는 내적 또는 외적인 경험으로 입증될 수 없기 때문에 임의적으로 늘어날 수 있다. 의미적 사실의 영역에는 논리적으로 모순되어서는 안 된다는 것 외에 그 어떠한 제한도 없다. 우리는 단일·양수 또는 3수 부류의 부류가 존재한다는 것을 가정할 수도 있고, 더 나아가서 4수·5수 부류의 부류가 존재한다는 것도 가정할 수 있다.

칸토어처럼 끝없이 많은 수의 요소를 가진 부류의 끝없이 많은 부류들도 가정할 수 있다. 하지만 지적인 직관을 통해 끝없이 많은 요소를 가진 끝없이 많은 부류를 볼 수는 없다. 부류와 부류의 조직 체계에 대해 이치에 맞게 말할 수 있으면, 부류와 부류의 조직 체계는 의미적 존재를 갖는다. 가령 둥근 사각형은 의미적 존재가 없다. 둥근 사각형에 대해 말하는 것은 이치에 맞지 않기 때문이다.

의미적 대상은 원칙적으로 임의로 확장될 수 있기 때문에, 윌리엄 오브 오컴(1290-1349)과 같은 철학자는 의미적 대상이 필요 이상으로 늘어나서는 안 된다고 생각하며 다음과 같이 말한다. "실체가 필요 이상으로 늘어나서는 안 된다."

5. 보편 개념의 존재, 가상적 사물의 존재, 그리고 무의 존재

보편 개념의 존재

의미적 존재 개념은 우리로 하여금 소위 보편 개념의 문제에 대해 생각해 보게 한다. 아리스토텔레스는 보편적인 것을 "여러 가지 사물을 상대로 진술할 수 있는 성질의 것"으로 규정한다.[148] 일반적인 이름의 의미는 보편적인데, 여러 가지 개별 사물을 상대로 진술할 수 있기 때문이다. 가령 여러 개별 인간을 대상으로 일반적인 이름 '인간'의 의미를 말한다. 소크라테스는 인간이다, 플라톤은 인간이다, 아리스토텔레스는 인간이다 등. 일반적인 이름에 속하는 것은 인간·집과 같은 명사뿐이 아니다. 형용사도 성격이나 관계를 칭하는 경우에 일반적인 이름에 속한다. 가령 이렇게 말할 수 있다. 소크라테스는 키가 이러하고 플라톤보다 나이가 많으며, 플라톤은 키가 저러하고 아리스토텔레스보다 나이가 많으며, 아리스토텔레스는 키가 이러하고 제자 테오프라스토스보다 나이가 많다. 여러 사람을 대상으로 '큰' 또는 '더 늙은'과 같은 단어를 말한다. 문장 속에 쓰이는 단어는 대부분 보편 개념이다. 보편 개념의 문제는 "이러한 공통성이 어떤 방식으로 존재하는가"에 대한 물음이다. 포르피리오스(232-305)는 아리스토텔레스의 **《범주론》** '입문'(268년 이후)에서 가능한 선택을 이렇게 표현한다.

"종(種)과 유(類)는 실재적으로 존재하거나 단지 생각 속에만 있는데, 만일 실재라면 물체를 가지고 있거나 또는 비물체적이다. 더 나아가서 종과 유는 물체로부터 분리되어 있거나 물체 속에 내재되어, 물체에 종속되어 있다. 나는 이런 문제에 대해 언급하지 않겠다. 그러한 작업은 철저하고 방대한 연구가 필요하기 때문이다."[149]

우리는 문제를 깊이 다루지 않겠지만, '작은' 연구에서 이 문제에 대해서 한 마디 언급하고자 한다. 종과 유는 부류이다. 이때 유는 상위 개념이며, 종은 하위 개념이다. 예를 들어 "인간 생명체이다"라는 진술에서 일반적인 이름 '인간'은 종 또는 하위 부류를 가리키고, 일반적인 이름 '생명체'는 유 또는 상위 부류를 가리킨다.

포르피리오스는 보편 개념의 존재 방식에 관해서 두 가지 다른 가능성을 구분한다. 첫번째 것을 (a)보편성 실재론이라 하는데, 아리스토텔레스와 플라톤에 의해서 대표된다. 이 견해에 따르면 종과 유는 명백히 비물체적이지만 실재적으로 존재한다. 두번째 것을 (b)보편성 개념론이라고 한다. 이는 근대에 특히 존 로크(1632-1704)에 의해서 대표된다. 보편성 개념론에 따르면 종과 유는 단지 우리의 정신, 즉 생각 또는 개념 속에만 존재한다.

포르피리오스는 세번째 가능성, (c)보편성 명목론을 언급하지 않는다. 보편성 명목론에 따르면 개념론의 주장처럼 개별 물체만이 실재적으로 존재한다. 그러나 개념론과 달리 명목론의 경우 종과 유는 이름 속에 존재한다는 것이다. 이름을 단지 '음 또는 문자 형상'으로만 이해하면, 보편 개념은 단지 '음성의 숨결'로만 존재할 것이다. 이 입장은 매우 극단적이기 때문에 동일성의 원칙과 비모순성의 원칙을 부정하는 경우처럼(75-77쪽 참조) 이러한 입장을 대표하는 사람이 과연 있을지 의심스럽다. 명목론자에 따르면 일반적인 이름인 '명목론자' 조차도 '음성의 숨결'에 불과할 것이다. 그렇다면 명목론자의 목소리는 명목론의 이름을 단지 '내쉬기'만 할 뿐, 다른 사람 또는 자기 자신에게도 이해시키지 못할 것이다.

실제로 명목론이란 이름으로 역사에 등장하는 철학자들 가운데 몇 사람, 예를 들면 오컴(131쪽 참조)은 개념론으로 돌아선다. 반대로 명목론자로 간주되는 콰인은 적어도 유익한 신화의 의미에서 추상적인 대상의 존재를 가정한다. 콰인은 그 이유를 이렇게 표현한다. "추상적인 대상이 없으면 학문은 절망적으로 불구가 될 것이다."[150] 부류가 추상적인 대상에 속한다.

위의 구분에 나타난 첫번째 가능성, 즉 (a)실재론의 경우에 포르피리오스는 다시 두 가지 가능성을 구분한다. (a')종과 유는 물체로부터 분리되어 있거나, (a")물체 속에 내재되어 물체에 종속되어 있다. 이 가운데 전자가 플라톤적인 보편성 실재론이고, 후자가 아리스토텔레스적인 보편성 실재론이다. 따라서 우리는 (a) 보편성 실재론, (b) 보편성 개념론과 (c) 보편성 명목론을 구분하고, 실재론을 다시 (a') 플라톤적인 모델과 (a") 아리스토텔레스적인 모델로 나눈다.

(a') 플라톤적 해석에 따르면 "우리는 같은 이름을 붙이는 수많은 개별 물체에 대해서 이데아를 상정하는 습관이 있다."[151] 이데아 또는 이념은 플라톤이 사용한 용어로, 오늘날 우리가 보편 개념 또는 부류라고 부르는 것에 해당한다. 플라톤의 이념은 독립적인 본질 또는 실체로 존재하며, 우리는 이러한 본질 또는 실체에 대해서 진술한다. 플라톤의 이념은 "생겨나지도 없어지지도 않으며" 항상 동일하고, "보이지 않고, 그밖의 감각으로 인지할 수 없으며" 또 "사고를 그 대상으로 갖는다."[152]

플라톤의 이념은 오늘날 주관적인 관념의 의미로 사용되는 이념과 같지 않다. 플라톤의 이념은 오히려 객관적인 대상이다. 보편적인 대상 '인간'은 독립적이고, 항상 동일하며 '변함 없는' 본질로서 개별 인간이 없더라도 존재한다. 이러한 본질은 육체적인 눈이나 그밖의 다른 방법으로 인지할 수 없으며, 오직 (신의) 생각에 보이도록 정해져 있다. 반면 눈에 보이는 소크라테스는 독립적이거나 항상 동일한 본질이 아니라 변화하는 현상으로, 우리의 눈이나 그밖의 방법으로 인지되는 대상이다.

플라톤은 동일한 이름을 부여할 수 있는 수많은 물체에 대한 보편 개념의 실재적 존재를 가정한다. (a") 아리스토텔레스적 모델에 따르면 플라톤의 이러한 생각은 옳다. 아리스토텔레스는 종과 유를 명확하게 구분하며, 종에 대해서 플라톤의 개념 '이데아'를 부여한다. 아리스토텔레스에 따르면 실체 또는 본질은 종의 바탕이 된다. 실체 또는 본질은 "특정인 또는 특정한 말과 같은 어느 한 주체에 대한 진술이 아니고, 어느 한 주체 속에 있지도 않다."[153] 가령 피와 살을 가진 구체적인 인간들이 '인간'이라는 종의 바탕이 된다. 즉 우리는 "인간이 소크라테스이다, 또는 소크라테스는 인간 속에 있다"라고 말하지 않고, 반대로 "소크라테스는 인간이며, 인간의 속성이 소크라테스 속에 있다"라고 말한다. 따라서 아리스토텔레스에게 종과 유는 단지 2차적인 또는 추상적인 의미의 실체이다.

플라톤과 달리 아리스토텔레스에 따르면 종과 유는 독립적인 실체가 아닌 종속적인 개념이다. "왜냐하면 실체가 일반적인 진술의 대상이라는 것은 불가능해 보이기 때문이다."[154] 첫번째 또는 구체적인 실체는 개별적인 것이며, 소위 '두번째' 또는 추상적인 실체는 일반적인 것이다.

개별 대상에 대해 진술하는 일반성은 독립적으로 존재하지 않으며, 단지 이러한 개별 대상의 성질이다. 가령 "소크라테스는 인간이다"라고 말하면, 어느 한 개인의 성질, 즉 인간 자질에 대해서 말하는 것이다. 인간 자질 또는 종은 피와 살을 가진 소크라테스와 같은 특정한 개체가 아니라 성질이다. 특정한 종은 이러한 성질을 통해 다른 종과 구분된다. 플라톤의 경우에 우리가 이념을 정신적으로 인지할 수 있는 것처럼, 아리스토텔레스의 경우에 우리는 이러한 일반적인 자질을 정신적으로 인지할 수 있다. 우리는 구체적인 소크라테스를 보고 일종의 귀납법을 통해 일반성, 즉 인간을 보게 된다. "왜냐하면 인지가 이러한 방식으로 (개별 존재 속에서) 일반성을 만들어 내기 때문이다."[155]

이와 함께 아리스토텔레스는 개념론에 접근한다. 개념론의 입장에 따르면——플라톤과 아리스토텔레스와 달리——보편 개념은 실재적으로 존재하는 것이 아니라, 단지 생각 또는 상상 속에서만 존재한다. 존 로크는 《인간 오성론》(1690)에서 이렇게 쓰고 있다. "결론적으로 종과 유의 문제는 학파 내에서 요란스럽게 다루어졌지만, 학파 밖에서는 거의 주목받지 못한다. 이러한 종과 유의 모든 비밀은 이름과 결합된 추상적·포괄적인 이념에 있다. 모든 일반적인 이름은 그러한 이념을 위해 존재한다. 그리고 일반적인 이름은 그러한 이념하에서 파악될 수 있는 것 가운데 일부분만을 담고 있다."[156]

가령 이름 '인간'은 인간이라는 이념을 위해 존재하고, 이러한 개념하에서 파악될 수 있는 것 가운데 일부분만을 담고 있다. 플라톤의 경우 이데아 또는 이념은 객관적인 것을 가리키지만, 존 로크의 이념 개념은 주관적인 것, 즉 인간 자신에 의해 만들어진 것을 의미한다. 존 로크의 경우 아리스토텔레스와 달리 보편 개념이 개체 속에 실재적으로 존재하지 않는다.

따라서 우리는 중세식의 특징 서술을 통해 간단히 이렇게 말할 수 있다. 보편 개념은 플라톤적인 실재론의 경우에는 '물체 이전에,' 아리스토텔레스의 실재론의 경우에는 '물체 속에,' 그리고 개념론의 경우에는 '물체 이후에' 존재한다.

앞서 우리는 부류가 실재적 존재를 갖지 않고 의미적 존재를 갖는다고 설명했다.(128쪽 참조) 종과 유는 각각 하위 부류와 상위 부류이다. 우리가 단어의 의미를 육체적인 눈으로 보지 못하는 것은 명백하다. 아무도 일반적인 이름 '인간'과 '생명체'의 의미를 육체의 눈으로 보지 못했다. 물체로부터 떨어진 채, 또는 물체 속에서.

하지만 지적인 직관의 존재를 출발점으로 삼기에는 너무 불확실하다.(126-127쪽 참조) 눈에 보이지 않는 정신을 상대로 이렇게 가정해 볼 수도 있을 것이다. 정신이 개별적인 것을 볼 수 있을 뿐만 아니라 일반적인 이름, 즉 언어적 상징 없이도 일반성을 볼 수 있다. 그렇지만 육체 없는 정신의 존재에 대한 가정은 지적인 통찰의 존재에 대한 생각보다 더 불확실하다. 그런데 지적인 직관이 존재하고, 보편 개념이 독립적으로 존재한다고 하더라도 여전히 해결되지 않은 문제가 남아 있다. 과연 우리는 이러한 보편 개념과 감각 현상과의 관계를 어떻게 생각해야 할까?

플라톤은 이에 대해서 여러 가지 비유를 든다. 가령 이념에서 감각 현상이 차지하는 몫으로 비유하거나 감각 현상 속에다 이념을 모사한다는 비유가 그것이다. 이념에 대한 감각 현상의 몫으로 비유하는 것은 이념이 감각 현상과 분리되어 따로 존재하다는 것을 말한다. 반대로 모사의 비유는 이념이 감각 현상 속에 들어 있다는 것을 가리킨다. 분리되어 있는 이념이 감각 현상 속에 들어 있다면, 하나의 이념이 "수없이 많은 현상의 영역 속에서 흩어져 있거나, 스스로 동일한 단위로서의 자신으로부터 분리되어 있다"는 뜻이며, "하나의 이념이 하나의 감각 현상 속에서, 그리고 동시에 많은 감각 현상 속에서 나타난다"[157]는 말이다. 그렇다면 이념과 감각 현상의 관계는 모순에 빠진다. 플라톤은 《티마이오스》에서 감각 현상이 "표현하기 어려운, 그러나 놀라운 방식으로 이념을 모사한다"고 하면서 "이에 대해서 후에 설명한다"[158]고 말한다. 그런데 유감스럽게도 플라톤은 후일 이러한 문제에 대해서 자세히 설명하지 않는다.

반대로 아리스토텔레스의 입장은 우리의 현실 이해와 가깝다. 아리스토텔레스는 보편 개념이 독립적으로 존재하는 것이 아니라, 개별 사물에 종속되어 있다고 인식한다. 감각 현상과 이념 사이의 '표현하기 어려운' 관계는 개별 사물에 대한 보편성 서술 관계이다. 이로써 아리스토텔레스는 개별 사물로부터 보편성의 분리를 막는다. 왜냐하면 보편 개념은 개별 사물 속에 존재하는데, 개별 사물로부터 일반적인 진술이 이루어지기 때문이다. 물론 아리스토텔레스가 보편성의 인지를 가정한다면 지적인 직관을 전제한다.

더 나아가서 아리스토텔레스의 입장도 모순에 빠진다. 아리스토텔레스는 플라톤과 반대적인 입장이다. 만일 보편성이 개별 사물 속에 존재한다면 보편성이 개별화되거나 개별적인 것이 되고, 따라서 보편성은 일반적인 이름을 통해 파악될 수 없다. 즉 '인간 자질'은 소크라테스·플라톤·아리스토텔레스 등의 개별 인간 속에 개별화된 성질로 나타난다. 그렇다면 제기되는 문제는 "어떻게 개별화된 보편성이 일반적일 수 있을까" 하는 것이다. 즉 어떻게 개별화된 보편성이 소크라테스·플라톤·아리스토텔레스 등의 다른 인간들에게 공통적이며, 시대와 공간을 넘어서 확산될 수 있을까? 아리스토텔레스는 보편 개념이 우리의 정신적인 추상화의 도움으로 일반성을 갖는다고 봄으로써 그러한 문제를 해결한 듯하다. 하지만 이로써 아리스토텔레스도 개념론의 근본적인 어려움에 봉착하게 된다.

개념론의 입장에 따르면, 종과 유는 단지 인간의 정신 속에 생각 또는 개념으로만 존재한다. 그렇다면 이것은 이념 또는 표상일 것이다. 그런데 이념 또는 표상은 개인 정신의 부분으로 일반적이지 않고, 개인적이며 주관적이다.(38쪽 참조) 보편 개념이 주관적이라면 프레게의 말대로 '많은 사람의 공동 재산'이 아니다.[159] "인간은 생명체이다"라는 명제를 참으로 간주한다면, 우리는 존재 일반화의 법칙에 따라 그러한 부류가 존재한다고 생각한다.(110쪽 참조) 즉 우리는 그러한 부류에 대해서 상상할 뿐만 아니라 인간 부류가 존재한다는 것을 전제로 한다. 따라서 우리는 참 명제를 통해서 우리의 정신 밖에 놓인 대상과 연관된다.

"인간은 생명체이다"라고 말할 때, 우리는 단지 이름이 음성 형상 또는 '숨결'의 의미로 존재한다는 것을 뜻하지 않는다. 우리는 그러한 참 명제와 함께 정신 밖에 놓인 대상과 언어적 표현 밖에 놓인 대상, 즉 인간 부류를 생각한다. "인간은 생명체이다"라는 진술에서

'인간 부류'라는 이름이 존재한다고 생각하는 것이 아니라 인간 부류가 존재한다고 생각한다. 그렇다면 일반적인 이름 '인간'은 명목론자가 극단적인 표현을 써서 주장하듯이 수많은 개별 인간에 대한 '우리 음성의 숨결'에 지나지 않은 것이 아니다.

실재론도 개념론도 그리고 극단적인 명목론도 종과 유가 존재하는 방식에 대한 포르피리오스의 질문에 대해 만족스럽게 대답하지 못한다. 실재론의 주장은 너무 지나치고, 개념론과 극단적인 명목론의 주장은 너무 빈약하다.

하지만 종과 유가 의미적으로만 존재한다면, 보편 개념은 실재·생각 또는 이름으로서 존재하는 것이 아니라 이름의 의미로서 존재한다. 우리는 이러한 입장을 실재적 플라톤주의와 구분하여 의미적 플라톤주의라고 부른다. 의미적 플라톤주의에 따르면 보편 개념은 실재적 플라톤주의에서 주장하듯이 "눈에 보이지 않고, 그 어떤 방법으로도 인지되지 않으며"[160] 객관적이고, 감각 현상과는 다른 방식이다. 그렇지만 보편 개념이 "생겨나지도 없어지지도 않는"[161] 것이 아니며, 인간에 의해서 창조된다는 점에서 실재적 플라톤주의와 다르다. 비로소 인간이 일반적인 이름에 대해 의미를 부여하며, 인간은 이러한 의미를 발화의 연관 대상으로 삼는다.

이로써 "한 단어의 간접적인 의미가 그 단어의 일상적인 의미이다"[162]라는 프레게의 말은 명제뿐만 아니라 보편 개념에도 적용된다.(128-130쪽 참조) 우리는 이것을 일반적인 이름의 의미 대상화라고 부른다. 그런데 이러한 의미적 대상이 존재한다면, 보편 개념은 감각 현상과는 달리 감각적으로 경험할 수 있는 존재를 갖지 않으며, 단지 의미적 존재를 지닌다. 의미적 대상이 인간으로부터 독립적이라는 뜻에서, 즉 강한 의미로 의미적 대상의 객관적인 존재를 말하는 것이 아니라, 우리가 의미적 대상의 동일성을 상호 주관적으로 전제한다는 뜻에서, 즉 약한 의미로 의미적 대상이 객관적이라는 뜻이다.

의미적 플라톤주의는 아리스토텔레스와 같이 개별 존재 사이의 유사성을 추상화함으로써 동일한 의미를 획득한다고 생각한다. 즉 많은 개별 인간들 사이의 공통적인 특성을 추상화함으로써 일반적인 이름 '인간'을 얻는다.

의미적 플라톤주의는 개념론과 같이 보편 개념은 인간에 의해서 만들어진다고 가정한다. 즉 정신적인 추상화 작업을 통해 인간이라는 이름의 공통적인 의미가 창조되는데, 우리는 이러한 공통적인 의미를 발화의 대상으로 삼는다.

의미적 플라톤주의는 명목론과 같이 현실 세계에는 개별적인 것만 존재하고, 보편성은 일반적인 이름 속에 놓여 있다고 가정한다. 그러나 극단적인 명목론과 달리 보편성은 사람마다 각기 다른 음성 또는 글자 형상으로서의 일반적인 이름 속에 존재하는 것이 아니라, 이러한 이름의 의미 속에 존재한다.

의미적 플라톤주의는 플라톤주의와 아리스토텔레스주의, 개념론 그리고 명목론의 관점을 통합하려고 시도한다. 이때 보편 개념의 실재를 요구하지 않으며, 보편 개념의 상호 주관적인 동일성을 부정하지 않는다. 일반적인 이름의 의미가 연관 대상으로 되면 우리는 이러한 생각에 도달할 수 있다. 즉 일반적인 이름의 의미가 직접적으로 인지되거나 '보일' 것이라는 생각을 할 수 있다. 하지만 "인간은 생명체이다"라는 명제에서 보이는 것은 물리적인 사람이 아니라, 단지 한 인간 또는 한 유사 인간이다. 따라서 의미적 플라톤주의는 '유사 플라톤주의'이며, 보편 개념의 관찰은 단지 하나의 관찰 혹은 하나의 '유사 관찰'이다.

물론 우리가 의미적 플라톤주의를 '가정하는 것은 어려운' 일이며, 플라톤의 이복형제인 글라우콘이 실재적 플라톤주의에 대해서 말하듯이, 우리가 의미적 플라톤주의를 '가정하지 않는 것도 어려운' 일이다.[163] 의미적 플라톤주의를 가정하는 것이 어려운 이유는 의미적 대상과 같이 근거가 희박한 형상의 동일성을 입증할 만한 엄밀한 기준이 없기 때문이다. 누구보다도 콰인이 이 점을 강조했다.[164] 가령 어떤 개인이 오늘도 어제와 다름없고, 그 자신의 동일성을 지문을 통해 입증할 수 있다는 것을 우리는 안다. 그런데 일반적인 이름 '인간'의 보이지 않는 의미가 어제 사용할 때와 오늘 사용할 때 다르지 않다는 걸 우리는 어떻게 확인할 수 있을까? "인간은 생명체이다"라고 말할 때, 우리는 한 언어 공동체 안에서 시간을 초월하여 소통이 이루어진다는 사실에 만족해야 할 것이다.

의미적 플라톤주의를 '가정하지 않는 것도 어려운' 이유는, 학문에서 뿐만 아니라 일상적인 소통에서도 일반적인 의미적 대상과 그의 동일성을 전제하기 때문이다. 아리스토텔레스는 이러한 생각을 다음과 같이 표현하였는데, 플라톤의 생각을 계승한 듯하다. "왜냐하면 특정한 것을 가리키지 않는 것은 아무것도 가리키지 않는 것이기 때문이다. (일반적인) 이름이 아무것도 가리키지 않는다면 상호간의 대화가 중지되고, 사실상 자신과의 대화도 중지된다."[165]

가상적 사물의 존재와 무의 존재

의미적 존재 개념은 우리에게 다른 문제에 대한 접근을 허용하는데, 가령 황금 산, 날개 달린 말, 반인반마의 괴물과 같은 가상적 사물의 문제와 무(無)의 문제가 그것이다. 가상적 사물은 실제의 산, 실제의 말, 실제의 사람 등과 달리 실재적 존재를 갖지 못한다. 그러나 가상의 사물은 둥근 사각형처럼 논리적으로 불가능한 사물과는 달리 논리적으로 가능하다. 따라서 가상적 사물이 등장하는 사실 관계는 비모순성의 법칙에 어긋나지 않는다. 즉 어떤 말이 날개를 갖고 있고, 소가 말할 수 있다는 것은 논리적인 모순이 아니다. 비록 현실적으로 날개 달린 말과 말하는 소가 존재하지 않더라도 그렇다는 뜻이다. 이와 달리 사각형은 논리적으로 둥글 수 없다. 왜냐하면 둥근 사각형은 사각형이 아니기 때문이다.

있지 않은 사물의 존재론적인 상태는 무엇인가? 가상적 사물과 무는 존재하지 않는다. 가령 우리가 (a) "황금 산은 없다" 또는 (b) "무는 없다"라고 말하면 참 명제를 표현한다. 그런데 참 명제는 진술하는 대상이 존재한다는 것을 전제한다. 즉 존재하는 대상에 대해서 참인 내용을 말하는 것이다. 때문에 참 명제 (a)에서 참 명제 (a')가 유도된다. "어떤 x가 존재하며, 이 x가 황금 산인 것이 유효하다." 마찬가지로 참 명제 (b)에서 참 명제 (b')가 유도된다. "어떤 x가 존재하며, 이 x가 무인 것이 유효하다." 가상적 존재와 무의 부정에서 그 존재의 긍정이 유도된다. 이것은 모순이다. 따라서 존재하지 않는 대상의 존재론적 상태는 모순적으로 나타난다. 가상적 존재와 무는 존재하지 않으면서 존재한다.

그런데 실재적 존재와 의미적 존재를 구분하면 그러한 모순은 사라진다. 명제 (a)와 (b)에서 명제 (a')와 (b')가 파생된다. 그런데 (a)와 (b)에서는 황금 산과 무가 실재적으로 존재하는지, 아니면 의미적 존재인지 말하지 않는다. 지금까지 아무도 자연에서 황금으로 만들어진 산을 보지 못했다. 마찬가지로 아무도 글자 그대로 무를 보지 못했다. (물론 많은 사람들이 비유적의 의미로 무, 즉 아무것도 없는 것 앞에 서 있다고 말하기도 한다.) 때문에 황금 산과 무는 실재적으로 존재하지 않고, 단지 의미적으로 존재한다. 따라서 우리는 황금 산과 무에 대해서 이치에 맞게, 즉 논리적으로 모순되지 않게 말할 수 있다. 하이데거(1889-1976)는 무에 대해서도 의미 있는 진술을 할 수 있다고 믿는다. "무는 아무것도 아니다."[166]

따라서 명제 (a)와 (b)는 각각 (α)와 (β)로 변형될 수 있다. (α) "황금 산은 실재적으로 존재하지 않는다." (β) "무는 실재적으로 존재하지 않는다." (a')와 (b')는 이렇게 변형된다. (α') "어떤 x가 의미적으로 존재하며, 이 x가 황금 산인 것이 유효하다." (β') "어떤 x가 의미적으로 존재하며, 이 x가 무인 것이 유효하다." 그런데 두 가지 명제 (α) "황금 산은 실재적으로 존재하지 않는다"와 (α') "황금 산은 의미적으로 존재한다"는 모순되지 않으며, 마찬가지로 (β) "무는 실재적으로 존재하지 않는다"와 (β') "무는 의미적으로 존재한다"도 모순되지 않는다.

부정적인 존재 문장은 실재적인 연관 대상, 가령 '황금 산' 또는 '무'와 같은 존재를 부정하지만, 의미 또는 의미적인 연관 대상을 부정하지는 않는다. 표현의 의미가 오히려 연관 대상이 된다. 이런 의미에서 나는 다시 "한 단어의 간접적인 의미가 그 단어의 일상적인 의미이다"[167]라는 프레게의 말을 가상적 대상에도 적용한다. 이 때 가상적 대상은 '황금 산'과 같이 외부 세계의 대상이 아니라 표현의 의미이다. 상상은 개인적인 상태에 머무르지만, 우리가 황금 산에 대해서 공통적인 이해를 갖고 있기 때문에 '황금 산'의 의미는 우리의 상상 세계에 놓여 있는 것이 아니다. 황금 산의 경우, 우리는 황금 산에 대한 상상을 상상하는 것이 아니라 황금 산 자체를 상상한다. 표현의 의미 자체가 연관 대상이 된다면 의미 자체가 존재, 즉 의미적 존재를 갖는다. 이것은 가상적 사물에 대한 이름의 의미가 대상화된 것이다.

때문에 존재 일반화의 법칙(110쪽 참조)이 부정적인 존재 문장의 경우에 그대로 유효하지는 않다. 즉 "그것이 실재 세계 혹은 가상

세계에서 유효한가"에 대한 진술, 즉 맥락에 대한 진술이 있어야 한다. 가상적 대상에 대한 부정적인 존재 문장의 경우는 약간 달라져서, 그러한 존재 문장이 실재적 존재를 부정하지만 의미적 존재를 부정하지 않는다. 정확히 말해 부정적인 존재 문장은 오히려 묵시적으로 의미적 존재를 전제한다. 가상적 대상에 대한 부정적인 존재 문장은 묵시적으로 의미적 존재를 전제하기 때문에, 가상적 대상에 대한 부정적인 존재 문장에서 가상적 존재의 실재적 존재가 아닌 의미적 존재가 추론된다. 따라서 실재적 존재와 의미적 존재의 구분은, 있지 않은 대상에 대한 진술에서 생기는 문제를 해결할 수 있다. 가상적 대상은 추상적인 대상처럼 실재적 존재가 아닌 의미적 존재를 갖는다.

그렇다고 내가 추상적 대상과 가상적 대상의 구분을 인정하지 않는다는 뜻이 아니다. 추상적인 대상은 집합론·물리학 또는 생물학과 같은 학문에 필수적인 대신에, 호메로스의 신과 같은 가상적 대상은 고대 신화에서 받아들여지는 창작물이다. 황금 산은 아마도 그림의 동화 세계에 존재하며, 폴로니어스나 오필리아는 셰익스피어의 《햄릿》 속에 존재한다. 실재적 존재와 달리 의미적 존재는 인간에 의해서 만들어진다. 그밖에도 의미적 존재는 맥락에 종속되어 있다. 즉 존재를 설정한 작품의 틀 안에서만 의미를 갖는다. 칸토어의 집합론이든, 현대 물리학 또는 생물학이든, 그리스 신화든, 그림의 동화이든, 아니면 셰익스피어의 《햄릿》이든 상관 없이 그렇다는 뜻이다. 추상적 대상과 가상적 대상의 근본적인 차이는 존재하는 맥락이 다르다는 사실이다. 숫자, 자연적인 종, 호메로스의 신, 황금 산, 그리고 폴로니어스와 오필리아는 기능과 내용면에서 아주 다르다. 이들은 단지 의미적 존재를 갖는다. 실재적 존재도 어느 정도 맥락에 종속되어 있다. 즉 실재적 존재는 인간이라는 생물학적 종 특유의 경험에 종속되어 있다. 그렇지만 실재적 존재는 이러한 경험 안에서는 앞서 언급한 맥락에 종속되지 않는다. 인간이라는 생물학적 종 특유의 경험적 맥락과 경험 내에서 특수한 맥락을 구분한다면, 우리는 간단히 실재적 존재가 맥락으로부터 독립적이고, 의미적 존재가 맥락에 종속적이라고 말할 수 있다.

'존재' 개념에 대한 설명은 "무엇이 존재하는가? 내지 어떤 사실이 그런 경우인가?"라는 질문에 대해서 다음과 같이 대답한다. 실재적 사실과 의미적 사실이 존재한다. 실재적 사실은 물리적인 성질을 띠거나, 심리적인 성질을 띠기 때문에 이렇게 말할 수도 있다. 물리적 사실, 심리적 사실, 그리고 의미적 사실이 존재한다. 포퍼의 표현을 빌리면 이러한 세 가지 종류의 사실 구분을 세 가지 세계의 존재라고 부를 수도 있다.[168] 물리적 세계는 물리적 사실의 총체이고, 심리적 세계는 심리적 사실의 총체이며, 의미적 세계는 의미적 사실의 총체이다.

이때 보다 근본적인 것은 실재적 세계와 의미적 세계의 구분이다. 이러한 구분에서 전제가 되는 '존재' 개념은 물론 실재적 세계에 속하지 않는다. 존재 개념을 이해하기 위한 외적인 경험도 내적인 경험도 존재하지 않는다. 칸트가 말한 것처럼 존재는 "명백히 실재적 개념"[169]이 아니다. 마찬가지로 무도 실재적 개념이 아니다. 존재 개념과 무 개념은 의미적 세계에 속한다.

VI

선

1. 도덕적 선과 도덕 외적인 선

존재하는 것 가운데 몇 가지는 그것이 좋은 것이라는 특징을 지닌다. 그런데 무엇이 좋은가? 플라톤과 아리스토텔레스로 거슬러 올라가는 고전적인 정의에 따르면 "좋은 것은 모든 존재가 추구하는 것이다."[170] 모든 존재가 좋은 것을 추구한다면 모든 인간도 좋은 것을 추구한다. 따라서 우리는 고전적인 정의를 이렇게 변형시킬 수 있다. 좋은 것은 모든 인간이 추구하는 것이다.

그런데 이러한 정의에서 또다시 다음과 같은 질문이 제기된다. 모든 사람이 추구하는 것이 좋은 것일까? 우리는 이 질문에 대해 부정적인 대답을 할 것이다. 모든 사람이 추구하는 것이 항상 좋은 것은 아니다. 가령 모두가 욕구를 채우려고 한다. 그렇다면 욕구는 좋은 것인가? 이러한 질문에 대해 긍정적으로 대답할 수 없을 것이다. 왜냐하면 가학주의자의 욕구와 같이 명백히 나쁜 욕구도 있기 때문이다 '좋음'의 개념은 고전적인 정의를 통해 표현되지 않는 추가적인 의미를 포함하고 있다. '좋음'의 개념도 명시적인 정의를 넘어서 '추가적'이다. 이미 진리와 존재 개념에 대해서 이야기한 내용이 '좋음'의 개념에도 적용된다. '좋음'의 개념은 명시적이 아니라 함축적으로 정의될 수 있다. 다르게 말하면 '좋음'의 개념을 설명할 수 있을 뿐이라는 뜻이다. '좋음'의 개념을 설명한다는 것은 '좋음'의 개념에 대해서 대략적으로 알고 있는 내용을 분명하게 인식시키는 일이다.

이 개념을 설명하는 경우에도 언어 분석에서 시작할 것을 권한다. '옳은' '있다/~이다'의 표현처럼 '좋은'이라는 표현도 여러 가지 의미를 가진다. "좋은 것은 모든 존재가 추구하는 것이다"라는 고전적인 정의에서는 이러한 여러 가지 의미가 구분되지 않는다. "한 잔의 포도주는 좋다"라는 말과 "의지 또는 의도가 좋다"라는 말은 똑같지 않다. 첫번째 경우에는 한 잔의 포도주가 어떠한 목적의 수단으로서 좋다는 뜻이다. 즉 건강이나 여흥에 좋다는 말이다. 두번째 경우는 의지 또는 의도 자체가 좋다는 뜻이다. 첫번째 경우에는 '좋은'이라는 표현에 상대적 또는 도구적 의미가, 두번째 경우에는 절대적 또는 도덕적 의미가 부여된다. 여기서 우리는 단순히 도구적 또는 상대적으로 좋은 것에 대해 다루려는 것이 아니라, 자체 또는 도덕적인 측면에서 좋은 것, 즉 도덕적 선에 대해 이야기하려고 한다. 우리는 이러한 문제를 연구하는 학문을 윤리학이라 일컫는다.

《윤리학 원리》(1903)에 나오는 조지 에드워드 무어(1873-1958)의 정의에 따르면, 윤리학은 '선에 대한 일반적인 연구'[171]이다. 여기서는 도덕적인 선에 국한하기 때문에 우리 목적상 다음과 같이 정의할 수 있다. 윤리학은 도덕적인 선에 대한 일반적인 연구이다. 도덕이란 윤리 이론에 상응하는 실천적인 태도를 가리킨다.

우리는 무엇이 도덕적으로 좋은지 감지하거나 말할 수 있다. 선에 대해서 이야기할 때, 우리는 서술적인 성격의 문장이 아닌 평가적인 성격의 문장을 통해서 말한다. 우리는 인간과 인간의 성질이 좋거나 나쁘다고, 행동이 옳거나 그르다고 판단한다. 윤리학은 무엇이 좋고 옳은가를 연구할 뿐만 아니라 무엇이 나쁘고 그른가 하는 문제도 연구한다. 좋은 것은 마땅히 행해야 하고, 나쁜 것은 피해야 할 것이다. 좋거나 옳은 일이 아닌 것 혹은 나쁘거나 그른 일이 아닌 것, 즉 중간적인 일은 행하거나 피할 수 있다. 때문에 도덕적인 언어는 평가적인 진술뿐만 아니라 촉구·허용 또는 금지의 진술을 포함하고 있다. 도덕적인 언어에서 촉구 또는 금지의 성격을 지닌 진술이 특히 중요하다. 우리는 이러한 진술을 규범적 진술이라고 부른다.

이러한 평가적인 또는 규범적인 진술에 대한 연구 자체가 평가적인 또는 규범적인 윤리학인 것은 아니다. 그러한 연구는 아직 무엇이 좋고 나쁜지 또는 우리가 무엇을 행하고 피해야 하는지 이야기해 주지 못한다. 평가적인 또는 규범적인 진술에 대한 연구는 "우리가 무엇이 좋거나 나쁜가 혹은 옳거나 그른가, 또는 무엇을 행하거나 피해야 하는가"에 대해서 말할 때 그 바탕이 되는 진술들에 관해서 설명하는 것이다. 때문에 우리는 이러한 연구를 메타윤리학이라고 한다. 메타윤리학은 도덕적인 언어에 대한 학문이다. 메타윤리학은 평가적인 또는 규범적인 진술에 대한 이론이며, 특히 다음과 같은 두 가지 이론을 제시한다: 인지주의(윤리 의식 긍정론)와 정서주의(윤리 의식 부정론).

2. 도덕적 선에 대한 메타윤리학

인지주의(윤리 의식 긍정론)

첫번째는 인지주의 이론이다. 인지주의 이론에 따르면, 도덕적인 진술은 우리가 어떤 인식을 표현하는 것과 똑같은 양상이다. 우리가 좋고 나쁨 또는 옳고 그름을 인식하는 것은 흰 것 또는 검은 것을 인식하는 것처럼 명백하다는 것이다. 두 가지 경우 모두 우리는 단지 눈을 떠서 보기만 하면 된다. 가령 피 흘리는 사람을 치료하는 것이 도덕적으로 옳고, 그런 사람을 그냥 죽게 내버려두는 일은 옳지 못하다는 것은 눈이 희고 역청이 검은 것처럼 명백하게 보이는 일이다.

이러한 이론은 평가적인 도덕적 언어와 일치하는 이점을 갖고 있다. 우리는 직설법 문장으로 도덕적인 성질에 대해서 표현할 뿐만 아니라("X는 좋다 또는 나쁘다, 옳다 또는 그르다"), 자연적인 성질에 대해서도 표현한다("X는 희다 또는 검다"). 그리고 우리는 사실에 대한 주장처럼 도덕적인 명제에 참 또는 거짓의 진리치를 부여한다. 이 이론은 확실한 도덕적인 가치의 실재성과 객관성을 근거로 절대적인 유효성을 주장한다. 도덕철학의 실재론은 인식 이론의 실재론처럼 건강한 인간 이성의 기본 입장이며, 끝없이 반복되는 철학이다. 플라톤·아리스토텔레스로부터 시작하여 무어에 이르기까지 수많은 철학자가 이러한 입장을 대변한다.[172] 대상의 좋고 나쁨을 인식할 수 없다고 보는 도덕철학적 회의주의와 달리 실재론적 입장은 우리가 쉽게 포기할 수 없다는 강점을 갖는다.

도덕철학적 실재론에 대한 분명한 표현은 표도르 미하일로비치 도스토예프스키(1821-1881)의 《죽음의 집의 기록》에서 찾아볼 수 있다. "세상이 시작된 이래 항상, 도처에, 그리고 어떤 법에 따르더라도 의심할 여지없이 사악한 범죄가 있으며, 인간이 존재하는 한 사악한 범죄가 계속해서 존재할 것이다. 사람마다 입장이 다르더라도 누구나 이런 나의 생각과 일치할 것이다."[173] 가령 민족 학살이 그러한 사악한 행동에 해당할 것이다. 반대로 이렇게 말할 수도 있다. 의심할 여지없이 도덕적으로 옳은 행동이 있으며, 그것은 인간이 존재하는 한 옳은 행동으로 남을 것이다. 이를테면 한 인간이 다른 인간 또는 민족을 기아로부터 구하는 것은 의심할 여지없이 옳다.

인지주의는 이처럼 도덕적인 객관론과 실재론으로 이어진다. 인지주의 입장에서는 도덕적 사실이 실재적 세계에 존재한다. 도덕적 사실은 우리에게 그렇게 비치는 것뿐만 아니라, 그 자체로도 존재한다는 의미에서 객관적이다. 가령 민족 학살은 나쁘고, 민족을 기아로부터 구하는 일은 좋은 것이다. 인지주의의 기본 가설은 이렇게 표현할 수 있다. 도덕적인 진술 내지 진술의 내용, 즉 명제는 도덕적 사실과 일치하거나 일치하지 않기 때문에 참 혹은 거짓이다.

이러한 도덕적 사실의 경우에 우리는 근본적인 사실과 파생적인 사실을 구분할 수 있다. 근본적인 또는 '공리적인' 성격의 도덕적 사실의 한 예는 〈독일연방공화국의 기본법〉에 나오는 첫 문장이다. "인간의 존엄성은 침해할 수 없다." 이같은 '공리적인' 명제에서 다른 명제들이 파생될 수 있다. 가령 모든 인간은 생명과 육체적인 건강을 누릴 권리를 가지며, 개인의 자유는 손상될 수 없다.(2.1조)

그런데 우리는 어떻게 도덕적 사실을 인식할까? 도덕적 사실의 경우는 "눈이 희다" 또는 "역청이 검다"와 같은 물리적 성질의 실재적 사실이 아니다. 그러한 물리적 사실도 따지고 보면 가설적인 성격을 갖지만, 더욱이 도덕적 자질은 눈에 보이지 않는다. 눈이 희고 역청이 검은 것은 눈으로 볼 수 있지만, 얼굴과 행동에서 도덕적 자질을 외부로부터 직접 알아볼 수는 없다. 얼굴은 친절한 빛을 띠고 있더라도 친절한 웃음 이면에 불순한 생각이 숨겨져 있을 수 있다. 감옥을 방문해 본 사람은 알겠지만 범죄자의 얼굴 모습과 '행실이 바른' 사람의 얼굴 모습은 원칙적으로 차이가 없다. 가령 피 흘리는 사람을 차에서 다른 차로 옮기는 행동이 구조 활동이 될 수도 있고, 납치가 될 수도 있다.

'좋은' '나쁜' '옳은' '그른'의 속성은 우리의 감각 기관에 전혀 영향을 주지 않거나, '흰' 또는 '검은' 같은 속성과는 다른 영향을 미친다. 마찬가지로 우리는 마이어 씨나 뮐러 부인에게서 침해할 수 없는 존엄성의 유무를 눈으로 확인할 수 없다. 우리가 이러한 도덕적 속성을 육체의 눈으로 감지할 수 없기 때문에 인지주의는 이러한 결론에 도달한다. 도덕적 성질은 단지 '정신적인 눈'으로만 볼 수 있는 '초자연적' 또는 형이상학적인 성질이다. 우리는 육체의 눈으로 피 흘리는 사람을 치료하는 게 좋은 일이란 것을 보지 못하며, 그런 사람을 방치하는 게 나쁜 일이란 것을 보지 못한다. 또 육체의 눈으로 인간이 침해할 수 없는 존엄성을 가진 것을 보지 못한다. 이런 것을 보기 위해서 우리는 '정신적인 눈'을 떠야 한다.

직접적인 정신적 관찰에 대한 가설은 수학적-기하학적 공리, 가령 "전체는 부분보다 크다"(68쪽 참조)와 같은 공리의 관찰 문제에 국한되지 않는다. 이러한 가설은 수학적-기하학적 공리의 '관찰'에서 도덕적 공리의 '관찰'로 옮겨졌다. 도덕적 사실이 눈에 보이지는 않지만 어떤 방식으로든 존재하는 듯하기 때문에 비지각적인 '관찰'에 대한 언어적 해결 가능성이 있다. 이처럼 인지주의는 직관주의로 이어진다.

이러한 '정신의 눈뜨기'가 비유적인 보조 이론이라는 사실과 관계없이, 정신적인 직관은 객관론에 대항하는 결정적인 반론을 제공한다. 대수와 기하의 공리처럼 도덕적 공리에 대해서 직관이 객관성을 가진 기준이라는 주장은 유효하지 않다. 가령 "전체가 부분보다 크다"와 같이 직관적으로 명백한 공리도 무수히 많은 양을 대입시키면 더 이상 유효하지 않게 된다.(69쪽 참조) 그리고 아리스토텔레스처럼 날카로운 눈으로도 인간이 침해할 수 없는 존엄성을 가지며, 개인의 자유는 손상받을 수 없다는 것을 '보지' 못했다. 아리스토텔레스의 눈에는 오히려 선천적으로 노예가 있었다.(88쪽 참조) 이러한 일반적인 성격의 공리를 '보기' 위해서는 역사적으로 성장하고 발달된, 즉 습득된 직관이 필요하다.

그렇지만 습득된 직관에 있어서도 애매모호한 경우가 있다. 가령 2년 전부터 혼수 상태로 있는 인간이 침해할 수 없는 존엄성을 가지고 있는가? 수학적 직관의 경우처럼 도덕적 직관도 얼핏 보기에 명백한 듯이 보인다.(71쪽 참조) 그러나 도덕적 직관은 객관주의자가 요구하는 객관성을 전혀 보장하지 못한다. 도덕적 직관은 다른 '직관들'을 통해서 수정되거나 효력을 잃기도 한다. 가령 수동적인 안락사의 경우, 또는 불치병에 걸려 참을 수 없는 고통에 시달릴 때의 적극적인 안락사의 경우가 그러하다.

이러한 직관의 객관성은 분명히 의심스럽다. 마찬가지로 '도덕적 사실' 개념에 대해서도 반론을 펼 수 있다. 도덕적 사실은 사실의 성격뿐만 아니라 규범의 성격도 갖는다. 인간의 존엄성이 침해될 수 없다는 것은 사실일 뿐만 아니라 규범, 즉 인간의 존엄성 침해를 금지하는 규범이기도 하다. 인간의 존엄성이 침해될 수 없다면 인간의 존엄성이 침해되어서는 안 된다. 살인이 도덕적으로 잘못이라면 살인을 해서는 안 된다. 도덕적인 판단이 사실 주장이라면 서술적인 명제에서 규범적인 명제가 유도된다.

그러나 서술적인 명제에서 규범적인 명제를 추론해서는 안 된다는 반론이 제기될 수도 있다. 이러한 반론은 흄의 《인성론》(1739-1740)으로 거슬러 올라가는데, 이는 존재에서 당위성의 추론이 불가하다는 흄의 법칙이다.[174] 모든 타당한 연역적 추론에서 결론이 전제의 내용을 넘어서면 안 된다. 타당한 연역적 추론은 진리 보존적이다.(47쪽 참조) 그런데 서술적인 전제에서 규범적인 결론이 유도되면 결론은 전제의 진리를 보존하지 못하고, 전제의 내용을 넘어서게 된다. 즉 결론은 전제에 포함되어 있지 않은 새로운 내용, 즉 당위성을 추가한다.

인지주의와 직관주의는 "살생은 잘못이다!" 내지 "살생하면 안 된다!"와 같이 평가적이고 규범적인 문장을 사실 주장으로 간주한다. 이러한 사실 주장은 도덕적 사실과의 일치 여부에 따라 참 또는 거짓으로 존재한다. 그런데 흄의 법칙에 따르면 이러한 사실 주장에서 규범적인 문장이 파생될 수 없다. 즉 "살생은 잘못이다!" 내지 "살생하면 안 된다!"와 같은 문장이 사실 확인이라면 "살생하면 안 된다"라는 문장은 규범적인 효력을 갖지 않고 단지 서술적인 효력을 지닌다. 그렇다면 살생을 금지하는 것은 더 이상 금지가 아니며, 금지의 확인이다. 즉 그러한 문장에서는 타당한 방식으로 규범이 파생될 수 없는 듯하다. 흄의 법칙에 따라 존재에서 당위성 파생이 타당하지 않듯이 도덕적 사실의 존재는 "완전히 상상할 수 없는"[175] 것처럼 보인다. 즉 도덕적 사실은 규범을 함축해야 하는데, 사실이 규범을 함축하는 것은 "완전히 상상할 수 없다"는 것이다. 이러한 주장과 함께 도덕적 실재론, 객관론, 그리고 인지주의의 결정적인 기반이 무너진다. 실재적 세계에 도덕적 사실이 존재하지 않은 곳에 객관적인 도덕적 사실이 존재하지 않는다. 객관적인 도덕적 사실이 존재하지 않는 곳에 객관적으로 인식될 수 있는 것이 존재하지 않는다.

정서주의(윤리 의식 부정론)

흄은 인지주의 대신에 다음과 같은 새로운 가설을 제시한다. "X가 좋다 또는 나쁘다, 옳다 또는 그르다"와 같은 도덕적 명제는 인지적인 내용을 포함하지 않으며, 단지 우리의 감정을 기술하는 데 사용된다. 가령 내가 "의도적인 살인은 잘못이다"라고 말하면, 이 명제를 통해 감각적 경험 세계의 자연적 사실이나 보이지 않는 세계의 형이상학적 사실을 말하는 것이 아니다. 나는 단지 나 자신의 내적인 것을 기술한다. 이 경우 나는 의도적인 살인에서 느끼는 혐오나 분노 같은 느낌을 기술한다. 도덕적 언어는 우리를 지속적인 착각으로 이끈다. 도덕적 언어는 실제 속성을 기술하는 것처럼 꾸민다. 그러나 단지 감정만이 실재할 뿐이다. 때문에 이러한 입장을 정서주의라고 일컫는다. 도덕적인 명제가 이같은 감정을 기술하기 때문에 우리는 이러한 정서주의를 '서술적 정서주의'라고도 부른다. 감정은 주관적인 것으로 간주되기 때문에 서술적 정서주의를 주관론이라고도 한다.

그런데 여기서 흄의 생각으로부터 한 걸음 더 나아갈 수 있다. "X가 좋다 또는 나쁘다, 옳다 또는 그르다"와 같은 명제는 서술적 형태를 지니고 있지만 서술적 기능을 가질 필요는 없다. 잘 알려진 대로 문장의 형태와 기능은 일치할 필요가 없다.(31-32쪽 참조) 도덕적 명제는 서술적 형태에도 불구하고 서술적 기능일 필요가 없으며, 대신에 표현적 기능을 가질 수 있다. 이러한 입장에 따르면 가령 "살생은 잘못이야!"라는 진술은 참 또는 거짓의 진리치를 갖지 않을 것이다. 왜냐하면 이같은 진술은 내적 또는 외적인 사실과 일치하거나 불일치하지 않기 때문이다. 그러한 진술은 오히려 표현 '살생'을 특히 분노에 찬 목소리로 말할 때와 같은 기능을 갖는다.[176] 유사한 방식으로 어머니는 아이에게 첫 도덕적 표현을 가르친다. 가령 어머니는 이렇게 말한다. "예끼, 거짓말!" 이러한 정서주의를 '표현적' 또는 '표출적' 정서주의라고도 부른다. 기술적 정서주의 내지 주관론과 달리 표출적 정서주의 이론에 따르면 도덕적 진술은 도덕적——내적——사실을 서술하지 않으며, 단지 감정을 표현한다. 물론 이를 통해 다른 사람의 감정을 일깨우거나 행동을 유도하기도 한다.[177]

그런데 정서주의 또는 주관론의 두 가지 형태에 대한 반론이 있다.

우리는 모순적인 도덕적 판단을 내릴 수 있다. 또 사실 주장에 대해서 논쟁을 할 수 있는 것처럼 도덕적 명제에 관해서도 타당한 이유를 제기하며 논쟁할 수 있다. 가령 우리는 타당한 이유를 들어 임신 중절이 부도덕하다고, 혹은 그렇지 않다고 주장할 수 있다. 도덕적인 판단이 감정의 서술 또는 감정의 표출이라면 모순적일 수 없으며, 이유를 대고 그러한 판단의 옳음에 대해서 논쟁하는 일은 아무런 의미가 없을 것이다. 여러 감정이 서로 모순적으로 생길 수 있다. 가령 한 남자가 한 여자를 사랑함과 동시에 증오하거나, 반대로 한 여자가 한 남자를 사랑함과 동시에 증오할 수 있다. 그러나 진술의 경우와는 달리 논리적인 의미에서 이러한 감정들은 서로 모순되지 않는다.

도덕적으로 중립적인 사안의 경우──가령 길거리 흡연──에 사실 주장의 언어적 형태──가령 "흡연은 잘못이다"──는 도덕적으로 타당한 사실 확인이 아니며, 단지 비흡연자의 개인적인 감정 표현이다. 물론 금연 신봉주의자에게는 그러한 진술이 도덕적 사실을 표현할 것이다. 따라서 누가 해당 진술을 하느냐는 것이 문제이다. 그런데 "민족 학살은 도덕적으로 잘못이다"라는 도덕적으로 타당한 기본 명제가 단지 감정 표현이라면, 반대 명제인 "민족 학살은 도덕적으로 올바르다"도 감정 표현일 것이다. 이 두 가지가 숨겨진 감정을 표현하는 것이므로 타당한 이유를 들어 어느것이 옳으냐를 따지는 것은 무의미하다.

그러나 도덕적 기본 명제에 대한 이러한 정서주의적 견해는 앞서 서술적 형태 및 객관적 형태에 부여된 기본 확신과 어긋난다. 뿐만 아니라 표현적인 정서주의적 견해는 도덕적 기본 명제와 결합된 일반화 요구와도 어긋난다. 우리가 어떤 행동을 도덕적으로 옳지 않다고 말한다면 일정한 견해를 표현하는 것으로, 다른 사람들도 이 견해에 따를 것을 기대한다. "살인이 도덕적으로 잘못이다"라는 말은,

"살인이 나에게는 도덕적으로 잘못이다"라는 뜻일 뿐만 아니라 "살인은 모든 사람에게 도덕적으로 잘못이다"라는 의미이다. 반대로 누군가 다음과 같이 말하는 것도 용인될 수 없다. "유산을 상속하게 될 숙모를 몰래 살해하는 것은 잘못이지만, 숙모의 죽음으로 내게 이득이 되기 때문에 나 자신을 위해서는 잘못이 아니다." 유산을 상속하게 될 숙모를 죽이는 것이 잘못이라면 그런 일은 나 자신의 경우에도 잘못이다.

이러한 일반화에 대한 요구는 특히 도덕적인 기본 명제가 사회적으로 제재를 받는 데서 뚜렷하게 나타난다. 내가 이러한 도덕적인 기본 명제를 존중하지 않으면 여러 단계의 사회적 제재 또는 징계를 받는다. 가령 감옥, 벌금, 사회적 존경의 상실, 그밖의 다른 처벌 등. 도덕적 기본 명제가 단지 개인적인 성격을 가진다면 내가 이를 존중하지 않는다고 해서 다른 사람들이 나를 처벌할 이유는 없을 것이다. 이와 달리 "살인, 오 맙소사!"와 같이 단순한 감정 표현은 이러한 사회적 제재를 가진 일반화의 힘을 갖지 않는다. 이것은 자신의 느낌에 대해서 보고하는 경우도 마찬가지이다. 왜냐하면 동일한 사실에 관해서 단순한 감정 표현 또는 느낌에 대한 보고는 상이하게 나타날 수 있기 때문이다. 나는 다른 사람들이 나와 같은 감정을 가져야 한다고 요구할 수 없으며, 나는 남들과 다른 내 감정이 남들에게 구속력을 지닌다고 주장할 수 없다. 반대로 남들도 나의 다른 감정을 처벌할 권리가 없다.

표출적·서술적 정서주의를 통해서 도덕적 기본 명제에 대한 일반화 요구의 정당성을 입증하는 것은 아주 어려운 일이다. 일반화 여부에 따라 도덕적 기본 명제는 단순한 느낌 표출, 또는 개인적인 감정에 대한 보고와 구별되기 때문이다. 하지만 결과적으로 표출적 정서주의는 비인식적·표출적·행위 유도적 기능을 부각시키는 성과를 가져왔다. 이러한 기능은 서술적 명제와 비교할 때 도덕적 기본 명제의 특징을 나타낸다. 도덕적 기본 명제는 대상을 권유하고 비난하는 데 기여한다. 따라서 도덕적 기본 명제에서 규범이 파생될 수 있으며, 이에 따라 사람들은 어떤 일을 행하거나 행하지 않는다.

따라서 메타윤리학적 이론에 대해서 두 가지 요구가 제기된다. (a) 메타윤리학적 이론은 도덕적 기본 명제와 도덕적 언어의 인식적·객관적 요소를 고려해야 한다. (b) 메타윤리학적 이론은 동시에 도덕적 기본 명제의 주관적·감정적 요소를 고려해야 한다. 도덕적 기본 명제의 주관적·감정적 요소는 권유 또는 비난에 있고, 이에 따라 도덕적 기본 명제에서 규범이 파생될 수 있다.

그러나 이러한 두 가지 요구는 모순적이며 서로 합치될 수 없는 듯하다. 도덕적 기본 명제가 인지적이며 객관적인 요소를 가진다면 일반화의 힘이 있다. 그러면 도덕적 기본 명제에서 어떠한 규범도 파생될 수 없다. 하지만 도덕적 기본 명제가 정서적이며 주관적인 요소를 갖는다면 도덕적 명제에서 규범이 파생될 수 있다. 그런데 도덕적 기본 명제는 일반화의 힘이 있고 서술적인가?

제도주의

이러한 모순을 해결하기 위해서 "피 흘리는 사람을 치료하는 것이 옳은 일이며, 그런 사람을 방치하는 것은 옳지 않은 일이다"와 같은 도덕적 기본 명제를 제도적 사실로 이해한다. 이에 따르면 도덕적 사실은 인지주의의 설명처럼 물리적 세계, 또는 눈에 보이지 않는 형이상학적 세계에 스스로 존재하는 사실이 아니다. 도덕적 사실은 서술적 정서주의가 주장하듯이 단순히 주관적·심리적 사실도 아니다. 그렇다고 해서 도덕적 사실이 비존재적이지도 않다. 도덕적 사실은 분명 존재하나 제도적 성격을 띤다. 따라서 도덕은 단순히 주관적이거나 객관적이지 않으며 본질적으로 사회적인 것, 즉 인간에 의해서 만들어진 제도이다. 도덕적 제도, 가령 살인 금지는 나의 인정 여부와 관계 없이 존재한다. 이런 의미에서 도덕적 제도는 주관적이지 않고 객관적이다. 그러나 도덕적 제도가 언어 공동체에 의해서 형성되기 때문에, 언어 공동체로부터 독립적으로 존재한다는 강한 의미에서 객관적인 것은 아니다. 도덕적 제도는 상호 주관적이라는 뜻에서 객관적이다. 도덕적 제도는 여러 사람들 사이에서 유효하며, 도덕적 기본 명제는 모든 사람에게 유효하다. 왜냐하면 도덕적 기본 명제는 모든 사람에게 중요하기 때문이다. (우리는 여기서 예외적인 경우에 대한 논쟁을 피하기 위해서 살인 금지 같은 일반적인 도덕적 기본 명제를 취급하고자 한다. 따라서 정당 방위, 전쟁중의 살인, 사형, 자살, 수동적 또는 적극적 안락사 등의 예외적인 경우는 논하지 않는다.)

제도적 사실의 개념은 설의 저서인 《화행》에 제시되어 있다.[178] 제도적 사실은 객관적이며, 단순한 감정 표현이 아니다. 그렇지만 제도적 사실을 실재적 사실로 환원시킬 수 없다. 가령 다음과 같은 예가 제도적 사실에 해당한다. "뮐러 부인이 마이어 씨와 결혼한다. 다저스가 11회 공격에서 자이언츠를 3 대 2로 이겼다. 그린 씨가 절도죄로 유죄 판결을 받았다. 의회는 위원회가 제출한 회계를 승인했다."[179] 실재적 사실, 즉 물리적 또는 심리적 사실과 달리 제도적 사실은 구성 규칙을 근거로 생겨난다. 이러한 규칙은 "X가 사회 G의 맥락에서 Y로 간주된다"라는 구조를 갖는다. 이러한 규칙은 X를 Y로서 구성하기 때문에 '구성적'이라고 불린다. 이러한 규칙은 X를 사회 G의 맥락에서 Y로서 구성하기 때문에 의미적 규칙이기도 하다. 이 규칙은 언어 공동체 SG의 맥락에서 X에게 Y라는 특정 의미를 부여한다. 언어 공동체 SG에서 실제 물리적인 행동 X에게 의미 Y가 부여된다. 예를 들어 결혼, 승리, 절도, 승인의 의미 등. 제도적 사실은 이처럼 특정한 방식으로 해석되는 실재적 사실이다. 제도적 사실에서는 실재적 사실과 의미적 사실이 결합된다. 그런데 이러한 결합을 통해 제도적 사실이 규범적 성격을 띤다. 가령 뮐러 부인은 마이어 씨와의 결혼을 통해 마이어 씨에 대한 일정한 의무를 받아들이고, 반대로 마이어 씨도 뮐러 부인을 상대로 일정한 의무를 받아들인다.

우리가 Y에 대해서 규범적 개념 또는 가치 개념, 즉 규범적 또는 가치 평가적 표현의 의미를 부여한다면, 그러한 제도적 사실은 규범 또는 가치를 포함할 수 있다. 도덕적 성격의 규범적 사실에 속하는 것으로 도덕적 기본 사실을 들 수 있는데, 가령 피 흘리는 사람을 치료하는 것이 도덕적으로 옳고, 반대로 그런 사람을 내버려두는 일은 잘못이라는 것, 또는 민족 학살은 도덕적으로 잘못이고 민족을 기아로부터 구원하는 게 도덕적으로 옳다는 것이 여기에 해당한다.[180] 특정한 물리적 행동(또는 행동 중단) X——가령 피 흘리는 사람 치료 또는 방치, 민족 학살 또는 식량 원조——는 구성적 규칙에 따라 Y, 즉 도덕적으로 잘못된 행동 또는 올바른 행동으로 규정된다. 물리적인 행동 X는 물리적 사실을 나타내기 때문에 물리적 사실이 구성 규칙을 통해 제도적 사실로 성립된다고 말할 수 있다.

마이어 씨가 뮐러 부인을 질투하는 것과 같은 심리적 사실도 제도적 사실이 될 수 있다. 왜냐하면 질투가 일반적으로 부정적인 것 또는 '악습'으로 간주되기 때문이다. 때문에 이를 통해 질투하지 말라는 규범이 파생될 수 있다. 반대로 질투로부터의 자유는 원칙적으로 긍정적인 것 또는 '미덕'으로 간주된다. 따라서 이를 통해 관대한 마음을 가져야 한다는 규범이 파생될 수 있다. 그런데 '미덕'과 '악습'은 외부에서 직접적으로 볼 수 없는 내적인 태도이기 때문에 사회적인 제재 또한 분명하지 않다. 살인 욕구와 같은 범행에 대한 생각이 표현되거나 범행으로 이어질 수 있는 준비가 알려지면 제재를 받게 된다. 마찬가지로 질투와 관대함, 시기심과 너그러운 마음도 눈에 보이는 형태로 나타나면 부정적 또는 긍정적으로 평가된다. 그렇게 되면 내적인 의식 사실이 다른 사람에게 외적인 반응을 불러일으키게 된다.

의미적 사실도 제도적 사실이 될 수 있다. 개별적인 살인 문제에서 벗어나 추상적인 명제를 세우는 경우, 즉 "살인은 도덕적으로 잘못이다"라고 진술하는 경우 의미적 사실이 제도적 사실로 된다. 위의 명제에서 우리는 개별 살인을 가리키는 것이 아니며, "살인은 도덕적으로 잘못이다"라는 진술의 의미를 가리킨다. 따라서 이 진술의 의미 자체가 연관 대상이 된다. 마찬가지로 기본법 제1조 "인간의 존엄성은 침해할 수 없다"도 의미적 성격의 제도적 사실이다. 이 제도적 사실은 개인인 마이어 씨 또는 뮐러 부인의 침해할 수 없는 존엄성을 가리키는 것이 아니며, 추상적인 의미의 인간 존엄성을 가리킨다. 그런데 이러한 제도적 사실에서 "인간의 존엄성이 침해되어서는 안 된다"라는 규범이 파생될 수 있다. 그 이유는 이미 규범이 그 안에 들어 있기 때문이다. 기본법의 "인간의 존엄성은 침해할 수 없다"는 문장은, 바로 "인간의 존엄성이 침해되어서는 안 된다"는 것을 의미한다. 낱말 '있다/~이다(혹은 없다/아니다)'는 규범적인 맥락에서 서술적인 형태에도 불구하고 규범적인 기능을 갖는다.[181]

세 가지 세계, 즉 물리적·심리적 그리고 의미적 세계의 사실이 규범과 가치 개념을 포함하고 있는 경우에 이러한 사실은 제도적 사실이 될 수 있다. 따라서 이러한 세 종류의 사실에 규범적, 가치 평가적, 제도적인 해석이 추가된다. 이러한 규범과 가치 개념이 도덕적인 성격을 가진다면 제도적 사실은 그러한 도덕적 성격을 띤다. 그런데 도덕적 사실이 제도적 성격이라면 우리는 도덕적 사실의 존재를 주장할 수 있다. 이것은 존재에서 당위성의 파생 불가를 주장하는 흄의 법칙에 위배되지 않는다. 왜냐하면 제도적 사실에는 이미 가치와 규범이 포함되어 있기 때문이다.

도덕적 사실에 대한 제도적인 이해를 통해 우리는 어떤 의미에서 도덕적 사실이 객관적이며 동시에 일반화의 힘을 가지고 있는지 설명할 수 있다. 도덕적 사실은 사실로서 객관적이며, 모든 사람에게 유효하다. 여기서 객관성은 약한 의미의 객관성, 즉 상호 주관성 또는 언어 공동체 SG의 맥락 속에서의 객관성을 의미한다. 오늘날 언어 공동체는 거의 모든 국가의 공식 언어를 포괄하며, 도덕적 기본 사실은 인권 협약 속에 명문화되어 있다. (앞서 언급한 예외적인 경우를 제외하고) 어느 국가 또는 어느 개인도 민족 학살 내지 살인이 도덕적으로 허용된다는 주장을 펴지 않을 것이다. 오늘날 언어 공동체 SG는 거의 인류의 사회 전체를 포괄한다.

한편 이러한 제도적 해석은 어떤 의미에서 도덕적 기본 사실이 주관적인 요소를 가지고 있으며, 도덕적 기본 사실에서 규범이 파생될 수 있는지 설명해 줄 수 있다. 도덕적 기본 사실은 특정한 언어 공동체에 의해서 구성 규칙에 따라 만들어진다는 의미에서 주관적인 요소를 가지고 있다. 더 나아가서 도덕적 기본 사실에서 규범이 파생될 수 있는데, 이는 이미 그 속에 규범이 포함되어 있기 때문이다. 따라서 피 흘리는 사람을 치료하는 것이 도덕적으로 옳고, 그런 사람을 방치하는 것은 잘못이라는 제도적 사실에서 다음과 같은 규범이 파생될 수 있다. 피 흘리는 사람을 치료해야 하고, 그런 사람을 방치해서는 안 된다.

도덕적 사실에 대한 제도적 견해는 어떤 의미에서 도덕적 사실이 인간에 의해서 만들어지고, 또 인간에게 제재를 가하는지 설명해 준다. 도덕적 사실은 분명히 인간에 의해서 만들어졌다. 그러한 제도적 사실 속에는 이미 규범이 포함되어 있으며, 그러한 규범을 따르지 않는 것은 제재를 불러 온다. 제재는 법적으로 제도화된 도덕적 사실의 경우 특히 분명하게 나타난다. 제재의 뒤에는 물리적 힘을 법적으로 보장받은 국가가 존재한다. 가령 앞서 언급한 예외의 경우가 아니라면 살인 금지는 법적으로 규정되어 있다. 이 규정을 따르지 않으면 여러 단계의 제재를 불러 온다. 즉 살인, (고의성 없는) 살해, 의도적 치사 또는 과실 치사에 따라 벌금, 금고, 또는 몇몇 국가에서처럼 사형이 부과된다.

그러나 도덕적 성격의 모든 제도적 사실이 법적으로 제재를 받는 것은 아니다. 그리고 법으로 제재받는 모든 제도적 사실이 도덕적 성격을 지닌 것도 아니다. 가령 정신 장애나 병이 든 사람을 살해하라는 법은 히틀러의 비밀 전권 위임에 따라 효력이 발생한 법으로 도덕적인 성격을 띠지 않는다. 민족사회주의 시절에 그런 범행을 자행한 사람은 법에 저촉되지 않았다. 하지만 그런 범행을 자행한 사람은 대부분의 사람들로부터 멸시를 받았으며, 민족사회주의 시대가 끝난 후 법에 의해서 체포되는 처지에 놓였다. 국가로부터 제재를 받지 않거나 제한적으로 제재를 받는 도덕적 성격의 사실에 대해서는 사람들이 제재를 가한다. 가령 다른 사람에게 친절하고 도와 주는 태도를 지녀야 한다는 사실의 경우 친절하고 협력적인 사람은 칭찬을 받고, 불친절하고 비협력적인 사람은 비난을 받는다. 이런 경우에 제재는 국가적인 성격이 아닌 사회적인 성격을 가지고 있다. 사람들의 부정적 또는 긍정적인 태도, 즉 칭찬 또는 비난, 인정 혹은 거부, 권장 또는 억제 등의 형태 속에 이러한 제재가 나타난다.

도덕적 사실에 대한 제도적 견해에 따르면 도덕적 사실은 내 자신의 이익 추구를 넘어선 행동을 나에게 요구한다. 도덕의 요구는 사회적 제도로서 내가 원하는 바와 항상 일치하는 것은 아니다. 나는 가끔 '도덕적'이고 싶지 않다. 사회적 제도로서의 도덕은 신 또는 형이상학 내지 초감각적인 기관이 내게 원하는 그 어떤 것이 아니다. 이런 입장은 신이나 그런 기관이 존재한다는 것을 전제로 한다. 도덕은 오히려 근본적으로 인간 사회가 내게 원하는 것이다. 사회적 제도로서의 도덕 이면에는 나의 바람이 있는 것이 아니라 다른 사람의 바람이 있다. 따라서 도덕은 나 자신의 이익이 아닌 다른 사람의 이익에 관련된 행동을 나에게 요구한다.

살인 금지 제도는 금지에 따를 것을 나에게 요구한다. 비록 금지를 따르지 않는 것이 내게 이익이 될지라도, 즉 다른 사람을 살해함으로써 이득을 얻을지라도 그렇다. 다른 사람이 살해되지 않는 것은 분명히 다른 사람에게 이로운 일이다. 반대로 나는 피 흘리는 사람을 치료해야 한다. 비록 그런 일이 내 생명과 관계된 일이 아니더라도 그렇다. 그러나 치료하는 일은 분명히 피 흘리는 사람에게 이로운 일이다. 다른 도덕적 기본 사실의 경우에도 이러한 점이 적용된다. 가령 사람은 근친상간을 범하지 말아야 하며, 도둑질을 하거나 사기 행각을 일삼지 말아야 한다. 따라서 도덕적 제도는 최소한의 기본 요구적인 측면에서 인간 사회가 내게 요구하는 것이라고 말할 수 있다. 이러한 요구는 내 개인의 이득 여부와 관련이 없다. 그렇다고 도덕이 근본적으로 자신의 이익 추구를 금지한다고 오해하지는 말아야 한다. 오히려 도덕이 다른 사람의 이익을 고려할 것을 요구하면서 자신의 이익 추구를 제한한다고 생각할 수 있다. 때문에 도덕은 내 자신의 이익 추구를 벗어나도록 요구한다.

원칙적으로 제도적 틀 안에 우리의 도덕적 감정이 내재되어 있다. 따라서 우리의 도덕적 감정은 단순히 주관적이지 않으며, 일반적으로 사회화되어 있다. 즉 우리의 도덕적 감정은 구성 규칙과 언어 공동체의 바람을 내면화시킨 것이다. 우리는 의도적인 살인에 대해 혐오감을 느낀다. 왜냐하면 부모님·선생님 또는 이웃에 의해서 그런 교육을 받고 자랐으며, 다른 사람들도 그렇게 느끼기 때문이다. 가령 우리가 3천 년 전 혹은 3백 년 전에 태어나 사회화 과정을 겪었다면 우리들 중 대부분은 자신의 가족이나 종족 또는 민족에 대한 살인의 경우에 분노를 느끼겠지만, 다른 가족이나 종족 또는 민족에 대한 살인의 경우에는 냉담하거나 오히려 만족감을 느꼈을 수도 있다.

인종 차별이나 성 차별의 경우도 이와 비슷하다. 우리는 인종 차별과 성 차별을 부도덕하다고 생각한다. 왜냐하면 우리는 그러한 사회화 과정을 겪었고, 해당 구성 규칙을 내면화하였기 때문이다. 만일 우리가 다른 시대에 살았다면 우리들 중 대부분은 피부색이 다른 사람과 여자에 대한 멸시를 부도덕하다고 보지 않았을 것이다. 한 언어 공동체에 이러한 제도적 사실이 고정되면 우리는 서술적 명제를 통해서 제도적 사실을 기술하고, 이를 통해서 살인·고문·인종 차별이 부도덕하다는 것을 인식할 수 있다. 이때 우리는 스스로 존재하는 사실을 인식하는 것이 아니라 인간에 의해서 만들어진 사실, 즉 제도적 사실을 인식한다.

이같은 의미에서 원칙적으로 우리의 도덕적 감정이 주관적인 것만은 아니다. 하지만 우리의 도덕적 감정이 엄격한 의미에서 객관적인 것도 아니다. 도덕적 감정과 인식은 주관적이며, 객관적인 사회의 제도적 틀에 속해 있다. 제도적 틀은 상호 주관적이며, 나의 인정과 상관 없이 존재한다는 뜻에서 객관적이다. 또 제도적 틀은 구성 규칙을 통해 생겨나고, 구성 규칙에서 규범이 파생될 수 있다는 뜻에서 주관적이다. 그렇지만 도덕적 제도는 단단히 고정되어 있기 때문에 마치 객관적으로 주어진 것처럼 보인다. 도덕적 제도는 깊이 뿌리박고 있는 제도이므로 그 인간적-사회적 기원이 잊혀지고 있다. 도덕적 기본 규범이 일반적으로 인정받고 어느 정도 효과적이기 위해서는 이러한 객관적인 모습이 필요하다.

3. 규범적 윤리학

도덕적 기반으로서의 선 개념

우리는 사람을 인종 또는 성에 따라 차별하지 않는 것이 도덕적으로 옳고 선하다고 생각한다. 피 흘리는 사람을 치료하는 것이 도덕적으로 옳다고 말할 때, 우리는 도덕적인 옳고 그름에 관한 직관적인 이해에서 출발했다. 우리는 무엇이 '존재'하거나 '존재하지 않는지' 이미 어떤 방식으로든 알고 있다. 이처럼 도덕적으로 '좋거나 나쁜' 것 또는 '옳거나 그른' 것이 무슨 의미인지 알고 있다. 우리는 이러한 무의식적인 지식을 자각하게 만들어야 한다. 한편 선 개념이 행위 유도적 기능을 가지고 있기 때문에 "무엇이 도덕적으로 좋은가?"라는 질문에 대한 대답을 통해서 "왜 도덕적으로 선해야 하는가?" 내지 "왜 우리는 도덕적으로 올바르게 행동해야 하는가?"라는 질문에 대한 대답을 찾으려 한다.

선 개념의 설명을 통해 이러한 질문에 답하기 위해서 "우리가 왜 선한 행동을 해야 하는가"에 대한 원인을 제시하는 것은 충분치 않다. 그러한 원인은 내적인 원인이나 동기일 수 있다. 가령 그러한 동기는 두려움이나 희망일 수 있는데, 즉 착한 행동의 경우에 보상을 받으리라는 희망 그리고 나쁜 행동의 경우에 처벌을 받을 거라는 두려움이 그것이다. 우리는 처벌받고 싶지 않으며, 보상을 받고 싶다.

그런데 우리가 도덕적인 태도에 대해서 항상 보상을 받고, 부도덕적인 행위에 대해서 항상 처벌을 받는다면, 도덕적인 태도는 우리가 자신의 이익에 따라 행하려고 하는 것과 같다. 사람들은 자신의 이익을 좇는 태도를 영리하다고 한다. 보상받을 수 있게 행동하는 것은 분명히 영리한 일이며, 처벌받게 행동하는 것은 어리석은 일이다. 도덕적 태도는 종종 영리한 태도이다. 올바른 행동이 (도구적인 의미에서) 가장 좋은 정책이 된다. 하지만 그렇지 않은 경우도 있다. 즉 간혹 도덕적인 태도가 어리석기도 하다. 우리의 올바른 행동이 적의 가장 강력한 무기가 되기도 한다. 종종 올바른 행동이 보상을 받지 못하고 이용되며, 그로 인해 해를 입기도 한다. 반대로 잘못된 행동이 보상을 받는 경우도 드물지 않다. 이따금 '악인'이 보상을 받고, '착한 사람'이 벌을 받는 경우도 우리에게 잘 알려져 있다. 하지만 그렇다고 해서 우리는 셰익스피어처럼 말할 수 없다. "어떤 사람은 죄를 통해 성공하고, 어떤 사람은 선행을 통해 불행해진다."[182]

때문에 "왜 우리는 착해야 하고, 올바르게 행동해야 하는가?"라는 질문에 대한 대답을 개인적인 동기, 가령 자신의 이익에서 찾을 수 없다. 즉 우리는 이렇게 말할 수 없다. 우리는 자신에게 이득이 되기 때문에 착해야 하고, 올바르게 행동해야 한다. 우리가 착해야 하고 올바르게 행동해야 하는 이유는 다른 데에 있다. 즉 착한 행동에 대해서 보상받고, 나쁜 행동에 대해서 처벌받는 것과 상관 없이 그러한 근거가 따로 존재한다.

사회적 제도로서의 도덕은 사회적 제재를 가진 제도이다. 만일 제재가 없다면 그러한 제도는 효과가 없기 때문이다. 그러나 보상과 처벌로 나타나는 도덕의 효과가 도덕적 유효성의 근거는 아니다. 사회적 징계가 도덕적 태도의 동기가 될지라도, 우리가 도덕적으로 행동해야 하는 이유는 아니다. 도덕적 제도는 사회 진화의 일정한 단계에서부터 우리에게 내면화되어 있다. 따라서 도덕적 태도에 대해서 보상받지 못하고 부도덕한 태도에 대해서 처벌받지 않더라도, 도덕적 제도는 우리가 도덕적이기를 요구한다. 도덕적 제도는 육중한 기선과 같다. 즉 개인적인 이익의 모터가 오래 전에 멈췄을지라도 기선은 계속해서 전진한다. 우리가 대가를 기대하지 않을 때, 우리는 비로소 도덕적으로 행동한다고 믿는다.

따라서 선 개념의 설명을 통해 우리가 대가 없이도 착하고 올바르게 행동해야 하는 근거를 밝히려고 한다.

그러한 근거는 간접적으로 도덕적 태도의 원인이 되며, 우리의 행동을 유도한다. 우리가 도덕의 근거를 우리 자신의 것으로 만들어 우리의 행동을 유도하면, 도덕의 근거는 도덕적 행동의 원인이 된다. 이제 도덕적 선 개념 속에서 그 근거를 찾아보자.

유익함으로서의 선

때문에 여기서는 대가나 처벌과 같은 동기를 고려하지 않고, 좋음과 나쁨의 개념에서 시작하기로 한다. 우리의 제도주의적 입장의 틀에서 "무엇이 도덕적으로 좋은가?"라는 질문은 다음과 같은 질문에 국한하려고 한다. 어떤 제도적인 사실이 도덕적으로 좋은가? 우리는 먼저 도덕적인 선과 악의 결과를 관찰하고, 여기에 플라톤의 설명을 그 출발점으로 삼는다. "모든 파괴적인 것과 망가뜨리는 것은 나쁜 것이고, 보존적인 것과 쓸모 있는 것은 좋은 것이다."[183]

플라톤은 여기에서 자체로 좋은 것과 목적의 수단으로서 좋은 것을 구분하지 않는다. 플라톤의 견해에 따르면 모든 좋은 것은 보존적이고 쓸모 있으며, 모든 나쁜 것은 파괴적이며 망가뜨린다. 따라서 도덕적으로 좋은 것은 보존적이고 쓸모 있으며, 도덕적으로 나쁜 것은 파괴적이며 망가뜨린다. 간단히 말해서 도덕적으로 좋은 것은 유익하며, 도덕적으로 나쁜 것은 해롭다. 피 흘리는 사람을 치료하지 않는 것은 도덕적으로 잘못이다. 왜냐하면 그것은 피 흘리는 사람에게 해롭기 때문이다. 하지만 그런 사람을 치료하는 것은 옳은 일이다. 왜냐하면 그것이 피 흘리는 사람에게 유익하기 때문이다. 민족 학살은 도덕적으로 잘못이다. 그것은 민족의 몰락으로 이어지기 때문이다. 하지만 식량 원조는 민족의 생명을 보존해 주기 때문에 도덕적으로 옳다. 따라서 도덕은 일반적으로 유익하고 생명 보존적이며, 반대로 부도덕은 해롭고 생명 침해적이다. 만일 도덕이 부도덕과 달리——비록 항상 개인의 생명을 위해서는 아닐지라도——최소한의 공동체 생활을 위해서 유익하지 않다면, 도덕은 사회적 제도로서 입지를 공고히 하지 못했을 것이다.

"좋은 것은 유익하고 생명 보존적이며, 나쁜 것은 해롭고 생명 침해적이다"라는 정의는, 우리가 착해야 하고 올바르게 행동해야 하는 이유에 대해서 다음과 같은 대답을 준다. 도덕적으로 옳은 행동은 유익하고 생명 보존적이며, 반대로 도덕적으로 잘못된 행동은 해롭고 생명 침해적이다. 따라서 도덕의 근거는 도덕 외적인 가치, 즉 유용성과 생명 촉진성에 있다. 제도적 사실 가운데 유익하고 생명 보존적인 것은 도덕적으로 올바르며, 제도적 사실 가운데 해롭고 생명 침해적인 것은 도덕적으로 옳지 않다.

그런데 우리는 단지 삶을 영위하는 데 그치지 않고 행복하게 살고 싶어한다. 우리는 불행하게 살고 싶어하지 않는다. 그런데 "행복한 삶과 불행한 삶의 차이가 무엇이냐"고 묻는다면 이렇게 대답할 것이다. 행복한 삶은 즐거움이 가득하고, 불행한 삶은 고통이 가득하다. 이 견해에 따르면 도덕은 단지 생명 보존적인 데 그치지 않고, 부도덕은 생명 침해적인 데 한정되지 않는다. 도덕은 더 나아가 행복하고 즐거움에 찬 삶으로 이어지고, 반대로 부도덕은 불행하고 고통에 가득 찬 삶으로 이어진다.

그런데 이러한 설명은 이상하게 들릴 것이다. 오늘날 '도덕'이라는 표현이 쾌락을 적대시하는 의미를 가지고 있기 때문이다. 그럼에도 불구하고 이러한 견해가 고대 그리스 시대부터 지금까지 대표되어 왔다. 사람들은 이러한 견해를 행복주의와 쾌락주의라고 부른다. 밀은 《공리주의》(1863)에서 이러한 견해를 새롭게 해석했다. 밀은 행복주의와 쾌락주의 대신에 공리주의라는 명칭을 사용한다.

"도덕의 바탕으로 유용성과 최대 행복의 원칙을 가정하는 견해에 따르면 행위가 행복을 촉진시키는 성향을 가질 때 옳다. 반대로 행위가 행복의 반대를 불러일으키는 성향을 가지면 도덕적으로 잘못이다. 행복은 즐거움과 고통의 부재를 말하며, 불행은 고통과 즐거움의 부재를 말한다."[184]

밀은 여기서 행위에 대해 이야기한다. 때문에 이를 행위 공리주의라고도 부른다. 가령 피 흘리는 사람을 치료하는 개별 행위가 행복과 즐거움을 촉진시키면 도덕적으로 올바르다. 그런데 그런 행위가 행복 또는 즐거움의 반대, 즉 고통과 불행을 야기하면 도덕적으로 옳지 못하다. 공리주의는 당연히 규칙으로 확대된다. 때문에 이를 규칙 공리주의라고도 한다. 가령 "살인을 해서는 안 된다"라는 규칙이 행복과 즐거움을 가져오면 도덕적으로 옳고, 반대로 고통과 불행을 야기하면 도덕적으로 잘못이다.

이러한 규칙에는 "살인을 해서는 안 된다"와 같은 규정적인 도덕적 규칙이 속한다. 뿐만 아니라 "특정한 행위 X는 언어 공동체 SG의 맥락 속에서 도덕적으로 올바른 것으로 간주된다"와 같은 구성적인 도덕적 규칙도 공리주의적 규칙에 속한다. 이러한 규칙은 제도적 사실에도 관여하기 때문에 제도주의적인 입장에서 규칙 공리주의를 제도적 공리주의로 확장할 수 있다. 행위 공리주의와 달리 제도적 공리주의는 지금까지의 규칙과 제도의 도덕적 전통으로 거슬러 올라간다. 규칙과 제도의 결과는 경험을 통해 우리에게 잘 알려져 있다. 이것은 매번 개별 행동을 할 때마다 그 결과를 새롭게 숙고해야 하는 것보다 간단하다. 존재하는 도덕적 제도는 오랜 과정을 통해 확고한 위치를 차지한 것으로, 우리는 그러한 도덕적 제도가 완전히 틀린 것이 아니라고 생각해도 좋다. 물론 존재하는 제도적 사실이 전부 도덕적으로 옳은 것은 아니다.

제도적 공리주의는 제도적 사실의 도덕적인 옳고 그름에 대한 기준을 제시한다. 행복·즐거움 또는 유익함을 주는 제도적 사실은 도덕적으로 옳으며, 불행·괴로움 또는 손실을 야기하는 제도적 사실은 잘못이다. 가령 "인간의 존엄성은 침해될 수 없다"와 같은 제도적 사실은 도덕적으로 옳은데, 이는 행복·즐거움 또는 유익함을 주기 때문이다. 반대적인 제도적 사실은 고통·불행 또는 손실을 야기하기 때문에 도덕적으로 옳지 않다. 마찬가지로 "관대함은 좋고, 질투는 잘못이다"라는 제도적 사실은 일반적으로 옳은데, 이는 관대함이 행복·즐거움 또는 유익함으로 이어지기 때문이다. 반대로 질투는 불행·고통 그리고 손실로 이어진다. 질투는 질투하는 당사자와 질투 대상 모두에게 해롭다. 질투는 고통을 야기하는 대상을 격렬하게 추구하는 격정적인 마음이다.

공리주의는 내 행복, 내 즐거움, 그리고 내 이익에 도움이 되는 행위 또는 제도만이 선이라고 주장하지 않는다. 공리주의는 나에게 이로운 것이 선이라고 주장하지 않는다. 공리주의는 오히려 다른 사람을 생각한다. 현대 공리주의자는 개별적인 사회 계층들을 구분하지 않는다. 공리주의는 내가 속한 계층에게 이로운 것, 기껏해야 간접적으로 다른 사람에게 이로운 것이 선이라고 주장하지 않는다. 현대 공리주의는 민주적이다. 가능한 최대 다수의 사람에게 이로운 것이 선이다. 제러미 벤담(1748-1832)의 공식에 따르면 인간은 모두 한 명의 인간으로 계산되고, 한 명 이상의 인간으로 계산될 수 없다. 널리 통용되는 공식에 따르면 '가능한 최대 다수의 인간에게' 가능한 최대의 '행복'을 가져다 주는 것이 선이다. 즉 가능한 최대 다수의 인간에게 행복·즐거움 그리고 유익함을 최대화하는 것이 선이다.

이러한 기준에 따라 성 차별 또는 인종 차별이 도덕적으로 잘못된 것임을 입증할 수 있으며, 반대로 차별이 없는 것이 올바른 것임을 입증할 수 있다. 배고픈 사람에게 음식은 커다란 즐거움이지만, 굶어죽는 것은 끔직한 고통이다. 마찬가지로 우리가 성 또는 인종적 차이로 일자리나 집을 구할 때 거절을 당하거나 불이익을 받거나 온당치 않은 대접을 받게 되면 고통을 느낀다.

인간을 차별하는 제도와 제도적 사실은 도덕적으로 옳지 않다. 왜냐하면 그것은 가능한 최대 다수 인간의 최대 행복이나 즐거움을 가져다 주지 않고, 다수의 인간에게 불행과 고통을 야기하기 때문이다. 공리주의는 언제 제도가 옳은가에 관한 기준뿐만 아니라 언제 제도가 공정한가에 관한 기준을 제시한다. 정의는 다른 인종과 성을 가진 인간을 동등하게 취급하는 것이다. 행복·즐거움 그리고 유익함을 다수 인간――이상적인 경우에는 모든 관련자――에게 최대로 높이는 것이 공정한 것이다. 공리주의에서 제시하는 도덕의 바탕, 즉 행복·즐거움 또는 유익함은 도덕 외적인 가치에 해당한다.

선이 행복·즐거움 또는 유익함이라는 가설을 놓고, 그 증거에 대해서 묻는다면 다음과 같이 대답할 수 있다. 모든 사람은 행복·즐거움 또는 유익함을 추구한다. 프랑수아즈 사강(1935~)의 소설 《슬픔이여 안녕》에서 17세의 세실은 솔직히 고백한다. "내 본질에 합당하는 유일한 특징은 만족과 행복에 대한 기쁨이다." 모두가 행복을 추구하기 때문에 행복·즐거움 또는 유익함을 선으로 간주한다. 때문에 모든 사람은 이론과 실천의 측면에서 행복주의·쾌락주의 그리고 공리주의를 인정한다. 밀은 이렇게 말한다.

"공리주의 이론이 세운 목표가 이론과 실천의 측면에서 사람들로부터 인정받지 못한다면, 개개의 사람들에게 그러한 사실을 설득하지 못한다. 즉 개인이 자신의 행복에 도달할 수 있다고 믿으며 자신의 행복을 소망하는 것 외에는 "왜 일반적인 행복이 소망하는 가치인가"에 대해서 그 어떤 근거도 제시할 수 없다. 그런데 이것은 사실이다. 때문에 우리는 이에 대한 '완전한 증거'를 가지고 있다. 뿐만 아니라 행복이 우리가 추구하는 자산이라는 것에 대해서 증거로 제시할 수 있는 것이 있다. 각 개인의 행복은 개인의 자산이며, 일반적인 행복은 모든 개인의 전체에게 주어진 자산이다."[185]

이러한 '완전한 증거'는 좁은 의미의 증거가 아니다. 왜냐하면 일정한 전제에서 논제를 결론으로서 끄집어 내는 한 그러한 증거는 그 같은 논제를 입증하지 못하기 때문이다. 그러한 증거는 논제가 공리적인 성격을 띠는 첫번째 전제의 위상을 가지도록 한다.

사람들이 어떤 대상을 실제로 보고 있으면, 그 대상이 볼 수 있는 대상이라는 것이 명백할 것이다. 마찬가지로 모든 사람이 자신의 행복, 자신의 즐거움, 그리고 자신의 이익을 원하는 것도 명백하다. 사람들은 자신이 원하는 것을 선으로 간주한다. 따라서 모든 사람은 자신의 행복, 자신의 즐거움, 그리고 자신의 이익을 선이라고 생각한다. 이러한 의미에서 밀은 선에 대한 고전적인 정의를 따른다. "선은 모두가 추구하는 것이다." 밀은 공리주의의 공리에서 다음과 같은 결론을 이끌어 낸다. 모든 사람이 일반적인 행복을 소망할 가치가 있는 것, 또는 선으로 간주하며, 따라서 일반적인 행복을 원한다는 공리주의 이론의 목적은 옳다.

물론 이러한 명백함은 공리의 진리 기준으로서 단지 그럴 듯해 보일 뿐이다. 명백성은 공리주의 공리의 경우에도 단지 그럴 듯해 보이는 논거일 뿐이다. 우리가 깊이 숙고하게 되면 반론이 제기될 수 있다. 반론은 공리주의 공리에 대한 반론일 뿐만 아니라, 공리에서 추론한 결론의 유효성에 대한 반론이기도 하다.

$α$) 모든 사람이 자신의 행복·즐거움 그리고 이익을 원하며, 자신이 원하는 것을 선으로 간주한다는 공리가 명백한 사실이라고 가정해 보자. 그렇다고 해도 이 가설에서 모든 사람이 다른 사람의 행복·즐거움 그리고 이익을 원하며, 다른 사람의 행복·즐거움 그리고 이익을 선으로 간주한다는 결론이 추론되지 않는다. 더구나 모든 사람이 가능한 최대 다수의 다른 사람에 대한 가능한 최대의 행복·즐거움 그리고 이익을 원하며, 이것을 선으로 간주한다는 결론도 나오지 않는다.

$β$) 공리주의의 결론은 잘못일 수 있지만 공리는 참일 수 있다. 모든 사람이 자신의 행복·즐거움 그리고 이익을 원하며, 자신이 원하는 것을 선으로 간주한다는 공리는 명백한 사실이다. 그런데 무엇이 자신의 행복·즐거움 그리고 유익함인지에 대해서는 의견이 분분하다. 우리가 일반적인 표현인 '행복' '즐거움' 또는 '유익함'을 구체적인 대상으로 대체한다면 상이한 것들을 얻게 될 것이다. 목이 마른 사람은 물 한 잔을 원한다. 배가 몹시 고픈 사람은 빵 한 조각을 원한다. 집이 없는 사람은 보금자리를 원한다. 컴컴한 감옥에 갇힌 사람은 햇빛과 자유를 원한다. 고독한 사람은 말동무를 원한다. 너무 많은 사람에 둘러싸인 사람은 혼자 있기를 원한다. 한편 다른 사람에게 기쁨을 주길 원할 수도 있다. 공리주의 공리는 사람들이 직접적으로 원하는 것에 대해서 말하지 않기 때문에 명백한 사실인 것처럼 보인다. 그런데 그 핵심을 살펴보면 공리주의의 공리는 아무것

도 말하지 않는다.

우리는 공리주의 공리를 이렇게 표현할 수 있다. 모든 사람은 소망할 가치가 있는 것을 원한다. 이러한 표현은 공리주의 공리가 경험적 가설이 아니라는 것을 보여 준다. 경험적 가설은 우리의 경험을 통해 거짓 입증이 가능하다. 공리주의의 공리는 경험을 통해 거짓 입증이 가능하지 않은 가설이다. 그러한 가설은 개념적인 논제로 사용된 언어의 의미를 바탕으로 참이 된다. 즉 '원하다'와 '소망할 가치가 있는'의 의미를 근거로 "모든 사람이 소망할 가치가 있는 것을 원한다"는 말이 참이 된다. 이러한 공리가 항상 참이라고 하더라도 단지 평범하다. 우리가 공리주의 공리를 경험적 가설로 표현하는 순간 거짓이 된다. 우리는 직접적으로 행복·즐거움·유익함을 원하지 않으며, 대신 재화를 원한다. 우리는 분명히 욕구에 따라 여러 가지 재화를 원한다. 개별적인 재화에서 벗어나 이러한 재화를 수단으로 원하는 것이 무엇인지 묻는다면 추후에 행복·즐거움·유익함을 원한다고 말할 수 있다. 공리주의의 공리는 단지 직접적으로 명백한 듯 보일 뿐이다. 그것은 실제로 습득된 명백성에 근거를 두고 있다. 습득된 명백성도 숙고를 통해서 의문시될 수 있다. 직접 관찰해 보면 이러한 습득된 명백성은 거짓이다.

γ) 따라서 공리주의적 이론의 결론이 공리에서 유도되지 않고, 공리주의의 공리가 직접적으로 명백하지 않다는 것이 드러났다. 그러나 공리주의의 공리가 직접적으로 명백하고 공리주의적 이론의 목적이 공리에서 유도된다고 할지라도 다음과 같은 반문이 제기될 수 있다. 내 행복·즐거움 그리고 유익함이 도덕적 선인가? 가능한 최대 다수의 최대 행복·즐거움 그리고 유익함이 도덕적 선인가?

"모든 사람이 추구하는 것이 도덕적으로 좋은 것인가"라는 질문에 부정적인 대답을 한 것처럼 위의 질문도 부정적으로 대답해야 한다.

모든 사람이 추구하는 것이 항상 도덕적으로 좋은 것은 아니다. "선은 모든 사람이 추구하는 것이다"라는 고전적인 정의처럼 공리주의적 정의도 도덕적 선과 도덕 외적인 선을 구분하지 않는다. 행복·즐거움 그리고 유익함이 좋은 것일지라도 행복·즐거움 그리고 유익함이 처음부터 도덕적으로 좋은 것은 아니다. 이것은 내 행복뿐만 아니라 다른 사람의 행복에도 적용된다. 우리는 타인의 부도덕한 행복 성취를 도울 수도 있다. 가령 남을 살해하는 데 도움을 주는 것이 이에 해당한다. 마찬가지로 내 행복이 항상 도덕적으로 좋은 것도 아니다. 이를테면 내 행복이 남의 불행을 통해서 이루어진 경우가 그렇다.

이미 앞서 보았듯이 도덕적 선은 색이나 음성처럼 외적인 경험을 통해 인지할 수 없는 것이다. 도덕적 선은 욕구나 고통처럼 내적인 경험을 통해 자신에게서 직접적으로 지각할 수 있는 것이 아니다. 도덕적 선은 실재적 개념이 아니며, 실재적 존재를 갖지 않는다. 도덕적 선은 구성적인 의미적 규칙을 통해 확정된다. 도덕적 선은 단지 의미적 존재를 갖는다. 이러한 의미적 규칙은 사회의 소망에서 생겨나고, 제도적 사실에 포함된다. 나중에 이러한 규칙은 개인에 의해서 내면화된다. 도덕적 선 개념은 행복주의적·쾌락주의적 그리고 공리주의적 의미를 통해 다 설명되지 않는 영역을 포함한다. 도덕적 선 개념을 행복·즐거움 또는 유익함과 같은 다른 개념을 통해서 설명하는 것은 행복주의·쾌락주의 내지 공리주의의 잘못이다. 행복·즐거움 또는 유익함과 같은 개념은 스스로 도덕적 영역을 포함하지 않는다. 무어의 표현을 빌려 이러한 잘못을 '자연주의적' 또는 '실재론적' 오류라고 부른다.[186] 이러한 오류는 행복·즐거움 또는 유익함과 같은 실재적 개념을 도덕적 선과 같은 의미적 개념에 직접적으로 적용하기 때문에 생겨난다.

이러한 '실재론적' 오류는 사실 확인적 문장에서 규범적 문장을 유도하는 논리적 결론 오류와 짝을 이룬다.(153쪽 참조) 사실 확인적 문장에서 직접적으로 규범적 문장을 유도해서는 안 되는 것처럼 실재적 개념에서 의미적 개념을 유도해서는 안 된다. 규범적 문장의 내용이 사실 확인적 문장의 내용을 넘어서듯이 의미적 개념의 내용이 실재적 개념의 내용을 넘어서기 때문이다. 따라서 행복·즐거움 또는 유익함을 촉진시키는 실재적 사실이 어떤 점에서 도덕적으로도 좋은지 설명해 주는 규칙이 필요하다. 행복·즐거움 또는 유익함을 그 목적으로 갖는 규칙은 도덕적 당위성을 도덕 외적인 조건, 즉 행복·즐거움 또는 유익함의 조건에 종속시킨다. 따라서 이러한 규칙은 도덕적 당위성의 무조건적 성격을 상대화시킬 것이다. 의미심장하게도 무어는 자신의 책 《윤리학 원리》에서 조지프 버틀러 주교의 말을 좌우명으로 삼았다. "모든 사물은 그 자체이며, 다른 사물이 아니다."(73쪽 참조) 따라서 도덕적 선도 그 자체이며 다른 '대상' 가령 행복·즐거움 또는 유익함이 아니다.

  설령 행복·즐거움 또는 유익함이 도덕적·제도적 사실의 유효성을 결정하는 조건이라고 해도 이러한 조건이 무엇인지 규정하는 것은 어려운 일이다. 행복은 사람에 따라 다른 것을 의미한다. 따라서 여러 사람의 행복을 비교하는 것은 간단하지 않다. 사람들이 어디에서 행복을 발견하고 구하려는지 스스로 결정한다고 해도 마찬가지이다. 행복을 추구하는 다양한 사람들이 찾는 것은 또한 다양하기 때문이다. 사람들은 종종 자신이 무엇을 찾는지 알지 못한다. 그런 사람들은 술에 취한 사람과 같다. 어렴풋이 자기 집이 있다는 것을 생각하면서 집을 찾는 것과 같다.[187] 하지만 그런 사람들은 집을 찾지 못하고 공중에 떠 있는 성을 찾는다. 칸트의 정의를 다른 맥락에서 인용한다면, 행복은 '상상력의 극치'이다.[188] '가능한 최대 다수의 가능한 최대 행복'도 '상상력의 극치'이다. 하지만 도달할 수 있는 실제 행복은 슈펭글러의 말대로 '상상이 제거된 현재'이다.

규칙으로서의 선

때문에 "무엇이 도덕적으로 좋은가"라는 질문에 대해서 좀더 올바른 대답을 찾아보는 것이 타당하다. 우리는 이미 이에 대한 대답을 자세한 설명 없이 언급한 바 있다. 우리는 도덕적 기본 명제가 일반화의 힘을 가진 것으로 설명했고, 구성 규칙을 통해서 도덕적인 기본 사실이 생성된다고 하였다. 이때 구성적인 규칙은 도덕적 성격의 제도적 사실에 들어 있다. 공리주의도 이러한 대답을 전제로 삼는데, 공리주의는 선을 다른 사람의 행복 내지 '가능한 최대 다수의 가능한 최대 행복'에서 찾고, 각각의 사람은 단 한 사람으로 계산되며, 그 누구도 한 사람 이상으로 계산될 수 없다는 규칙을 세웠다. 이러한 대답은 이미 예수의 산상 수훈에서 찾아볼 수 있다. "무엇이든지 남에게 대접을 받고자 하는 대로 너희도 남을 대접하라."[189]

이러한 규칙을 '황금률(黃金律)'이라 일컫는다. 이 규칙을 긍정적 또는 부정적인 형식으로 표현할 수 있다. 산상 수훈의 표현은 긍정적인 형식의 표현이다. 부정적인 형식의 표현은 격언으로 널리 알려져 있다. "다른 사람이 너희에게 하지 않기를 원하는 것을 너희도 다른 이에게 행하지 말라." 칸트는 이 규칙을 발전시켰다. 칸트에 따르면 도덕적 선은 행복이 아니며, '가능한 최대 다수의 가능한 최대 행복'도 아니다. 오히려 규칙이 도덕적 선에 대해서 말한다. 이러한 규칙 가운데 중심 규칙이 있는데, 이것이 일반화의 규칙이다. 칸트는 중심 규칙에 정언적(定言的) 명령이라는 이름을 부여하고, 《도덕형이상학기초》(1785)에서 정언적 명령을 다양하게 표현한다. 그런데 이러한 명령은 단지 유일한 계명의 형식으로 존재한다.

"따라서 정언적 명령은 유일한 명령으로 이렇게 표현된다. 네가 어떤 격률에 대해서 일반적인 법칙이 되기를 원하는 그런 격률에만 따라 행동하라."[190]

칸트는 이러한 명령을 정언적이라고 부른다. 왜냐하면 이는 가언적(假言的) 명령과 달리 상대적 또는 조건적 명령이 아니며, 절대적 또는 무조건적 명령이기 때문이다. 정언적 명령은 어떠한 조건과도 결부되어 있지 않기 때문에 무조건적이다. 따라서 정언적 명령은 행복·즐거움 또는 유익함과 결부되어 있지 않다. 정언적 명령은 명령 복종이 나 자신과 다른 사람에게 가져올 결과로부터 독립적으로 존재한다. 이러한 결과에 대한 포괄적인 예측이 가능하나, 항상 그런 것은 아니다. 그럼에도 불구하고 사람들은 이러한 규칙을 준수하고 그 결과를 기다린다. "우리는 선해야 하며, 그리고 나서 그 나머지 결과를 기다려야 한다."[191]

정언적 명령에 따르면 격률에 따라 어떠한 행위가 행해질 때 비로소 선하다고 한다. 이 격률은 일반화의 힘을 지니고 있다. 격률은 주관적인 원칙이다. 정언적 명령은 일반화의 힘을 지닌 주관적인 원칙에 따라서만 행동할 것을 요구한다. 다른 모든 사람이 자신의 소망에 역행하는 것을 원하지 않고, 다른 모든 사람들이 주관적인 원칙을 자신의 것으로 만들 수 있을 때 비로소 주관적인 원칙이 일반화의 힘을 얻는다. 모두가 자신의 것으로 만들 수 있는 주관적인 원칙은 상호 주관적인 유효성을 가질 수 있다. 따라서 정언적 명령은 상호 주관적 유효성을 가진 주관적 원칙만을 따라서 행동하도록 요구한다.

우리는 제도주의적 입장에서 우리 행위에 대한 일반화 규칙을 제도적 사실로 확장할 수 있다. 모든 다른 사람들이 자신의 것으로 만들 수 있는 제도적 사실만이 도덕적으로 유효하다. 위에서 다른 도덕적 기본 명제에 대한 기준에 따라 도덕적 명제는 일반화의 힘을 가지며, 이러한 기준은 도덕적 기본 명제가 지닌 도덕적 유효성의 근거가 된다.

도덕적 기본 명제에 대한 기준에 따르면 피 흘리는 사람을 치료하는 것 또는 기아에서 구원하는 일이 선한 것이며, 피 흘리는 사람을 그대로 두거나 민족을 학살하는 것이 나쁜 일이라는 것을 입증할 수 있다. 이러한 제도적 사실은 일반화의 힘을 가지고 있다. 나는 피 흘리는 사람을 치료하라고 명령하는 일반적인 법과, 그런 사람을 방치하는 것을 금지하는 일반적인 법을 원한다. 또 나는 사람을 기아에서 구원하라고 요구하는 일반적인 법과 민족 학살을 금지하는 일반적인 법을 원한다. 반대로 나는 피 흘리는 사람을 치료하는 것을 금지하는 일반적인 법과, 그런 사람을 방치하는 것을 허용하는 일반적인 법을 원하지 않는다. 마찬가지로 사람을 기아에서 구원하는 것을 금지하는 일반적인 법과, 민족 학살을 허용하는 일반적인 법은 나의 소망에 역행한다. 내가 그러한 법을 원하게 되면 나는 나의 소망과 역행하는 것을 원하게 된다. 즉 나도 언젠가 피를 흘리고 굶주리며, 살인 위협을 받게 될 수도 있다. 사람들이 피 흘리고 굶주리는 나를 그냥 내버려두는 것은 일반적으로 내 소망에 역행한다. 마찬가지로 내가 살해되는 것은 내 소망에 역행한다. 따라서 그러한 (잘못된) 법을 통해서 나와 내 자신의 소망은 모순에 빠질 것이다.

도덕적 명제에 대한 기준에 따라 왜 인종 차별과 성 차별이 도덕적으로 잘못인지, 그리고 왜 그러한 차별을 하지 않는 것이 옳은지 입증할 수 있다. 차별을 하지 않는 것이 옳다는 것은 이러한 제도적인 사실이 일반화의 힘을 가지고 있기 때문이다. 반대로 차별은 일반화의 힘을 가지고 있지 않다. 가령 인종 차별과 성 차별을 허용하는 일반적인 법이 있다고 가정해 보자. 그러면 내가 성과 인종에 따라 다른 사람을 차별해도 되고, 다른 사람이 성과 인종에 따라 나를 차별해도 된다. 내가 이처럼 차별을 받을 수 있는 법을 원한다면, 나는 내 소망에 역행하는 바를 원하는 것이다. 하지만 나는 실제로 스스로 차별당하는 것을 원치 않는다.

내가 동일성과 비모순성의 메타논리적 공리를 부정할 수 없는 것처럼 나는 도덕적 공리의 무효를 원할 수 없다. 앞서 언급했듯이 나는 동일성과 비모순성의 메타논리적 공리를 부정할 수 없다. 이 공리를 부정하기 위해서는 이 공리를 긍정해야 하기 때문이다.(75-76쪽 참조) 가령 살인 금지 또는 차별 금지와 같은 도덕적 공리를 무효화하려면 나는 내 소망에 역행하는 바를 원해야 할 것이다. 따라서 한편으로 나는 내 말과 이론적 이성과의 모순에, 다른 한편으로 내 말과 실천적 이성 내지 의지와의 모순에 빠지게 된다.

일반화 규칙을 근거로 옳고 그름을 말할 수 있다고 믿는 입장을 공리주의라고 부르지 않는다. 그러한 명령이 우리에게 의무를 가하기 때문에 이 입장을 의무론이라고 부른다. 이러한 명령이 가져올 수 있는 결과에 상관 없이 의무를 가한다는 뜻이다. 핵심 명령, 즉 일반화의 의무는 그러한 의무가 가져올 수 있는 유익한 결과와 관계 없이 존재한다. 나의 도덕적 또는 비도덕적 태도와 그러한 태도의 결과는 일치할 필요가 없다. 때문에 행복 개념이 도덕 개념과 결부되어 있지 않고, 불행 개념이 부도덕 개념과 결부되어 있지 않다. 도덕적 태도가 종종 행복으로 이어지지만 꼭 그래야 하는 것은 아니며, 비도덕적 태도가 가끔 불행으로 이어지지만 꼭 그래야 하는 것은 아니다. 행복이 도덕적인 태도에 따라와서 '예상치 않게 피어날' 수 있다. 하지만 꼭 그래야만 하는 것은 아니다. 행복주의적, 쾌락주의적 또는 공리주의적 입장과 달리 도덕과 행복 사이에 개념적 연관성을 보지 않고 이러한 연관성을 세상의 흐름과 독립시킨 것이 의무론적 입장의 성과이다. 마찬가지로 '실재론적 오류'를 범하지 않는 것도 의무론적 입장의 성과이다. 이 입장은 도덕적 선 개념을 실재적 결과, 즉 내적인 또는 외적인 경험을 통해서 설명하지 않고 소망의 규칙을 통해서 설명한다.

일반화 규칙에 대해서——칸트의 다양한 표현과 칸트의 규칙이 들어 있는 형이상학적 사고 체계와 관계 없이——강한 반론이 제기된다. 여기서는 제도적 사실의 일반화 규칙에 대한 세 가지 반박 의견을 살펴보기로 한다.

a) 좋고 나쁨을 결정하는 일반화 규칙도 이미 무엇이 도덕적으로 좋고 나쁜지에 대한 사전 이해에서 출발한다. 왜냐하면 일반화될 수 있는 주관적인 원칙이 모두 도덕적으로 좋은 것은 아니기 때문이다. 가령 모든 사람이 아침에 일찍 일어날 의무를 주는 일반적인 법칙을 원할 수 있을 것이다. 그렇다면 이 때문에 조기 기상이 도덕적으로 중요한 행동이 될 수 있을까?

일반화 규칙은 단독으로 제도적 사실의 옳고 그름에 대한 기준을 제시하지 못한다. 도덕적으로 중립적인 제도적 사실에서도 모든 사람에게 적용되는 의무가 생겨날 수 있다. 일반화 규칙이 기준으로 사용되기 위해서는 도덕적으로 좋은 것과 잘못된 것에 대한 사전 내용 규정이 필요하다. 일반화 규칙은 도덕적인 제도적 사실의 기준을 도덕의 근거로 삼는다.

다른 사람의 이해와 직접 또는 간접적인 결과를 가지는 행동만이 제도화된다는 점이 특히 이러한 사전 내용 규정에 속한다. 여기서 정의된 의미의 도덕은 일단 사회적 도덕이다. 따라서 아침에 일찍 기상하는 것을 통해 다른 사람의 이해가 직접 또는 간접으로 영향을 받을 때에만 아침에 일찍 기상하는 것이 도덕적으로 중요한 행동이 될 것이다. 내가 일찍 또는 늦게 일어남으로써 다른 사람들이 불이익을 받게 되는 경우를 말한다. 가령 내가 응급 의사로서 사고 현장에 늦게 도착해 생명을 구해야 하는 도덕적 명령을 어겼을 경우가 그렇다.

따라서 "어떠한 도덕적 사실이 도덕적인가"에 대한 사전 이해를 통해서만 일반화 규칙이 제도적 사실의 옳고 그름에 대한 기준을 제시한다. 이는 일반화 규칙은 어떤 사실이 도덕적인지 단독으로 결정할 수 없고, 오직 사전 이해와 결합되어서만 어떤 사실이 도덕적인지 결정할 수 있다는 뜻이다. 그런데 사전 이해는 좋고 나쁨의 결과를 고려하며, 원칙적으로 공리주의적이다. 따라서 일찍 일어나는 것이 다른 사람의 이익에 도움이 되거나 해로운 경우에 일찍 일어나는 것은 도덕적으로 중요한 행동이 된다.

β) 일반화 규칙은 내 행위가 다른 사람의 이해에 긍정적 또는 부정적인 영향을 줄 수 있다는 것을 전제한다. 그런데 다른 사람의 행위도 내 이해에 긍정적 또는 부정적인 영향을 줄 수 있어야 한다. 일반적으로 아무도 다른 사람들로부터 무언가 바라지 않거나 두려워하지 않을 정도로 고립되어 살지 않는다. 만일 누군가 다른 사람들로부터 무언가 바라지 않거나 두려워하지 않는다면, 그는 의지적 갈등에 빠지지 않고도 주관적인 원칙을 일반화할 수 있을 것이다. 일반화 규칙은 경험 이전에 유효한 것이 아니며, 모든 사람과 생활 환경이 어느 정도 동일하다는 조건하에서 유효하다. 우리는 대부분의 제도적 사실의 경우에 이러한 조건이 충족되었다고 간주할 수 있다. 아무도 다른 사람들로부터 살인·절도·사기 또는 학대를 받지 않을 정도——또는 그밖의 다른 불이익을 당하지 않을 정도——로 보호받지 못한다.

γ) 일반화 규칙은 모든 결과로부터 자유롭지 않으며, 도덕적 성격의 제도적 사실이 낳을 수 있는 결과도 고려한다. 왜냐하면 내가 일

반화 규칙의 무효를 원하지 않는다는 점을 통해서 일반화 규칙의 정당성이 입증되기 때문이다. 나는 아무런 제약 없이 살인을 허용하는 제도를 원하지 않는다. 왜냐하면 나 자신이 살해되는 것을 원치 않기 때문이다. 물론 보편화 규칙은 무효가 나에게 가져올 결과뿐만 아니라 다른 사람에게 가져올 결과도 고려한다. 보편화 규칙이 내 이해 관계와 다른 사람의 이해 관계를 동일하게 본다는 점에서 일반화 규칙은 내 자신의 이해에서 벗어나 다른 모든 사람의 이해를 고려한다.

정언적 명령은 원칙적으로 다른 모든 사람의 이해 관계를 도덕의 조건으로 삼는 가언적 명령이다. 정언적 명령은 일반적인 성격의 가언적 명령이며 이렇게 표현될 수 있다. 네 자신의 이해뿐만 아니라 다른 모든 사람의 이해를 고려하는 원칙에 따라 행동하라. 따라서 밀과 칸트의 입증 노력은 상이하지만, 목표 설정에 있어서 두 사람의 입장이 일치한다. 밀은 이 점을 알고 다음과 같이 표현한다.

"칸트적 원칙의 의미는, 모든 이성적인 존재가 일반적인 이익에 도움이 된다고 가정할 수 있는 규칙에 따라 행동해야 한다는 뜻이다."[192]

따라서 공리주의적 입장과 의무론적 입장의 전제와 목적은 서로 그렇게 많이 다르지 않다. 두 입장은 모두 선에 대한 사전 이해에서 출발하며, 이러한 사전 이해는 그 결과를 고려한다. 두 입장 모두 나 자신에게 뿐만 아니라 다른 모든 사람에게 가져올 유익한 결과를 목표로 삼는다.

물론 도덕에 대한 의무론적 설명이 앞서 언급한 공리주의적 설명에 우선한다. 왜냐하면 의무론적 설명은 도덕적 선이 반드시 행복·즐거움·유익함 등의 개념과 결부되지는 않다는 것을 분명히 밝히기 때문이다. 의무론적 입장은 특정한 소망을 전제한다. 의무론적 입장에서 제시한 해석에 따르면 특정한 소망이란 인간 사회의 소망이다.

구성적인 도덕적 규칙과 이에 해당하는 제도적 사실은 인간 사회를 위한 사실이다. 제도적 사실이 특정한 언어 공동체 SG에서 누구에게나 유효하다는 점은 제도적 사실의 개념에 속한다. 여기서 도덕에 대해 제시한 기준에 의하면 특정한 언어 공동체 SG는 일정한 집단 SG_1, SG_2, SG_3 등——가령 백인·부자 또는 남자와 같은 집단——에 국한되는 것이 아니며, 가능한 모든 인간을 포함해야 한다.

이러한 제한과 함께 우리는 일반화 규칙을 대략적으로 이렇게 표현한다. 제도적 사실이 다른 사람의 삶에 관한 이해와 관련되고 자신의 소망과 역행하는 것을 원하지 않기 때문에, 모든 사람이 그러한 제도적 사실을 자신의 것으로 만들 수 있는 경우에 그러한 제도적 사실은 옳거나 좋은 것이다. 하지만 제도적 사실이 다른 사람의 이해와 관련되고 자신의 소망과 역행하는 것을 원해야 하기 때문에, 모든 사람이 그러한 제도적 사실을 자신의 것으로 만들 수 없는 경우에 그러한 제도적 사실은 좋지 않거나 잘못이다. 다른 인간의 삶에 관한 이해는 좁은 의미 또는 넓은 의미로 이해할 수 있다. 좁은 의미로는 단순하고 다치지 않은 삶을 가리키며, 넓은 의미로는 자유롭고 동등하며 행복한 삶을 가리킨다. 가령 살인 금지는 도덕적으로 옳다. 이는 단순한 삶의 측면에서 다른 사람의 이해와 관련되며, 모든 사람이 갈등 없이 이를 자신의 것으로 만들 수 있기 때문이다. 차별 금지도 도덕적으로 옳다. 이는 자유롭고 동등한 삶의 측면에서 다른 사람들의 이해와 관련되며, 모든 사람이 갈등 없이 이를 자신의 것으로 삼을 수 있기 때문이다.

일반화 규칙은 단지 대략적인 규칙이다. 칸트가 도덕적 법칙에 대해서 말하듯이 일반화 규칙의 적용은 '경험을 통해 연마된 판단력'을 필요로 한다.[193] 판단력은 건강한 이성의 능력이다. 판단력은 어떤 개별 경우가 규칙에 속하는지 결정해야 한다. 아리스토텔레스는 다음의 예를 통해서 이를 설명한다. "부담되지 않는 고기가 소화가 잘 되고 건강에 좋다는 것을 알지만, 어떤 고기가 부담이 안 되는지 모른다면 건강해질 수 없을 것이다. 날짐승의 고기가 부담되지 않는다는 것을 아는 사람이 오히려 건강해질 수 있다."[194] 판단력은 어떤 고기가 건강에 이로운지, 또는 최소한 소화에 장애가 되지 않는지 파악한다. 물론 아리스토텔레스는 채식주의자가 아니었을 것이다.

이와 비슷한 이야기가 성립된다. 차별은 없어야 한다는 것을 알지만, 피부색과 성이 다른 사람이 어떤 경우에 차별을 받는지 못 느낀다면, 이러한 일반적인 지식으로 할 수 있는 것이 별로 없다. 피부색과 성이 다른 사람이 어떤 경우에 차별받거나 상처받는 것으로 느끼는지 아는 사람만이 행동할 수 있다. 가령 피부색이 다른 사람은 피부색을 열거하는 것만으로도 굴욕적인 느낌을 받으며, 반대로 다른 피부의 사람은 이를 통해서 우월감을 느낀다.

판단력은 어떻게 규칙이 개별 경우에 적용될 수 있는지 결정해야 한다. 이때 판단력은 일반화 규칙과 개별 경우를 연결하는 원칙을 염두에 두어야 한다. 우리는 이를 타당성의 원칙이라고 부른다. 이에 대한 명칭은 다양하다. 일반화 규칙을 알지 못했던 플라톤은 타당성의 원칙을 "……올바른 것, 올바른 시점, 정당한 것, 그리고 양극 사이의 한가운데 자리잡고 있는 모든 것"[195]이라고 설명한다. 이러한 타당성은 아직 최후의 선, 이념, 또는 선의 이데아가 아니다. 플라톤은 이러한 타당성을 '정확함 자체'[196]라고도 부른다. 타당성은 '정확함 자체'가 어떻게 경험적 조건하에서 실현될 수 있는가를 보여준다. 하지만 경험적 조건 속에는 일정한 부정확함이 나타난다.

일반화 규칙으로 선의 이데아를 파악하지는 못하더라도 도덕적 선은 오늘날 본질적으로 일반화 규칙에 의해서 표현된다. 그리고 우리는 판단력을 통해서 일반화 규칙을 적용할 수 있다. 때문에 일반화 규칙을 적용할 때 일정한 부정확함도 발생한다. 따라서 우리는 일반화 규칙을 적용할 때 여성 차별과 남성 냉대 같은 극단적인 양상을 피하게 될 것이다. 마찬가지로 판단력을 통해 거짓말하지 말라는 규칙을 적용할 수 있다. 경험 많은 의사는 환자에게 거짓 없이 항상 진실을 말하라고 요구하지 않는다.

작가 잉게보르크 바흐만(1926-1973)은 이렇게 말한다. "진리는 인간에게 무리 없이 요구될 수 있는 것이다." 하지만 진리는 충격적일 수 있다. 때문에 타당성을 고려하여 진리를 말하게 된다. 즉 적절한 시기를 기다려 착각과 좌절 또는 상심의 극단적인 양상을 피하려고 노력한다.

삶의 개별적인 경우에 대해서 타당성의 원칙이 모든 상황에 맞는 해법을 제시하지는 못한다. 판단력은 타당성의 고려에 따라 일반화 규칙과 개별 경우 사이를 중재해야 한다. 때문에 이러한 규칙의 적용에 있어 일정한 융통성이 허용된다. 즉 어떤 상황에서 타당한 것이 다른 상황에서는 그렇지 않을 수 있다. 아리스토텔레스의 원칙이 여기에 적용된다. "사물은 개별적인 것에 의지하며, 결정은 '구체적인 상황의' 인지에 따라 이루어져야 한다."[197] 따라서 타당성을 가진 판단력은 올바른 도덕적 판단의 기초가 아닌 완성이다.

4. 최소 도덕과 최대 도덕

일반화 규칙은 도덕적 성격의 모든 제도적 사실을 설명하는 것이 아니라, 최소 도덕에 필요한 제도적 사실만을 설명한다. 최소 도덕은 앞서 언급한 살인 금지 또는 차별 금지와 같이 도덕적 기본 명제에 의지하는 도덕을 말한다. 이러한 도덕적 기본 명제는 도덕의

'원시 형태'이기 때문에 기본적인 출발점이 된다.

도덕은 살인 금지와(그리고 근친상간 금지와) 함께 시작된다. 일반적으로 생명에 대한 인간의 관심이 크기 때문에 살인 금지는 큰 비중을 차지한다. 오늘날 많은 국가에서는 살인자의 생명 또한 보호한다. 이와 달리 모든 인간이 동등하게 태어났으며, 인간으로서 동등한 권리를 갖는다는 확인은 현대적인 도덕에 해당한다. 이것은 〈미국독립선언서〉(1776; 88쪽 참조)와 프랑스 국민의회의 〈인간과 시민의 권리 선언〉(1789)에서 찾아볼 수 있다. "인간은 자유롭게, 그리고 권리에 있어 평등하게 태어나 존재한다. 사회적 차별은 공공이익을 근거로 해서만 있을 수 있다."(제1조) 인간은 자유롭게 또한 평등한 권리를 가지고 태어났으며, 평등한 권리를 유지한다면 성별 또는 인종과 같은 우연적인 특징에 따라 인간을 차별해서는 안 된다. 자유롭고 평등한 삶에 대한 우리의 관심이 지대하기 때문에 차별 금지는 커다란 의미를 갖는다.

이러한 최소 도덕과 달리 이웃 사랑, 또는 적에 대한 사랑을 요구하는 최대 도덕이 있다. 이것은 복음서에 나오는 도덕과 산상 수훈의 도덕이다.[198] 이웃 사랑과 적에 대한 사랑이라는 계명은 의지적 갈등에 빠지지 않고도 일반화될 수 있다. 내가 적을 사랑한다면 적도 나를 사랑할 것이다. 나는 의지적 갈등에 빠지지 않고 이것을 공공연히 원할 수 있다. 누군가 적을 사랑하고 선행을 베풀면 칭찬을 받을 것이다. 그러나 내가 적을 사랑하지 않는다고 해서 아무도 나를 비난하지 않을 것이다. 이웃 사랑, 적에 대한 사랑과 같은 요구는 최대 요구이다. 우리는 이것을 이상적인 것이라고 부를 수 있다. 최대 요구는 이상적인 것으로서 이 글에서 설명한 도덕에 대한 이해를 넘어선다. 이러한 요구는 작은 사회, 가령 산상 수훈의 요구에 따르려는 그리스도교 신자들에게 구속력을 갖는다.

반대로 자신의 이해에 따라 행동할 것을 요구하는 영리함의 규칙은 이 글에서 설명한 도덕 개념에 미달하며, 단지 행복주의의 영역에 속한다. 행복주의는 사람이 행복해지거나 최소한 불행해지지 않는 방법을 보여 준다. 행복주의는 해야 할 일과 하지 말아야 할 일을 구속적으로 규정하지 않는다. 대신에 일정한 목적——행복 또는 안락——에 도달하기 위해서 해야 할 일에 대해서 조언을 한다. 그러한 조언은 도덕의 한계를 지키는 수도 있고, 도덕의 한계를 넘을 수도 있다.

'건강식, 검소함, 공손함, 겸손함 등'과 같이 칸트가 제시한 권유는 도덕의 한계를 지키는 조언에 해당한다. 이는 "경험으로 볼 때 대부분 안락함에 도움이 되는 것들이다."[199] 나는 청소년을 위한 칸트의 권유에 이어, 막심 고리키(1868-1936)의 다음과 같은 말을 덧붙이려고 한다. "저축하는 것을 이해하지 못하는 인간 만세!"[200]

가령 니콜로 마키아벨리(1469-1527)가 《군주론》(1532)에서 왕자에게 제시한 이기주의적 영리함의 규칙은 도덕의 틀에 얽매이지 않는다. "폭행은 한꺼번에 해야 덜 느끼고 덜 아프지만, 반대로 선행은 서서히 해야 더 잘 느낀다."[201]

우리는 이런 문제를 생각하면서 최대 도덕의 요구와 이기주의적 영리함의 규칙 사이에서 중용을 취하려고 한다. 그 결과는 일반화의 힘을 가진 최소 도덕이다. 최소 도덕은 앞서 언급한 공리처럼 우리 삶의 관심과 행복의 추구를 위한 몇 가지 원칙을 제시한다. 아무도 그러한 최소 도덕이 요구하는 것보다 적게 행해서는 안 된다. 그러나 누구나 그보다 많이 할 수 있다.

그러한 최소 도덕이 요구하는 것보다 많이 행하는 사람은 공덕이 많은 행위를 하는 것이다.[202] 그런 경우에 이렇게 말할 수 있다. 산상 수훈의 이상적인 말씀을 단지 입으로 말하는 데 그치지 않고, 이에 따라 사는 사람은 보통 요구되는 것보다 더 많은 것을 행한다. 가령 의사로서 도시에서 더 많은 수입을 가지고 훨씬 안락한 생활을 할 수 있음에도 불구하고 오지에 정착해서 가난한 주민을 위해 의학적인 도움을 주는 사람은 공덕이 많은 행위를 하는 것이다. 그 사람이 그러한 일을 하지 않더라도 비난을 받진 않는다. 그러나 그런 일을 하는 사람은 업적을 쌓는 것이다. 선 개념은 진리 개념처럼 이상적인 개념이다. 현실은 이상적인 개념과 완전히 일치하지 않는다.

복음서에서는 이렇게 말한다. "하나님 한 분 외에는 선한 이가 없느니라."[203] 이는 사람이 아닌 신만이 이상적인 개념과 일치할 수 있다는 뜻이다. 사람은 단지 신과 이상적인 개념인 선에 근접하려고 노력할 뿐이다.

이상적인 개념인 선이 완전히 실현될 수는 없는 것처럼 일반화 규칙을 통한 도덕적 선에 대한 우리의 설명도 선 개념을 이론적으로 다 설명하지 못한다. 하지만 일반화 규칙은 최대 도덕을 충족시키기 위한 최소 조건이다. 일반화 규칙은 이웃 사랑 또는 적에 대한 사랑이라는 최대 도덕을 위한 필요 조건이나 충분 조건은 아니다.

최소 도덕과 이기주의적 영리함의 규칙에 견주어 볼 때 이웃 사랑 또는 적에 대한 사랑은 비이성적이다. 톨스토이의 레빈은 이렇게 말한다. "이성은 생존을 위한 투쟁과 법칙을 발견했는데, 이 법칙은 내 욕구 충족에 방해가 되는 것을 모조리 죽이라고 권고한다. 이것이 이성의 결론이다. 따라서 이성은 이웃을 사랑하라고 요구할 수 없다. 이웃 사랑은 비이성적이기 때문이다."[204]

레빈은 '비이성적'이라는 말을 '영리하지 못한'이라는 뜻으로, '이성'이라는 말을 '영리함'이라는 의미로 사용한다. 이렇게 해석되는 실천적 이성은 도구적이다. 즉 생존을 위한 싸움을 위해서 주어진 목적에 필요한 수단을 찾는 것으로 족하다. 물론 오늘날의 해석에 따르면 생존을 위한 싸움에서 꼭 적을 죽여야 한다는 결론이 나오지는 않는다. 적을 관대하게 대할 수도 있다. 이것은 적이 살상 무기의 사용을 자제하는 전략의 경우이다. 니체는 이렇게 표현한다. "사람들은 살상하는 손을 보지 않지만 목숨을 사악하게 쳐다본다."[205]

그러나 레빈은 최소 도덕이 요구하는 것보다 많은 것을 행하는 수천 명의 사람들을 대표해서 선의 이상 속에서 삶의 실종된 의미를 찾는다.(23쪽 참조) 우리는 단지 선의 이상을 믿을 뿐 의심할 수 없다. 톨스토이는 위대한 소설 《안나 카레니나》에서 이렇게 끝맺는다.

"내 인생, 미래에도 나와 함께 계속될 인생의 매순간은 더 이상 지금까지 그랬던 것처럼 무의미하지 않을 것이다. 내 인생은 의심할 수 없는 의미를 찾았다. 의미는 바로 내가 마음속에 간직할 수 있는 선량함에 있다."[206]

5. 실천적 이성의 공리적인 요구로서의 일반화 규칙

방금 설명한 선의 최소 조건을 지키지 않으면 의지적 갈등에 빠진다는 점을 통해서 선의 조건이 가지는 정당성을 설명하였다. 누군가 "난 내게 유익한 것만 하려고 해"라고 말한다면 우리는 그에게 이렇게 지적할 수 있다. "네가 그런 소망의 주관적인 원칙을 일반화하는 순간, 네 자신의 소망에 역행하는 것을 원하게 될 거야. 왜냐하면 다른 사람들도 자신에게 유익한 일만 하면서 네 삶의 이해를 고려하지 않을 수 있으니까." 그렇다면 그는 우리에게 이렇게 물을 수 있다. "만일 주관적인 원칙을 일반화하지 않는 경우에도 불이익을 당하지 않는다면, 나는 왜 내 소망의 주관적인 원칙을 일반화해야 하는 걸까?"

우리는 소망의 주관적인 원칙을 일반화해야 하는 까닭을 설명할 수 없다. 단지 "모든 인간이 숫자상으로 하나이다"와 같이 경험적 증명이 불가능한 전제를 도입함으로써 이에 대한 이유를 들 수 있다. 주관적인 원칙의 일반화를 통해서 나는 내 자신의 이해와 다른 사람의 이해 사이에 생길 수 있는 마찰을 피할 수 있다. 내가 다른 사람을 위해서 행하는 일을 나 자신에게도 행할 것이다. 다른 사람들이 나를 위해 행하는 것을 그들 자신을 위해서도 행할 것이다. 이 두 경우에 영리함의 규칙이 도덕 규칙과 일치한다.

하지만 도덕적 규칙이 영리함의 규칙과 항상 일치하는 것은 아니다. 우리가 모두 하나가 아니고, 내 소망과 다른 사람의 소망 사이에 마찰이 일어남으로써 도덕적 요구와 일반화 규칙이 생겨난다. 우리는 메타논리적인 공리를 인간 언어 공동체의 제도로 인정하였다. 마찬가지로 일반화 규칙도 도덕의 제도적 사실보다 상위 단계에 속하는 공리적인 메타제도이다. 메타논리적 제도가 없으면 우리는 이치에 맞게 말할 수 없다. 때문에 우리는 메타논리적 제도를 받아들였다. 마찬가지로 내 소망과 다른 사람의 소망 사이에 마찰을 극복하려고 일반화 규칙의 메타제도를 수용했다.

메타논리적 공리에 대한 회의론자들이 이론적 이성과 모순에 빠지는 것처럼, 일반화 규칙에 대한 회의론자들도 실천적 이성 또는 의지와 모순에 빠진다. 이론적 이성과 실천적 이성의 차이는 이렇게 표현된다. 이론적 이성의 모순은 논리적인 모순이고, 실천적 이성 또는 의지의 모순은 실질적인 마찰이다. 내 소망에 역행하는 것을 원해야 하는 실질적 마찰이 언제든지 나타날 수 있다. 그러한 마찰의 발생 여부는 경험적 조건에 달려 있다.

일반화 규칙을 원하지 않는 것이 논리적인 모순으로 이어지지 않는다. 때문에 메타논리적인 공리처럼 일반화 규칙을 논리적으로, 즉 일반화 규칙을 무효화하려는 노력의 자체 모순성을 통해서 일반화 규칙의 정당성을 설명할 수 없다. 또 경험 법칙처럼 일반화 규칙을 경험적으로, 즉 도덕적 행위가 늘 보상을 받는다는 지금까지의 경험을 통해서 일반화 규칙의 정당성을 설명할 수 없다.

일반화 규칙은 논리적 또는 경험적으로 설명될 수 없는 규범적 공리이다. 일반화 규칙이 내 자신의 이익 추구 이상의 것을 요구하는 점은 도덕의 개념에 속한다. 내 자신의 이익 추구 이상의 것을 내 이익을 통해 설명하려는 노력은 실패로 끝난다. 이러한 시도는 근거상의 허점이나 해소할 수 없는 오점을 남긴다. 따라서 밀의 공리주의 설명, 즉 "모두가 행복·즐거움 그리고 유익함을 추구한다"는 설명은 고전적인 공리주의에 오점을 남긴다.

그런데 칸트에 따르면 일반화 규칙 또는 정언적 명령은 '도덕성의 최고 원칙'이며, 더 이상의 증명이 불가능하다. 우리는 단지 이러한 최상의 원칙의 '이해 불가능성'을 이해할 수 있을 뿐이다.[207] 여기서 '이해 불가능성'은 이성의 초감각적인 실재를 말하는 것이 아니고, 일정한 생활 방식에 대한 '설명 불가능성'이다. 이때 일정한 생활 방식이란 일반화 규칙을 원하는 생활 방식이다.

나는 이러한 생활 방식을 인간으로서의 생활 방식이라고 칭한다. 누군가 우리에게 이렇게 물을 수 있다. 만일 주관적인 원칙을 일반화하지 않는 경우에도 불이익을 당하지 않는다면, 나는 왜 내 소망의 주관적인 원칙을 일반화해야 하는 것일까? 그러면 우리는 이렇게 대답할 것이다. 그럼에도 불구하고 당신은 당신 태도의 주관적인 원칙을 일반화해야 한다. 그러면 그는 계속해서 이렇게 물을 수 있다. 내가 왜 근거를 댈 수 없는 일을 원해야 할까? 그러면 나는 비트겐슈타인의 말을 인용하여(42쪽 참조) 이렇게 대답할 수 있다. "우리는 그냥 기술할 수밖에 없으며, 인간의 삶이 그렇다고 말할 수밖에 없다."

이제 우리는 철학적 개념에 대한 입문의 임시 종착역에 도착했다. 우리는 아직 스스로 해를 보지 못했지만, 조금이라도 우리 자신을 동굴 밖으로 이끌어 냈다. 우리는 계속해서 여행을 떠나기 전에, 즉 '여행의 끝'[208]에 이르기 전에 여기서 잠시 쉬려고 한다.

우리가 살펴본 개념들은 모두 전제된 개념이며, 우리의 설명을 통해 완전히 파악되지 못한 개념이다. 이 점은 특히 마지막 세 가지 개념, 즉 진리 개념, 존재 개념, 그리고 선 개념의 경우에 분명히 나타난다. 이 개념들의 내용은 명시적인 정의를 넘어선다. 철학의 기본 개념은 철학에서 사용되는 기본 단어의 의미이다. 우리가 이러한 단어의 의미를 완전히 설명하지 못한다는 것은, 이 단어의 의미가 설명에 의해서 완전히 파악되지 않는다는 뜻이다. 우리가 설명을 통해서 파악한 것은 단지 이 개념들의 여러 관점들이다. 이것은 우리 언어가 가진 단점의 결과로 나타나는 현상이다. 우리 산책의 임시 종착지에서 다시 한 번 릴케의 시 〈산책〉을 인용하고자 한다.

> 이미 내 시선은 언덕에, 해가 비치는 길에,
> 내가 시작도 하지 않은 길에 앞서가 있네.
> 우리가 붙잡을 수 없는 것이
> 멀리서, 당당한 모습으로 우리를 어루만지며
>
> 미처 우리가 도달하기 전에, 나도 모르는 사이에
> 우리를 원래대로 변화시키네.
> 신호가 오네, 우리 신호에 대답하듯……
> 그러나 우리는 맞바람만 느낄 뿐.

원 주

1) Platon, *Politeia* in: *Platonis Opera*, IV, Tetralogiam, VIII continens, Oxford 1902, 7권, p.514a-521a와 p.514a-515a에 요약되어 있다.

2) Platon, *Phaidon* in: *Platonis Opera*, I, Tetralogias, I-II continens, Oxford 1901, p.64a-68b. 동굴 비유에 대한 자세한 설명은 Ferber, R., *Platos Idee des Guten*, St. Augustin 1984, 2. Auflage, St. Augustin 1989, p.115-148 참조.

3) Platon, *Phaidros* in: *Platonis Opera*, II, Tetralogias, III-IV continens, Oxford 1901, p.278d. 특별한 설명이 없는 한 번역은 필자에 의한 것임. 낱말 철학에 대한 중요한 설명은 Burkert, W., *Platon oder Pythagoras? Zum Ursprung des Wortes 'Philosophie'* in: *Hermes* 88, 1960, p.159-177 참조.

4) Platon, *Phaidros*의 p.250e. 이는 플라톤이 자주 사용한 기본 표현 방식이다.

5) Platon, *Menon* in: *Platonis Opera*, III, Tetralogias, V-VII continens, Oxford 1901, p.98b.

6) Aristoteles, *Metaphysica*, recognovit brevique adnotatione critica instruxit W. Jaeger, Oxford 1957, 1권, 2장, p.982b9-10.

7) Nagel, Th., *What is Like to a Bat?* in: *Philosophical Review*, 83, 1974, p.435-450 논문 제목을 참조.

8) Platon, *Theaitetos* in: *Platonis Opera*, I, Tetralogias, I-II continens, Oxford 1901, p.155d.

9) Aristoteles, *Metaphysica*의 1권, 2장 p.982b12-13.

10) Frege, G., *Begriffsschrift, eine der arithmetischen nachgebildete Formelsprache des reinen Denkens*, Halle 1879, 서문 XII.

11) Chisholm, R., *Person and Object*, London / La Salle 1976, 1장, p.16.

12) Neurath, O., *Protokollsätze*, in: *Erkenntnis*, 3, 1932 / 33, p.206. 이 비유는 Quine, W.V.O., *Word and Object*, Cambridge 1960에 모토로 인용되어 널리 알려졌다.

13) 딜레마는 여러 가지 방식으로 전해져 온다. 이에 대해서 Aristoteles, *Der Protreptikos des Aristoteles*, Einleitung, Übersetzung und Kommentar von I. Düring, Frankfurt a. M. 1969, A3-A6, p.21-22 참조.

14) Saint-John Perse, *Allocution au Banquet Nobel du 10 décembre 1960*, in: *Oeuvres complètes*, Paris 1972, p.444.

15) Aristoteles, *Metaphysica*의 1권, 2장 p.982b9-10 참조.

16) Spengler, O., Der *Untergang des Abendlandes. Umrisse einer Morphologie der Weltgeschichte*, Wien 1918(Bd I), München 1922(Bd II), 33-47 Aufl. (Bd I u. II), Einleitung, 15단락, p.58.

17) Taylor, A. E., *David Hume and the Miraculous*, in: Philosophical Studies, London 1934, p.365.

18) 《안나 카레니나》, 8부, 9단락.

19) Aristoteles, *Metaphysica*의 1권, 1장 p.980b1.

20) 이 표현은 Platon, *Siebter Brief* in: *Platonis Opera*, V, Tetralogiam, IX defitionens et spuria continens, Oxford 1907, p.343a에서 찾아볼 수 있다.

21) Platon, *Siebter Brief*의 p.343b-c 참조. 이에 대해서 Ferber, R., *Die Unwissenheit des Philosophen oder Warum hat Plato die ungeschriebene Lehre nicht geschrieben?* St. Augustin 1991의 해석을 참조.

22) Platon, *Charmides* in: *Platonis Opera*, recognovit brevique adnotatione critica instruxit I. Burnet, III, Tetralogias, V-VII continens, Oxford 1901, p.166d.

23) Aristoteles, *Metaphysica*의 7권, 1장 p.1028a36-b1.

24) 특히 Wittgenstein, L., *Philosophical Investigations*, ed. by G.E.M. Anscombe and R. Rhees, London 1953; *Philsophische Untersuchungen / Philosophical Investigations* hg. v. G.E.M. Anscombe und R. Rhees, s. v. G.E.M. Anscombe, London 1958, §69-67 참조.

25) 비트겐슈타인의 《철학적 탐구》에 등장하는 가족 유사성에 대한 비판은 Holenstein, E., *Sprachliche Universalien. Eine Untersuchung zur Natur des menschlichen Geistes*, Bochum 1985, p.169-210 참조.

26) 저자와 번역자가 알려지지 않았다. 저자는 Ortega y Gasset(1883-1955)로 추정된다.

27) Lichtenberg, G. Ch., *Aphorismen. Schriften. Briefe*, hg. v. W. Promies, München 1974, A호, §103.

28) Platon, *Kratylos* in: *Platonis Opera*, I, Tetralogias, I-II continens, Oxford 1901, p.387b.

29) Wittgenstein, L., *Philosphische Grammatik, Teil 1, Satz, Sinn des Satzes, Teil 2, Über Logik und Mathmatik*, hg. v. R. Rhees, Oxford 1969, Teil 1, 10장, §140, p.193.

30) Wittgenstein, *Philosophical Investigations*의 §7.

31) Searle, J. R., *Speech Acts, An essay in the philosophy of language*, Cambridge 1969, Teil 1, 1장, 4단락, p.16.

32) Wittgenstein, *Philosophical Investigations*의 p.23.

33) 〈시편〉 제91편 13절.

34) Copi, I. M., *Introduction to Logic*, London / New York 1986, 2장, p.68-71.

35) Heidegger, M., *Sein und Zeit*, Halle 1927, 2장, § 7, 단락 A, p.31.

36) Morris, Ch., *Signs, Language and Behaviour*, New York 1946, 8장, 1단락, p.219.

37) Morris의 같은 책, p.219.

38) Aristoteles, *Categoriae et liber de Interpretatione*, recognovit brevique adnotatione critica instruxit L. Minio-Paluello, Oxford 1949, 1장, p.16a3-8.

39) 《기호론적 삼각형》의 원전은 Ogden, C. K. / Richards, I. A., *The meaning of meanig. A study of the Influence of Language upon the Thought and of the Science os Symbolism*, London 1923, 1장, p.11 참조.

40) Ogden / Richards의 같은 책, p.11: "기호와 연관 대상 사이에는 간접적인 관계 이외에는 다른 관계가 존재하지 않는다. 간접적인 관계란 연관 대상을 대신하기 위해서 누군가 기호를 사용하는 것을 말한다."

41) 원전은 Frege, G., *Der Gedanke. Eine logische Untersuchung*, in: *Beiträge zur Philosophie des deutschen Idealismus*, I, 1918 / 1919, p.58-77. 본문은 Gottlob Frege: *Kleine Schriften*, hg. v. I. Angelelli, Hildesheim 1967, p.351에서 인용.

42) Frege의 같은 책, p.351-352.

43) Frege, G., *Über Sinn und Bedeutung*, in: *Zeitschrift für Philosophie und philosophische Kritik*, 100, 1892, p.25-50. 본문은 Gottlob Frege: *Kleine Schriften*, hg. v. I. Angelelli, Hildesheim 1967의 p.144에서 인용.

44) Wittgenstein, *Philosophical Investigations*의 § 43.

45) Wittgenstein, *Philosophical Investigations*의 § 202.

46) Wittgenstein, *Philosophical Investigations*의 § 580.

47) 이 점은 특히 크립케에 의해서 다루어졌음: Kripke, S., *Wittgenstein on Rules an Private Language. An Elementary Exposition*, London 1982, 2장, p.7-54.

48) Wittgenstein, L., *Letzte Schriften über die Philosophie der Psychologie*, hg. v. G.E.M. Anscombe, London 1984, p.913. 이에 대해서 페르버를 참조: Ferber, R., 'Lebenform' oder 'Lebensformen' —— *Zwei Addenda zur Kontroverse zwischen N. Garver und R. Haller*, in: *Akten des 15. Interantionalen Wittgenstein-Symposium*, 2. hg. v. K. Puhl, Wien 1993, p.270-276.

49) Bernays, P., *Bemerkungen zu Ludwig Wittgensteins, Bemerkung über die Grundlagen der Mathematik*, in: *Ratio*, 1959, 3, p.5: "아마 상이한 철학적 입장의

특징은 놀랄 만한 사실에서 무엇을 최종적인 것으로 받아들이느냐에 따라 구분될 것이다. 비트겐슈타인의 철학에서 그것은 …… 사회학적인 사실이다."

50) Wittgenstein, *Philosophical Investigations*의 §217: "내가 이유를 전부 다 밝혀냈다면 이제 내 삽이 구부러지는 단단한 바위 위에 다다른 것이다. 그럼 나는 말할 것이다. '나는 이렇게 행동한다.'"

51) Wittgenstein, L., *Bemerkungen über Frazers Golden Bough*, in: *Synthese*, 17, 1967, p.233에서 '기술하다'를 강조했다.

52) 《잃어버린 시간을 찾아서》, 1권, 《스완의 세계에서》, 1편.

53) Kuhn, Th. S., *The Structure of Scientific Revolutions*, Chicago 1962, 10장, p.113.

54) Kuhn의 같은 책, 10장, p.121.

55) Schopenhauer, A., *Die Welt als Wille und Vorstellung*, II, Leipzig 1844. 본문은 *Arthur Schopenhauer's sämmtliche Werke*, hg. v. J. Frauenstädt, 2판, III, Leipzig 1916, 1권, 10장, p.118에서 인용.

56) Euklid, *Elementa*, ed. J. -L. Heiberg und H. Menge, Leipzig 1833-1916, 1권, 정리 10.

57) Frege, G., *Die Grundlagen der Arithmetik. Eine logisch-mathmatische Untersuchung über den Begriff der Zahl*, Breslau 1884. 본문은 Darmstadt 1961년 판, p.17, 24에서 인용.

58) Euklid, *Elementa*의 9권, 정리 18.

59) Hume, D., *An Enquiry concerning Human Understanding*, London 1748. 본문은 재인쇄된 *Enquiries concerning the human understanding and concerning the principles of morals by Davis Hume*, Oxford 1888, 5단락, p.44에서 인용.

60) Hume, *An Enquiry concerning Human Understanding*의 p.45.

61) Russell, B., *The Problems of Philosophy*, London 1912, 6장, p.98.

62) Popper, K., *Logik der Forschung*, Wien 1934. 본문은 Tübingen 1984년, 8판, 7단락, p.313에서 인용.

63) Popper의 같은 책, 9단락, p.359-373, 특히 p.368.

64) 이 가설에 대해서 파이어아벤트에게 감사를 드린다. Feyerabend, P., *Probleme des Empirismus, Schriften zur Theorie der Erklärung, der Quantentheorie und der Wissehnschatsgeschichte, Ausgewählte Schriften*, 2, Braunschweig / Wiesbaden 1981, 14장, p.362.

65) Hume의 *An Enquiry concerning Human Understanding*, p.45.

66) 흄에게 있어 실천적 이성은 존재하지 않으며, 단지 불분명하고 비철학적인 표현 방식에 지나지 않는다. 따라서 흄의 언어 사용은 일반적인 철학적 언어 사용

에서 벗어난다. 참조: Hume, D., *A Treatise of Human Nature, Being an Attempt to Introduce the Experimental Method of Reasoning into Moral Subjects*, London 1739-40. 본문은 L.A. Selby-Bigge가 펴낸 Oxford 1888년판, 2권, 3단락, p.413-416에서 인용.

67) Quine, W.V.O., *Ontological Relativity and other Essays*, New York / London 1969, 5장, p.126. 귀납법의 실용주의적인 정당성 입증에 대해서 라이헨바흐를 참조: Reichenbach, H., *The Theory of Probability, An Inquiry into the Logical an Mathematical Foundations of the Caculus of Probability*, Berkeley / Los Angeles 1949, p.482-469.

68) Popper, K., *Objective Knowledge. An Evolutionary Approach*, Oxford 1972, 1장, 6단락.

69) 참조: v. Wright, G. H., *The Logic of Preference. An Essay*, Edinburgh 1963, 특히 §1-8, p.7-20.

70) Popper, *Logik der Forschung*의 10장, 85단락, p.223.

71) Frege, G., *Über die Grundlagen der Geometrie*, in: *Jahresbericht der Deutschen Mathematiker-Vereinigung*, 12, 1903, p.319-324. 본문은 *Gottlob Frege: Kleine Schriften* hg. v. Angelelli, Hildesheim 1967, p.262에서 인용.

72) Cantor, G., *Beiträge zur Begründung der transfiniten Mengenlehre*, in: *Mathematische Annalen*, 46, 1895, p.481-512. 본문은 *G. Cantor: Gesammelte Abhandlungen mathematischen und philosophischen Inhalts*, hg. v. E. Zermelo, Berlin 1932, 3편, 9장, §6, p.295에서 인용.

73) Euklid, *Elementa*의 1권, 정의 23.

74) 에우클레이데스는 그 대신 공준 5를 사용해서, 오늘날 평행선의 공리에 해당하는 공리를 입증하였다. "한 직선이 두 직선과 교차하는 경우에 선 3개로 이루어진 두 면이 생긴다. 이때 한쪽 면의 내각의 합이 다른 한쪽 면의 두 내각의 합보다 작은 경우에, 두 내각의 합이 작은 쪽 면의 두 선을 무한히 연장하면 두 선은 교차한다".

75) 비에우클레이데스적 기하학에 대해서는 Bonola를 참조: Bonola, R., *Die Nichteuklidische Geometrie, Historisch-kritische Darstellung ihrer Entwicklung*, Leipzig / Berlin 1919, p.57-85.

76) Frege, G., *Unbekannte Briefe Freges über die Grundlagen der Geometrie und Antwortbrief Hilberts an Frege. Aus dem Nachlaß von Herinrich Liebmann herausgegeben und mit Anmerkungen versehen v. M. Steck*, in: *Sitzungsbericht der Heidelberger Akademie der Wissenschaften, Mathematisch-Naturwissenschaftliche Klasse*, 2, Heidelberg 1941, p.3-31. 본문은 *Gottlob Frege: Kleine Schriften* hg.

v. Angelelli, Hildesheim 1967, p.411에서 인용.

77) Butler, J., *Fifteen Sermons*, London 1726. 본문은 *The Works of Jeseph Butler*, ed. by W. E. Gladstone, II, Semons, etc., Oxford 1896, §33, p.25에서 인용.

78) Frege, G., *Logik*, in: *Nachgelassene Schriften und wissenschaftlicher Briefwechsel*, Hamburg 1969, p.139.

79) Frege, *Gedanke. Eine logische Untersuchung*의 p.342.

80) '메타논리학적인 진리'라는 표현은 쇼펜하우어가 도입하였다. Schopenhauer, A., *Ueber die vierfache Wurzel des Satzes vom zureichenden Grunde. Eine philosophische Abhandlung*, Rudolfstadt 1813. 본문은 *Arthur Schopenhauer's sämmtliche Werke*, hg. v. J. Frauenstädt, 2판, III, Leipzig 1916, 33, p.108에서 인용.

81) Whitehead, A. N. / Russell, B., *Principia Mathematica*, I, Cambridge 1910. 본문은 1929년, 2판, 1편, 단락 A, p.94에서 인용.

82) 〈요한복음〉 제18장 37절.

83) 〈요한복음〉 제14장 6절.

84) 〈요한복음〉 제18장 37절.

85) Spengler, *Der Untergang des Abendlandes*의 2권, 42장, 3단락, p.1139-1140.

86) Aristoteles, *Metaphysica*의 4권, 7장, p.1011b26-28.

87) 이미 프레게가 이 이론을 대표하였다. Frege, G., *Logik*의 p.140: "주장 문장의 형태가 이미 참을 진술하는 문장이므로 여기에 '참'이라는 단어를 덧붙일 필요가 없다. 따라서 우리는 이렇게 말할 수 있다. '…인 것은 참이다'라는 표현 방식을 사용할 때, 주장 문장의 형태가 본질적인 요소이다."

88) 일치 이론에 대한 비판과 함께 '신의 눈'이라는 표현은 Putnam에게서 등장한다. Putnam, H., *Reason, Truth and History*, Cambridge 1981, p.73-74.

89) Tarski, A., *Der Wahrheitsbegriff in den formalisierten Sprachen*, in: *Studia Philosophica*, 1, 1935, 1, p.268.

90) Tarski, *Der Wahrheitsbegriff in den formalisierten Sprachen*의 p.268.

91) Tarski, *Der Wahrheitsbegriff in den formalisierten Sprachen*의 p.268.

92) Tarski, A., *The Semantic Conception of Truth and the Foundation of Semantics*, in: *Philosophy and Phenomenological Research*, 4, 1944, p.302.

93) Tarski, *The Semantic Conception of Truth and the Foundation of Semantics*의 p.361.

94) 이러한 진리의 최소 이론은 가령 Horwich에 의해서 대표된다. Horwich, P., *Truth*, Oxford 1990, 특히 2장, 4단락.

95) Aristoteles, *Politica*, recognovit brevique adnotatione critica instruxit W. D. Ross, Oxford 1957, 1권, 4장, p.1254a14-17.

96) Aristoteles, *Politica*의 1권, 5장, p.1254b25-26.

97) Habermas, J., *Wahrheitstheorien*, in: *Wirklichkeit und Reflexion*, Walter Schulz zum 60. Geburtstag, hg. v. H. Fahrenbach, Pfullingen 1972, p.211-265.

98) 참조: Habermas, *Wahrheitstheorien*의 5장, p.252-260.

99) Habermas, *Wahrheitstheorien*의 p.258.

100) Habermas, J., *Die Neue Unübersichtlichkeit. Kleine Politische Schriften*, V, Frankfurt 1985, 5장, 5단락, p.161.

101) Aristoteles, *Topica et Sophistici Elenchi*, recognovit brevique adnotatione critica instruxit W. D. Ross, Oxford 1958, 1권, 1장, p.100a30-b23.

102) James, W., *Pragmatism, An new Name for some old ways of thinking. Popular lectures on Philosophy*, London 1907, 5장, p.201.

103) James의 같은 책, p.204.

104) James의 같은 책, 8장, p.204.

105) Peirce, Ch., *Collected Papers of Charles Sanders Peirce*, V, *Pragmatism and Pragmaticism*, ed. by Ch. Hartshorne and P. Weiß, Cambridge 1965, §407.

106) 이러한 논증은 무어에게서 등장한다. Moore, G. E., *Principia Ethica*, Cambridge 1903, 1장, §13-14, p.16. 무어는 '좋은'의 의미가 '쾌락'의 의미와 일치할 수 없다는 것을 보여 주기 위해서 '쾌락이 최종적으로 좋은가' 라는 질문을 던진다. 여기서 나는 이 논증을 진리의 기준에 적용했다.

107) 추가 개념은 Hare가 도덕적 성격을 설명하기 위해서 도입하였다. Hare, R. M., *The Language of Morals*, Oxford 1952. 정확한 정의에 관해서는 5장, 2단락, p.82-83과 9장, 3단락 p.153-155 참조.

108) Popper, K., *Auf der Suche nach der besseren Welt. Vorträge und Aufsätze aus dreißig Jahren*, München / Zürich 1984, 2장, 9단락, p.50.

109) Sexus Empiricus, *Adversus Mathematicos*, VII-XI, ed. by H. Mutschmann, Leipzig 1914, 7권, 52단락.

110) Popper, K., *Conjectures and Refutations. The Growth of Scientific Knowlege*, London 1963, 10장, p.225.

111) Frege, *Logik*의 p.139.

112) Frege, *Logik*의 p.140.

113) 참조: Frege, G., *Logik in der Mathematik*, in: *Nachgelassene Schriften und wissenschaftlicher Briefwechsel*, Hamburg 1969, p.224: "정의로부터 설명을 구분할 수 있다. 우리가 학문을 시작하면 단어 사용을 피할 수 없다. 물론 이때 자체

결함 때문에 설명이 요구되는 단어를 다시 사용할 수도 있다."

114) Aristoteles, *Metaphysica*의 9권, 10장 p.1051b6-9.

115) 참조: Quine, W.V.O., *Pursuit of Truth*, Cambridge / London 1990, 4장, § 41, p.95-98.

116) 콰인의 예를 참조할 것: Quine, W. V. O., *Pursuit of Truth*, 4장, § 41, 95-98.

117) Hegel, G. W. F., *Vorlesungen über die Geschichte der Philosophie*, I, Berlin 1833-1836, 1단락, b, p.33.

118) 이러한 세 가지 구분은 성격과 자질의 구분처럼 프레게에 의해서 이루어졌다. Frege, G., *Begriff und Gegenstand*, in: *Vierteljahresschrift für wissenschaftliche Philosophie*, 16, 1892, p.192-205. 본문은 *Gottlob Frege: Kleine Schriften* hg. v. Angelelli, Hildesheim 1967, p.167-178에서 인용.

119) Aristoteles, *Metaphysica*의 4권, 2장 p.1003a33-b10과 7권, 1장, p.1028 a13-30.

120) Aristoteles, *Metaphysica*의 4권, 1장 p.1003a21-26.

121) Aristoteles, *Categoriae et liber de Interpretatione*의 5장, p.2b11-4b19 참조.

122) 참조: Aristoteles, *Metaphysica*의 5권, 6장, p.1016a32와 10권, 13장, p.1054b35.

123) Wittgenstein, L., *Tractatus logico-philosophicus / Logisch-Philosophische Abhandlung*, in: *Annalen der Naturphilosophie*, hg. v. W. Oswald, 14, 1921. 본문은 L. Wittgenstein: *Schriften 1*, Frankfurt 1969, § 1과 § 1.1에서 인용.

124) Descartes, L., *Meditationes de prima philosophia*, Paris 1641. 본문은 *Oeuvres de Descartes publiées par Ch. Adam & Tannéry, Meditationes de Prima Philosophia*, VII, Nouvelle présentation en coédition avec le centre national de la recherche scientifique, Paris 1973, 5단락, p.36-37에서 인용.

125) Brentano, F., *Von der Klassifikation psychischer Phänomene*, in: *Psychologie vom empirischen Standpunkt*, II, hg. v. O. Kraus, Leipzig 1911. 본문은 Brentano: *Psychologie vom empirischen Standpunkt*, Hamburg 1925, 6장, § 3, p.33-36에서 인용.

126) 《좋으실 대로》, 3막, 5장, 달의 여신.

127) Nietzsche, F., *Zur Genealogie der Moral. Eine Streitschrift*, Leipzig 1887. 본문은 *Nietzsche Werke, Kritische Gesamtausgabe*, hg. v. G. Colli und M. Montinari, VI / 2, Berlin 1968, 2장, § 3, p.311에서 인용.

128) Augustinus, *Confessiones*, Straßburg에서 1470년 이전에 발행. 본문은 *Saint Augustin, Confessions. Texte établi et traduit par P. de Labriolle*, I, 5판, Paris

1950; II, 3판, Paris 1947, 1권, 7단락, p.11에서 인용.

129) Freud, S., *Die Traumdeutung*, Leipzig / Wien 1900. 본문은 *Gesammelte Werke*, II3, Frankfurt 1942, 5장, 4, D단락, b, p.213에서 인용.

130) Kant, I., *Anthropologie in pragmatischer Hinsicht*, Königsberg 1798, 제7권, 5, p.136.

131) Leibniz, G. W., *Monadologie*, Jena 1720. 본문은 G. W. Leibniz: *Principes de la nature et de la Grace, fondées en Raison —— Principes de la Philosophie ou Monadologie*, Publiés intégralement d'après des lettres inédites pat A. Robinet, Paris 1954, §61에서 인용.

132) Searle, *Speech Acts*의 §1.5.

133) Descartes, *Meditationes de prima philosophia*의 2장. 참조: 특히 5단락 및 8단락, p.19-20 및 p.23.

134) Descartes, *Meditationes de prima philosophia*의 1장, 3단락 및 9단락.

135) 2막, 2장.

136) Brentano, F., *Psychologie vom empirischen Standpunkt*, Leipzig 1874(I), 본문은 Brentano: *Psychologie vom empirischen Standpunkt*, I, Hamburg 1924, 2권, §6, p.128에서 인용.

137) Leibniz, *Monadologie*의 §17.

138) 이것을 다시 분명하게 한 것은 Nagel의 업적이다. Nagel, Th., *What is Like to a Bat?* p.435-450.

139) Wittgenstein, *Philosophical Investigations*의 §580.

140) Whitehead / Russell, *Principia Mathematica*의 2편, A단락, p.52.

141) 〈이사야〉 제6장 2절. "스랍들은 모셔 섰는데, 각기 여섯 날개가 있어 그 둘로는 그 얼굴을 가리었고……."

142) Platon, *Phaidros*의 p.248a.

143) Platon, *Phaidros*의 p.247c.

144) Platon, *Phaidros*의 p.248a.

145) Platon, *Politikos* in: *Platonis Opera*, I, Tetralogias, I-II continens, Oxford 1901, p.286a. 지적인 통찰과 '정신 속의 빛'에 대한 다른 해석: Ferber, *Die Unwissenheit des Philosophen oder Warum hat Plato die ungeschriebene Lehre nicht geschrieben?*의 p.37-61, 특히 p.48.

146) 의미적 존재 개념은 페르버의 글에 소개되어 있다. Ferber, R., *Das normative 'ist,' "das Sein Gottes und die Leibniz-Schellingsche Frage,"* in: *Zeitschrift für Philosophische Forschung*, 42, 1988, 371-396. 실제 존재와 의미적인 존재의 구분은 대략 '존재하다'와 '자존(自存)하다'의 차이에 해당한다. 스토아학파와 러

셸이 이러한 구분(존재하다와 자존하다)을 대표한다. *Stoicorum veterum fragmenta*, Coll. I. ab Arnim, 4. vol., Leipzig 1903, p.322, 488, 541. Russell, B., *The Problems of Philosophy*, 9장. 이러한 구분은 프레게의 의의에 대한 이론을 바탕으로 자존 개념을 명확히 하려고 시도한다. 콰인은 '존재하다'의 두 가지 의미를 구분하는 데 반대한다. "구체적인 대상에 대한 '존재하다'의 의미와 추상적인 대상에 대한 '존재하다'의 의미를 구분하는 것은 무의미하다." Quine, *Word and Object*의 §49, p.242.

147) Frege, *Über Sinn und Bedeutung*의 p.145.

148) Aristoteles, *Categoriae et liber der Interpretatione*의 7장, p.17a38.

149) Porphyrios, *Isagoge et in Aristotelis Categorias Commentarium*, hg. v. A. Busse, in: *commentaria in Aristotelem Graeca*, IV, 1, Berlin 1887, 1a.p.8-12.

150) Quine, W. V. O., *From Stimulus to Science*, Cambridge / London 1995, 3장, p.40.

151) Platon, *Politeia*의 p.596a.

152) Platon, *Timaios* in *Platonis Opera*, IV, Tetralogiam VIII continens, Oxford 1902, p.52a.

153) Aristoteles, *Categoriae et liber der Interpretatione*의 5장, p.2a.12-14.

154) Aristoteles, *Metaphysica*의 7권, 13장, p.1038b8-9.

155) Aristoteles, Analytica posterioca, 19장, p.100b4-5.

156) Locke, J., *An Essay Concerning Human Understanding*, London 1690. 본문은 London 1706년 5판, 3권, 3장, 6단락에서 인용.

157) Aristoteles, *Philebos*, p.15b.

158) Platon, *Timaios*의 p.50c. 참조: Ferber, R., *Why did Plato maintain the theory of ideas in the 'Timaeus?'* in: *Interpreting the Timaeus and Critias, Proceedings of the IV Symposium Platonicum, International Plato Studies*, ed, by T. Calvo / L. Brisson, St. Augustin 1997.

159) Frege, *Über Sinn und Bedeutung*의 p.145.

160) Platon, *Timaios*의 p.52a.

161) Platon, *Timaios*의 p.52a.

162) Frege, *Über Sinn und Bedeutung*, p.145.

163) Platon, *Politeia*의 p.532d.

164) 참조: 가령 Quine, *Word and Object*의 p.43.

165) Aristoteles, *Metaphysica*의 3권, 4장 p.1006b7-11. 참조: Platon, *Parmenides*, in: *Platonis Opera*, II, Tetralogias III-IV continens, Oxford 1901, p.135b-c.

166) Heidergger, M., *Was ist Metaphysik*, Bonn 1929. 본문은 Frankfurt 1952년

6판, 3단락, p.31에서 인용.

167) Frege, *Über Sinn und Bedeutung*의 p.145.

168) Popper, *Objective Knowledge. An Evolutionary Approach*의 4장, p.158-197, 특히 4단락, p.164-167.

169) Kant, I., *Kritik der reinen Vernunft*, Riga 1781. 본문은 1930년 2판, 599 / B, p.624에서 인용.

170) Aristoteles, *Ethica Nicomachea*, recognovit breviaque adnotatione critica instruxit I. Bywater, Oxford 1894, 1권, 1장, p.1094a2-3. 참조: Platon, *Gorgias*, in: *Platonis Opera*, III, Tetralogias V-VII continens, Oxford 1901, p.468b 및 p.499e-500a.

171) Moore, G.E., *Principia Ethica*의 1장, §2, p.2.

172) 참조: 가령 Platon, *Politeia*의 4권, p.427d-434c; 6권, p.504a 및 p.506a; 7권, p.534b-c. Aristoteles, *Ethica Nicomachea*의 1권, 1장, p.1094a22-26. Moore, *Principia Ethica*의 1장, §10, p.9-10.

173) 1편, 1장.

174) Hume, *A Treatise of Human Nature, Being an Attempt to Introduce the Experimental Method of Reasoning into Moral Subjects*, 3권, 1편, 1단락, p.469-470.

175) Hume, *A Treatise of Human Nature, Being an Attempt to Introduce the Experimental Method of Reasoning into Moral Subjects*, 3권, 1편, 1단락, p.469.

176) 이 견해는 Ayer에 의해서 대변된다. Ayer, A. J., *Language, Truth and Logic*, London 1936. 1967년판, 6장, p.107. "이제 내가 그 이전의 주장을 일반화하여 '돈을 훔치는 것은 잘못이다!'라고 말하면 실제적인 의미가 없는 문장을 작성하는 것이다. 즉 참 또는 거짓으로 판명될 수 있는 명제를 표현하는 것이 아니다. 이것은 단지 '돈을 훔치는 것은 잘못이다!'라고 쓴 것과 같다. 이때 느낌표의 형태는 통상적으로 표현된 느낌이 일종의 도덕적 비난이라는 것을 나타낸다. 하지만 여기서 참 또는 거짓을 말하지 않는 것은 분명하다."

177) Ayer, *Language, Truth and Logic*의 p.108. "윤리적인 술어는 감정을 표현하는 데 그치지 않는다는 것을 언급할 필요가 있다. 윤리적인 술어는 감정을 일깨우고, 행동을 유도하는 데 사용되기도 한다. 실제로 윤리적 단어의 의미를 정의할 때, 단어가 표현하는 다양한 감정을 통해서, 단어가 불러일으키는 다양한 반응에 의해서 정의할 수도 있다."

178) Searle, *Speech Acts*의 2장, 7단락, p.50-53.

179) Searle의 같은 책, p.50-53.

180) MacCormick과 Weinberger의 제도주의적인 견해가 법에 적용되었다. 참조:

MacCormick, D. N. / Weinberger, O., *An Institutional Theory of Law. New Approaches to Legal Positivism*, Dordrecht 1986, p.1-30 및 p.49-76. 나는 제도주의적인 견해를 메타윤리학에까지 확대한다. 참조: Ferber, R., *Moralische Urteile als Beschreibungen institutioneller Tatsachen. Unterwegs zu einer neuen Theorie moralischer Urteile*, in: Archiv für Rechts-und Sozialphilosophie, 79, 1993, p.372-392.

181) 참조: Ferber, R., *Das normative 'ist' und das konstative 'soll,'* in: Archiv für Rechts-und Sozialphilosophie, 74, 1988, p.185-199.

182) 《한 치수 또 한 치수》, 2막, 1장.

183) Platon, *Politeia*의 10권, p.608e.

184) Mill, J. St., *Utilitarianism*, London 1961 / 63. 본문은 Londond 1907년, 15판, 2장, p.9-10에서 인용.

185) Mill, *Utilitarianism*의 4장, p.52-53.

186) Moore, *Principia Ethica*의 1장, §10, p.10: "너무 많은 철학자들이 이러한 다른 성질을 언급한다면 실제로 잘 정의하리라고, 이러한 성질은 다른 것이 아니고 선의와 똑같을 거라고 생각했다. 나는 이러한 견해를 '자연주의적인 오류'라고 부를 것을 제안하며, 이를 극복하려고 노력한다."

187) 이것은 볼테르의 격언이다.

188) Kant, I., *Grundlegung zur Metaphysik der Sitten*, Riga 1785, 2단락, p.418.

189) 〈마태복음〉 제7장 12절. 참조: 〈누가복음〉 제6장 31절.

190) Kant, *Grundlegung zur Metaphysik der Sitten*의 2단락, p.421.

191) Kant, I., *Bemerkungen zu den Beobachtungen über das Gefühl des Schönen und Erhabenen*, in: *Kant's Gesammelte Schriften*, hg. v. der Preußischen Akademie der Wissenschaften, Berlin 1942, 19장 '선.'

192) Mill, *Utilitarianism*의 5장, p.78-79.

193) Kant, *Grundlegung zur Metaphysik der Sitten*의 머리말, p.389.

194) Aristoteles, *Ethica Nicomachea*의 6권, 8장, p.1141b18-21.

195) Platon, *Politikos*의 p.284e. 참조: Ferber, R., *Für eine propädeutische Lektüre des 'Politicus,'* in: *Reading the Statesman, Proceedings of the III Symposium Platonicum, International Plato Studies 4*, ed. by Ch. Rowe, St. Augustin, 1995, p.63-74.

196) Platon, *Politikos*의 p.284d.

197) Aristoteles, *Ethica Nicomachea*의 2권, 9장, p.1109b23-24.

198) 참조: 〈마태복음〉 제5장 43-44절 및 제22장 38절, 〈누가복음〉 제6장 27-30절.

199) Kant, *Grundlegung zur Metaphysik der Sitten*의 2단락, p.418.
200) 〈시계〉의 8장.
201) Macchiavelli, N., *Il Principe*, Rom 1532. 본문은 *Il Principe*, in: *Tutte le Opere*, a cura di M. M, Martelli, Firenze 1971, 8장, p.271에서 인용.
202) 참조: 〈누가복음〉 제10장 35절에 나오는 관대한 자선가의 비유: "이튿날에 데나리온 둘을 내어 주막 주인에게 주며 가로되, 이 사람을 돌보아 주라. 부비(浮費)가 더 들면 내가 돌아올 때에 갚으리라 하였느니."
203) 〈마가복음〉 제10장 18절, 〈누가복음〉 제18장 19절. 본문은 Kant, *Grundlegung zur Metaphysik der Sitten*의 2단락, p.408에서 인용: "예수께서 이르시되 네가 어찌하여 나를 선하다 일컫느냐, 하나님 한 분 외에는 선한 이가 없느니라."
204) 톨스토이, 《안나 카레니나》, 8편, 12단락.
205) Nietzsche, F., *Jenseits von Gut und Böse. Vorspiel einer Philosophie der Zukunft*, Leipzig 1886. 본문은 *Nietzsche Werke, Kritische Gesamtausgabe*, hg. v. G. Colli und M. Montinari, VI / 2, Berlin 1968, 2장, § 69, 86에서 인용.
206) 톨스토이, 《안나 카레니나》, 8부, 19절.
207) Kant, *Grundlegung zur Metaphysik der Sitten*, 3단락, p.463.
208) Platon, *Politeia*의 7권, p.532e.

색 인

가우스 Gauss, C. F.   70
갈릴레이 Galilei   44
《경험적 심리학 Psychologie vomexpirischen Standpunkte》   116
《고도를 기다리며 En attendant Godot》   20
고리키 Gorky, M.   7
《고백록 Confessions》   19,118
고흐 Gogh, V. W. van   11
《공리주의 Utilitarianism》   170
《과학 혁명의 구조 The Structure of Scientific Revolutions》   44
괴테 Goethe, J. W. von   24,36,92
《국가 Politeia》   22
《군주론 Il Principe》   189
굿맨 Goodman, N.   56,57
그림 Grimm, W. C.   144
글라우콘 Glaukon   141
《기하학 기초 Grundlagen der Geometrie》   71,72
《꿈의 해석 Die Traumdeutung》   118
《논리철학 논고 Logisch-philosophische Abhandlung / Tractatus Logico-Philosophicus》   114
니체 Nietzsche, F.   19,118,191
데카르트 Descartes, R.   13,21,116,120,121
《도덕형이상학 기초 Grundlegung zur Metaphysik der Sitten》   178
도스토예프스키 Dostoyevsky, F. M.   150
라이프니츠 Leibniz, G. W.   119,123
러셀 Russell, B.   55,56,75,125

레빈 Lewin, M.   23,190,191
로바체프스키 Lobatschevsky, N. I.   70,71
로크 Locke, J.   133,136
리만 Riemann, G. F. B.   71
리히텐베르크 Lichtenberg, G. C.   27
릴케 Rilke, R. M.   25,194
마이어 Meyer, J. L.   90,96,114,115,152,159,160,161
마키아벨리 Machiavelli, N.   189
모리스 Morris, C. W.   34
무어 Moore, G. E.   148,150,176,177
밀 Mill, J. S.   67,184,193
바흐만 Bachmann, I.   104,187
버틀러 Butler, J.   73,177
《범주론 Categoriae》   132
베케트 Beckett, S. B.   20
베토벤 Beethoven L. van   45
벤담 Bentham, J.   172
벤스 Benns, G.   30
보요이 Bolyai, J.   70,71
부슈 Busch, W.   44,55
부알로 Boileau, N.   96
브렌타노 Brentano, F. C.   116,121
브로우웨르 Brouwer, L. E. J.   77,78
비트겐슈타인 Wittgenstein, L. J. J.   13,22,25,28,29,38,39,41,42,114,124,126,193
사강 Sagan, F.   172
《사실, 허구, 그리고 예상 Fact, Fiction and Forecast》   56
생 종 페르스 Saint-John Perse   20
설 Searle, J. R.   29

《세계의 논리적 구조
　Der logische Aufbau der Welt》　21
섹스토스 Sextos Empiricus　97
셰익스피어 Shakespeare, W.　118,121, 144,167
소크라테스 Socrates　9,10,18,22,24,28,32, 90,108,109,110,113,115,132,134,135,138
쇼펜하우어 Schopenhauer, A.　50
《수학 원리 Principia Mathematica》 75,125
《순수이성비판
　Kritik der reinen Vernunft》　21
슈펭글러 Spengler, O.　22,79,80,104,178
《슬픔이여 안녕 Bonjour Tristesse》　172
《실용주의적 관점에서 본 인류학
　Anthropologie in pragmatischer Hinsicht》　119
아리스토텔레스 Aristoteles　10,12,13,18, 21,24,25,35,44,81,84,88,91,110,114,132,133, 134,135,136,137,138,140,141,147,150,152, 185,186,187
아우구스티누스 Augustinus, A.　19,118
《안나 카레니나 Anna Karenina》　23,191
《엄밀한 학문으로서의 철학 Philosophie als strange Wissenschaft》　21
에우클레이데스 Eucleides 50,68,69,70,71,72,73,75,88
오컴 Ockham, W. of　131,133
와일드 Wilde, O.　32
《원소 Elementa》　50,68,69
《윤리학 원리 Principia Ethica》　148,177
이리스 Iris　12
《인간 오성론 Essay Concerning Human Understanding》　136
《인간 이해력에 관한 철학 논고
　An Enquiry concerning Human Understanding》　54
《인성론 A Treatise of Human Nature》 153
자무시 Jarmusch, J.　20
《작가가 다른 사람에게 쓴 편지
　Brief eines Dichters an einen andern》 36
《제일철학에 관한 성찰 Meditationes de Prima Philosophia》　116,120
제임스 James, W.　92
《죽음의 집의 기록
　Zapiski iz myortvogo doma》　150
《차라투스트라는 이렇게 말했다
　Also Sprach Zarathustra》　19
《천국보다 낯선 Stranger than Paradise》 20
《철학의 원리 Principia Philosophiae》 21
《철학적 탐구 Philosophischen Untersuchungen》　22,29,38
《초한집합론 기초 Beiträgen zur Begründung der transfiniten Mengelehre》　69
카르나프 Carnap, R.　21,58
칸토어 Cantor, G.　69,131,144
칸트 Kant, I.　15,21,119,145,177,178,179, 182,184,185,189,193
코페르니쿠스 Copernicus, N.　87
콰인 Quine, W. V. O.　63,84,102,103, 133,141
쿤 Kuhn, T. S.　44
크라우스 Kraus, K.　30
크립케 Kripke, S. A.　41
크산티페 Xanthippe　113
크세노파네스 Xenophanes　96,97
클라이스트 Kleist, B. H. W. von　36
타르스키 Tarski, A.　82,84,85,86,95,99
타우마스 Thaumas　12
《탐구의 논리 Logik der Forschung》　60
테오프라스토스 Theophrastos　132

테일러 Taylor, A. E.   23
톨스토이 Tolstoy, L. N., Graf   23, 190,191
《티마이오스 Timaios》   137
티에폴로 Tiepolo, G. B.   112
파스칼 Pascal, B.   89
《파이드로스 Phaidros》   19
퍼스 Peirce, C. S.   93,94
포르피리오스 Porphyrios   132,133,139
포퍼 Popper, K.   60,61,62,63,65,67,96,98,145
《프라우다 Pravda》   104
프레게 Frege, F. L. G.   13,36,37,38,51,68,72,73,74,99,128,138,139,143
프로이트 Freud, S.   118
프루스트 Proust, M.   44
프톨레마이오스 Ptolemaeos, C.   87
플라톤 Platon   7,8,9,12,19,20,22,23,24,126,127,130,132,133,134,135,136,137,138,141,147,150,168,186
피타고라스 Pythagoras   117

하버마스 Habermas, J.   89,90,91
하이데거 Heidegger, M.   33,143
《학으로 성립할 수 있는 모든 미래의 형이상학에 대한 입문 *Prolegomena zu einer jeden Künftigen Metaphysik die als Wissenschaft Wird auftreten können*》   21
《햄릿 *Hamlet*》   121,144
헤겔 Hegel, G. W. F.   103
《형식화된 언어로 표현된 진리 개념 *Pojęcie prawdy w językach nauk dedukcyjnych*》   84
호메로스 Homeros   144
화이트헤드 Whitehead, A. N.   75,125
후설 Husserl, E.   21,33
훅 Hooke, R.   53,65
흄 Hume, D.   23,54,55,56,57,61,62,66,153,154,155,162
히틀러 Hitler, A.   163
힐베르트 Hilbert, D.   71,72

조국현
한국외국어대학교 독일어과 졸업
독일 뮌스터대학 일반언어학과 박사
저서: 독일어 (2000, 사회평론)
역서: 《펠릭스의 서커스 여행》
《마쯔와 신비한 섬》 등 동화책 80여 종

현대신서
100

철학적 기본 개념

초판발행 : 2002년 4월 20일

지은이 : 라파엘 페르버
옮긴이 : 조국현
펴낸이 : 辛成大
펴낸곳 : 東文選
제10-64호, 78. 12. 16 등록
110-300 서울 종로구 관훈동 74
전화 : 737-2795

편집설계: 韓仁淑 李惠允 李娅旻 劉泫兒

ISBN 89-8038-221-9 04160
ISBN 89-8038-050-X (현대신서)

【東文選 現代新書】

1 21세기를 위한 새로운 엘리트	FORESEEN 연구소 / 김경현	7,000원
2 의지, 의무, 자유 — 주제별 논술	L. 밀러 / 이대희	6,000원
3 사유의 패배	A. 핑켈크로트 / 주태환	7,000원
4 문학이론	J. 컬러 / 이은경·임옥희	7,000원
5 불교란 무엇인가	D. 키언 / 고길환	6,000원
6 유대교란 무엇인가	N. 솔로몬 / 최창모	6,000원
7 20세기 프랑스철학	E. 매슈스 / 김종갑	8,000원
8 강의에 대한 강의	P. 부르디외 / 현택수	6,000원
9 텔레비전에 대하여	P. 부르디외 / 현택수	7,000원
10 고고학이란 무엇인가	P. 반 / 박범수	근간
11 우리는 무엇을 아는가	T. 나겔 / 오영미	5,000원
12 에쁘롱 — 니체의 문체들	J. 데리다 / 김다은	7,000원
13 히스테리 사례분석	S. 프로이트 / 태혜숙	7,000원
14 사랑의 지혜	A. 핑켈크로트 / 권유현	6,000원
15 일반미학	R. 카이유와 / 이경자	6,000원
16 본다는 것의 의미	J. 버거 / 박범수	10,000원
17 일본영화사	M. 테시에 / 최은미	7,000원
18 청소년을 위한 철학교실	A. 자카르 / 장혜영	7,000원
19 미술사학 입문	M. 포인턴 / 박범수	8,000원
20 클래식	M. 비어드·J. 헨더슨 / 박범수	6,000원
21 정치란 무엇인가	K. 미노그 / 이정철	6,000원
22 이미지의 폭력	O. 몽젱 / 이은민	8,000원
23 청소년을 위한 경제학교실	J. C. 드루엥 / 조은미	6,000원
24 순진함의 유혹 〔메디시스賞 수상작〕	P. 브뤼크네르 / 김웅권	9,000원
25 청소년을 위한 이야기 경제학	A. 푸르상 / 이은민	8,000원
26 부르디외 사회학 입문	P. 보네위츠 / 문경자	7,000원
27 돈은 하늘에서 떨어지지 않는다	K. 아른트 / 유영미	6,000원
28 상상력의 세계사	R. 보이아 / 김웅권	9,000원
29 지식을 교환하는 새로운 기술	A. 벵토릴라 外 / 김혜경	6,000원
30 니체 읽기	R. 비어즈워스 / 김웅권	6,000원
31 노동, 교환, 기술 — 주제별 논술	B. 데코사 / 신은영	6,000원
32 미국만들기	R. 로티 / 임옥희	근간
33 연극의 이해	A. 쿠프리 / 장혜영	8,000원
34 라틴문학의 이해	J. 가야르 / 김교신	8,000원
35 여성적 가치의 선택	FORESEEN연구소 / 문신원	7,000원
36 동양과 서양 사이	L. 이리가라이 / 이은민	7,000원
37 영화와 문학	R. 리처드슨 / 이형식	8,000원
38 분류하기의 유혹 — 생각하기와 조직하기	G. 비뇨 / 임기대	7,000원
39 사실주의 문학의 이해	G. 라루 / 조성애	8,000원
40 윤리학 — 악에 대한 의식에 관하여	A. 바디우 / 이종영	7,000원
41 흙과 재 〔소설〕	A. 라히미 / 김주경	6,000원

42 진보의 미래	D. 르쿠르 / 김영선	6,000원
43 중세에 살기	J. 르 고프 外 / 최애리	8,000원
44 쾌락의 횡포·상	J. C. 기유보 / 김웅권	10,000원
45 쾌락의 횡포·하	J. C. 기유보 / 김웅권	10,000원
46 운디네와 지식의 불	B. 데스파냐 / 김웅권	근간
47 이성의 한가운데에서 — 이성과 신앙	A. 퀴노 / 최은영	6,000원
48 도덕적 명령	FORESEEN 연구소 / 우강택	6,000원
49 망각의 형태	M. 오제 / 김수경	근간
50 느리게 산다는 것의 의미·1	P. 쌍소 / 김주경	7,000원
51 나만의 자유를 찾아서	C. 토마스 / 문신원	6,000원
52 음악적 삶의 의미	M. 존스 / 송인영	근간
53 나의 철학 유언	J. 기통 / 권유현	8,000원
54 타르튀프 / 서민귀족 [희곡]	몰리에르 / 덕성여대극예술비교연구회	8,000원
55 판타지 공장	A. 플라워즈 / 박범수	10,000원
56 홍수·상 [완역판]	J. M. G. 르 클레지오 / 신미경	8,000원
57 홍수·하 [완역판]	J. M. G. 르 클레지오 / 신미경	8,000원
58 일신교 — 성경과 철학자들	E. 오르티그 / 전광호	6,000원
59 프랑스 시의 이해	A. 바이양 / 김다은·이혜지	8,000원
60 종교철학	J. P. 힉 / 김희수	10,000원
61 고요함의 폭력	V. 포레스테 / 박은영	8,000원
62 소녀, 선생님 그리고 신 [소설]	E. 노르트호펜 / 안상원	근간
63 미학개론 — 예술철학입문	A. 셰퍼드 / 유호전	10,000원
64 논증 — 담화에서 사고까지	G. 비뇨 / 임기대	6,000원
65 역사 — 성찰된 시간	F. 도스 / 김미겸	7,000원
66 비교문학개요	F. 클로동·K. 아다-보트링 / 김정란	8,000원
67 남성지배	P. 부르디외 / 김용숙·주경미	9,000원
68 호모사피엔스에서 인터렉티브인간으로	FORESEEN 연구소 / 공나리	8,000원
69 상투어 — 언어·담론·사회	R. 아모시·A. H. 피에로 / 조성애	9,000원
70 촛불의 미학	G. 바슐라르 / 이가림	근간
71 푸코 읽기	P. 빌루에 / 나길래	근간
72 문학논술	J. 파프·D. 로쉬 / 권종분	8,000원
73 한국전통예술개론	沈雨晟	10,000원
74 시학 — 문학 형식 일반론 입문	D. 퐁텐느 / 이용주	8,000원
75 자유의 순간	P. M. 코헨 / 최하영	근간
76 동물성 — 인간의 위상에 관하여	D. 르스텔 / 김승철	6,000원
77 랑가쥬 이론 서설	L. 옐름슬레우 / 김용숙·김혜련	10,000원
78 잔혹성의 미학	F. 토넬리 / 박형섭	9,000원
79 문학 텍스트의 정신분석	M. J. 벨맹-노엘 / 심재중·최애영	9,000원
80 무관심의 절정	J. 보드리야르 / 이은민	8,000원
81 영원한 황홀	P. 브뤼크네르 / 김웅권	9,000원
82 노동의 종말에 반하여	D. 슈나페르 / 김교신	6,000원
83 프랑스영화사	J. -P. 장콜 / 김혜련	근간

84 조와(弔蛙)	金敎臣 / 노치준·민혜숙	8,000원
85 역사적 관점에서 본 시네마	J. -L. 뢰트라 / 곽노경	근간
86 욕망에 대하여	M. 슈벨 / 서민원	8,000원
87 산다는 것의 의미·1—여분의 행복	P. 쌍소 / 김주경	7,000원
88 철학 연습	M. 아롱델-로오 / 최은영	8,000원
89 삶의 기쁨들	D. 노게 / 이은민	6,000원
90 이탈리아영화사	L. 스키파노 / 이주현	8,000원
91 한국문화론	趙興胤	10,000원
92 현대연극미학	M. -A. 샤르보니에 / 홍지화	8,000원
93 느리게 산다는 것의 의미·2	P. 쌍소 / 김주경	7,000원
94 진정한 모럴은 모럴을 비웃는다	A. 에슈고엔 / 김웅권	8,000원
95 한국종교문화론	趙興胤	10,000원
96 근원적 열정	L. 이리가라이 / 박정오	9,000원
97 라캉, 주체 개념의 형성	B. 오질비 / 김 석	9,000원
98 미국식 사회 모델	J. 바이스 / 김종명	7,000원
99 소쉬르와 언어과학	P. 가데 / 김용숙·임정혜	10,000원
100 철학적 기본 개념	R. 페르버 / 조국현	8,000원
101 철학자들의 동물원	A. L. 브라쇼파르 / 문신원	근간
102 글렌 굴드, 피아노 솔로	M. 슈나이더 / 이창실	7,000원
103 문학비평에서의 실험	C. S. 루이스 / 허 종	근간
104 코뿔소〔희곡〕	E. 이오네스코 / 박형섭	8,000원
105 제7의 봉인—시놉시스 비평연구	E. 그랑조르주 / 이은민	근간
106 쥘과 짐—시놉시스 비평연구	C. 르 베르 / 이은민	근간
107 경제, 거대한 사탄인가?	P. -N. 지로 / 김교신	근간
108 딸에게 들려 주는 작은 철학	R. 시몬 세퍼 / 안상원	7,000원
109 가짜는 모두 꺼져라—도덕에 관한 에세이	C. 로슈·J. -J. 바레르 / 고수현	근간
110 프랑스 고전비극	B. 클레망 / 송민숙	근간
111 고전수사학	G. 위딩 / 박성철	근간
112 유토피아	T. 파코 / 조성애	근간
113 쥐비알	A. 자르댕 / 김남주	7,000원
114 증오에 대하여	J. 아순 / 김승철	근간

【東文選 文藝新書】

1 저주받은 詩人들	A. 뻬이르 / 최수철·김종호	개정근간
2 민속문화론서설	沈雨晟	40,000원
3 인형극의 기술	A. 훼도토프 / 沈雨晟	8,000원
4 전위연극론	J. 로스 에반스 / 沈雨晟	12,000원
5 남사당패연구	沈雨晟	10,000원
6 현대영미회곡선(전4권)	N. 코워드 外 / 李辰洙	절판
7 행위예술	L. 골드버그 / 沈雨晟	절판
8 문예미학	蔡 儀 / 姜慶鎬	절판
9 神의 起源	何 新 / 洪 熹	16,000원

10 중국예술정신	徐復觀 / 權德周	24,000원
11 中國古代書史	錢存訓 / 金允子	14,000원
12 이미지 ― 시각과 미디어	J. 버거 / 편집부	12,000원
13 연극의 역사	P. 하트놀 / 沈雨晟	절판
14 詩 論	朱光潛 / 鄭相泓	9,000원
15 탄트라	A. 무케르지 / 金龜山	10,000원
16 조선민족무용기본	최승희	15,000원
17 몽고문화사	D. 마이달 / 金龜山	8,000원
18 신화 미술 제사	張光直 / 李 徹	10,000원
19 아시아 무용의 인류학	宮尾慈良 / 沈雨晟	절판
20 아시아 민족음악순례	藤井知昭 / 沈雨晟	5,000원
21 華夏美學	李澤厚 / 權 瑚	15,000원
22 道	張立文 / 權 瑚	18,000원
23 朝鮮의 占卜과 豫言	村山智順 / 金禧慶	15,000원
24 원시미술	L. 아담 / 金仁煥	16,000원
25 朝鮮民俗誌	秋葉隆 / 沈雨晟	12,000원
26 神話의 이미지	J. 캠벨 / 扈承喜	근간
27 原始佛敎	中村元 / 鄭泰爀	8,000원
28 朝鮮女俗考	李能和 / 金尙憶	24,000원
29 朝鮮解語花史(조선기생사)	李能和 / 李在崑	25,000원
30 조선창극사	鄭魯湜	7,000원
31 동양회화미학	崔炳植	9,000원
32 性과 결혼의 민족학	和田正平 / 沈雨晟	9,000원
33 農漁俗談辭典	宋在璇	12,000원
34 朝鮮의 鬼神	村山智順 / 金禧慶	12,000원
35 道敎와 中國文化	葛兆光 / 沈揆昊	15,000원
36 禪宗과 中國文化	葛兆光 / 鄭相泓·任炳權	8,000원
37 오페라의 역사	L. 오레이 / 류연희	절판
38 인도종교미술	A. 무케르지 / 崔炳植	14,000원
39 힌두교의 그림언어	안넬리제 外 / 全在星	9,000원
40 중국고대사회	許進雄 / 洪 熹	22,000원
41 중국문화개론	李宗桂 / 李宰碩	15,000원
42 龍鳳文化源流	王大有 / 林東錫	17,000원
43 甲骨學通論	王宇信 / 李宰錫	근간
44 朝鮮巫俗考	李能和 / 李在崑	20,000원
45 미술과 페미니즘	N. 부루드 外 / 扈承喜	9,000원
46 아프리카미술	P. 윌레뜨 / 崔炳植	절판
47 美의 歷程	李澤厚 / 尹壽榮	22,000원
48 曼茶羅의 神들	立川武藏 / 金龜山	19,000원
49 朝鮮歲時記	洪錫謨 外/李錫浩	30,000원
50 하 상	蘇曉康 外 / 洪 熹	절판
51 武藝圖譜通志 實技解題	正 祖 / 沈雨晟·金光錫	15,000원

52 古文字學첫걸음	李學勤 / 河永三	14,000원
53 體育美學	胡小明 / 閔永淑	10,000원
54 아시아 美術의 再發見	崔炳植	9,000원
55 曆과 占의 科學	永田久 / 沈雨晟	8,000원
56 中國小學史	胡奇光 / 李宰碩	20,000원
57 中國甲骨學史	吳浩坤 外 / 梁東淑	근간
58 꿈의 철학	劉文英 / 河永三	22,000원
59 女神들의 인도	立川武藏 / 金龜山	19,000원
60 性의 역사	J. L. 플랑드렝 / 편집부	18,000원
61 쉬르섹슈얼리티	W. 챠드윅 / 편집부	10,000원
62 여성속담사전	宋在璇	18,000원
63 박재서희곡선	朴栽緒	10,000원
64 東北民族源流	孫進己 / 林東錫	13,000원
65 朝鮮巫俗의 硏究(상·하)	赤松智城·秋葉隆 / 沈雨晟	28,000원
66 中國文學 속의 孤獨感	斯波六郎 / 尹壽榮	8,000원
67 한국사회주의 연극운동사	李康列	8,000원
68 스포츠인류학	K. 블랑챠드 外 / 박기동 外	12,000원
69 리조복식도감	리팔찬	절판
70 娼 婦	A. 꼬르벵 / 李宗旼	22,000원
71 조선민요연구	高晶玉	30,000원
72 楚文化史	張正明	근간
73 시간, 욕망 그리고 공포	A. 꼬르벵	근간
74 本國劍	金光錫	40,000원
75 노트와 반노트	E. 이오네스코 / 박형섭	절판
76 朝鮮美術史硏究	尹喜淳	7,000원
77 拳法要訣	金光錫	10,000원
78 艸衣選集	艸衣意恂 / 林鍾旭	14,000원
79 漢語音韻學講義	董少文 / 林東錫	10,000원
80 이오네스코 연극미학	C. 위베르 / 박형섭	9,000원
81 중국문자훈고학사전	全廣鎭 편역	15,000원
82 상말속담사전	宋在璇	10,000원
83 書法論叢	沈尹默 / 郭魯鳳	8,000원
84 침실의 문화사	P. 디비 / 편집부	9,000원
85 禮의 精神	柳 肅 / 洪 熹	20,000원
86 조선공예개관	日本民芸協會 편 / 沈雨晟	30,000원
87 性愛의 社會史	J. 솔레 / 李宗旼	18,000원
88 러시아미술사	A. I. 조토프 / 이건수	16,000원
89 中國書藝論文選	郭魯鳳 選譯	25,000원
90 朝鮮美術史	關野貞 / 沈雨晟	근간
91 美術版 탄트라	P. 로슨 / 편집부	8,000원
92 군달리니	A. 무케르지 / 편집부	9,000원
93 카마수트라	바짜야나 / 鄭泰爀	10,000원

94 중국언어학총론	J. 노먼 / 全廣鎭	18,000원
95 運氣學說	任應秋 / 李宰碩	8,000원
96 동물속담사전	宋在璇	20,000원
97 자본주의의 아비투스	P. 부르디외 / 최종철	6,000원
98 宗敎學入門	F. 막스 뮐러 / 金龜山	10,000원
99 변 화	P. 바츨라빅크 外 / 박인철	10,000원
100 우리나라 민속놀이	沈雨晟	15,000원
101 歌訣(중국역대명언경구집)	李宰碩 편역	20,000원
102 아니마와 아니무스	A. 융 / 박해순	8,000원
103 나, 너, 우리	L. 이리가라이 / 박정오	10,000원
104 베케트연극론	M. 푸크레 / 박형섭	8,000원
105 포르노그래피	A. 드워킨 / 유혜련	12,000원
106 셸 링	M. 하이데거 / 최상욱	12,000원
107 프랑수아 비용	宋 勉	18,000원
108 중국서예 80제	郭魯鳳 편역	16,000원
109 性과 미디어	W. B. 키 / 박해순	12,000원
110 中國正史朝鮮列國傳(전2권)	金聲九 편역	120,000원
111 질병의 기원	T. 매큐언 / 서 일·박종연	12,000원
112 과학과 젠더	E. F. 켈러 / 민경숙·이현주	10,000원
113 물질문명·경제·자본주의	F. 브로델 / 이문숙 外	절판
114 이탈리아인 태고의 지혜	G. 비코 / 李源斗	8,000원
115 中國武俠史	陳 山 / 姜鳳求	18,000원
116 공포의 권력	J. 크리스테바 / 서민원	23,000원
117 주색잡기속담사전	宋在璇	15,000원
118 죽음 앞에 선 인간(상·하)	P. 아리에스 / 劉仙子	각권 8,000원
119 철학에 대하여	L. 알튀세르 / 서관모·백승욱	12,000원
120 다른 곳	J. 데리다 / 김다은·이혜지	10,000원
121 문학비평방법론	D. 베르제 外 / 민혜숙	12,000원
122 자기의 테크놀로지	M. 푸코 / 이희원	16,000원
123 새로운 학문	G. 비코 / 李源斗	22,000원
124 천재와 광기	P. 브르노 / 김웅권	13,000원
125 중국은사문화	馬 華·陳正宏 / 강경범·천현경	12,000원
126 푸코와 페미니즘	C. 라마자노글루 外 / 최 영 外	16,000원
127 역사주의	P. 해밀턴 / 임옥희	12,000원
128 中國書藝美學	宋 民 / 郭魯鳳	16,000원
129 죽음의 역사	P. 아리에스 / 이종민	13,000원
130 돈속담사전	宋在璇 편	15,000원
131 동양극장과 연극인들	김영무	15,000원
132 生育神과 性巫術	宋兆麟 / 洪 熹	20,000원
133 미학의 핵심	M. M. 이턴 / 유호전	14,000원
134 전사와 농민	J. 뒤비 / 최생열	18,000원
135 여성의 상태	N. 에니크 / 서민원	22,000원

136	중세의 지식인들	J. 르 고프 / 최애리	18,000원
137	구조주의의 역사(전4권)	F. 도스 / 이봉지 外	각권 13,000원
138	글쓰기의 문제해결전략	L. 플라워 / 원진숙·황정현	20,000원
139	음식속담사전	宋在璇 편	16,000원
140	고전수필개론	權 瑚	16,000원
141	예술의 규칙	P. 부르디외 / 하태환	23,000원
142	"사회를 보호해야 한다"	M. 푸코 / 박정자	20,000원
143	페미니즘사전	L. 터틀 / 호승희·유혜련	26,000원
144	여성심벌사전	B. G. 워커 / 정소영	근간
145	모데르니테 모데르니테	H. 메쇼닉 / 김다은	20,000원
146	눈물의 역사	A. 벵상뷔포 / 김자경	18,000원
147	모더니티입문	H. 르페브르 / 이종민	24,000원
148	재생산	P. 부르디외 / 이상호	18,000원
149	종교철학의 핵심	W. J. 웨인라이트 / 김희수	18,000원
150	기호와 몽상	A. 시몽 / 박형섭	22,000원
151	융분석비평사전	A. 새뮤얼 外 / 민혜숙	16,000원
152	운보 김기창 예술론연구	최병식	14,000원
153	시적 언어의 혁명	J. 크리스테바 / 김인환	20,000원
154	예술의 위기	Y. 미쇼 / 하태환	15,000원
155	프랑스사회사	G. 뒤프 / 박 단	16,000원
156	중국문예심리학사	劉偉林 / 沈揆昊	30,000원
157	무지카 프라티카	M. 캐넌 / 김혜중	25,000원
158	불교산책	鄭泰爀	20,000원
159	인간과 죽음	E. 모랭 / 김명숙	23,000원
160	地中海(전5권)	F. 브로델 / 李宗旼	근간
161	漢語文字學史	黃德實·陳秉新 / 河永三	24,000원
162	글쓰기와 차이	J. 데리다 / 남수인	28,000원
163	朝鮮神事誌	李能和 / 李在崑	근간
164	영국제국주의	S. C. 스미스 / 이태숙·김종원	16,000원
165	영화서술학	A. 고드로·F. 조스트 / 송지연	17,000원
166	미학사전	사사키 겐이치 / 민주식	근간
167	하나이지 않은 성	L. 이리가라이 / 이은민	18,000원
168	中國歷代書論	郭魯鳳 譯註	8,000원
169	요가수트라	鄭泰爀	15,000원
170	비정상인들	M. 푸코 / 박정자	25,000원
171	미친 진실	J. 크리스테바 外 / 서민원	25,000원
172	디스탱숑(상·하)	P. 부르디외 / 이종민	근간
173	세계의 비참(전3권)	P. 부르디외 外 / 김주경	각권 26,000원
174	수묵의 사상과 역사	崔炳植	근간
175	파스칼적 명상	P. 부르디외 / 김웅권	22,000원
176	지방의 계몽주의(전2권)	D. 로슈 / 주명철·	근간
177	이혼의 역사	R. 필립스 / 박범수	25,000원

178 사랑의 단상	R. 바르트 / 김희영		근간
179 中國書藝理論體系	熊秉明 / 郭魯鳳		근간
180 미술시장과 경영	崔炳植		16,000원
181 카프카 ― 소수적인 문학을 위하여	G. 들뢰즈·F. 가타리 / 이진경		13,000원
182 이미지의 힘 ― 영상과 섹슈얼리티	A. 쿤 / 이형식		13,000원
183 공간의 시학	G. 바슐라르 / 곽광수		근간
184 랑데부 ― 이미지와의 만남	J. 버거 / 임옥희·이은경		근간
185 푸코와 문학 ― 글쓰기의 계보학을 향하여	S. 듀링 / 오경심·홍유미		근간
186 각색 ― 연극에서 영화로	A. 엘보 / 이선형		근간
187 폭력과 여성들	C. 도펭 外 / 이은민		근간
188 하드 바디 ― 레이건 시대 할리우드 영화에 나타난 남성성	S. 제퍼드 / 이형식		18,000원
189 유령들의 삶 ― 영화의 환상성	J.-L. 뢰트라 / 김경온·오일환		18,000원
190 번역과 제국	D. 로빈슨 / 정혜욱		16,000원
191 그라마톨로지에 대하여	J. 데리다 / 김웅권		근간
192 보건 유토피아	R. 브로만 外 / 서민원		근간
193 현대의 신화	R. 바르트 / 이화여대기호학연구소		20,000원
194 중국회화백문백답	郭魯鳳		근간
195 고서화감정개론	徐邦達 / 郭魯鳳		근간
196 상상의 박물관	A. 말로 / 김웅권		근간

【기 타】

모드의 체계	R. 바르트 / 이화여대기호학연구소	18,000원
텍스트의 즐거움	R. 바르트 / 김희영	15,000원
라신에 관하여	R. 바르트 / 남수인	10,000원
說 苑 (上·下)	林東錫 譯註	각권 30,000원
晏子春秋	林東錫 譯註	30,000원
西京雜記	林東錫 譯註	20,000원
搜神記 (上·下)	林東錫 譯註	각권 30,000원
■ 경제적 공포〔메디시스賞 수상작〕	V. 포레스테 / 김주경	7,000원
■ 古陶文字徵	高 明·葛英會	20,000원
■ 古文字類編	高 明	절판
■ 金文編	容 庚	36,000원
■ 고독하지 않은 홀로되기	P. 들레름·M. 들레름 / 박정오	8,000원
■ 그리하여 어느날 사랑이여	이외수 편	6,500원
■ 딸에게 들려 주는 작은 지혜	N. 레흐레이트너 / 양영란	6,500원
■ 노력을 대신하는 것은 없다	R. 쉬이 / 유혜련	5,000원
■ 미래를 원한다	J. D. 로스네 / 문 선·김덕희	8,500원
■ 사랑의 존재	한용운	3,000원
■ 산이 높으면 마땅히 우러러볼 일이다	유 향 / 임동석	5,000원
■ 서기 1000년과 서기 2000년 그 두려움의 흔적들	J. 뒤비 / 양영란	8,000원
■ 서비스는 유행을 타지 않는다	B. 바게트 / 정소영	5,000원
■ 선종이야기	홍 희 편저	8,000원

■ 섬으로 흐르는 역사	김영희	10,000원
■ 세계사상	창간호~3호: 각권 10,000원 / 4호:	14,000원
■ 십이속상도안집	편집부	8,000원
■ 어린이 수묵화의 첫걸음(전6권)	趙 陽 / 편집부	각권 5,000원
■ 오늘 다 못다한 말은	이외수 편	7,000원
■ 오블라디 오블라다, 인생은 브래지어 위를 흐른다	무라카미 하루키 / 김난주	7,000원
■ 인생은 앞유리를 통해서 보라	B. 바게트 / 박해순	5,000원
■ 잠수복과 나비	J. D. 보비 / 양영란	6,000원
■ 천연기념물이 된 바보	최병식	7,800원
■ 原本 武藝圖譜通志	正祖 命撰	60,000원
■ 隸字編	洪鈞陶	40,000원
■ 테오의 여행 (전5권)	C. 클레망 / 양영란	각권 6,000원
■ 한글 설원 (상·중·하)	임동석 옮김	각권 7,000원
■ 한글 안자춘추	임동석 옮김	8,000원
■ 한글 수신기 (상·하)	임동석 옮김	각권 8,000원

【조병화 작품집】

■ 공존의 이유	제11시집	5,000원
■ 그리운 사람이 있다는 것은	제45시집	5,000원
■ 길	애송시모음집	10,000원
■ 개구리의 명상	제40시집	3,000원
■ 꿈	고희기념자선시집	10,000원
■ 따뜻한 슬픔	제49시집	5,000원
■ 버리고 싶은 유산	제 1시집	3,000원
■ 사랑의 노숙	애송시집	4,000원
■ 사랑의 여백	애송시화집	5,000원
■ 사랑이 가기 전에	제 5시집	4,000원
■ 시와 그림	애장본시화집	30,000원
■ 아내의 방	제44시집	4,000원
■ 잠 잃은 밤에	제39시집	3,400원
■ 패각의 침실	제 3시집	3,000원
■ 하루만의 위안	제 2시집	3,000원

【이외수 작품집】

■ 겨울나기	창작소설	7,000원
■ 그대에게 던지는 사랑의 그물	에세이	7,000원
■ 꿈꾸는 식물	장편소설	7,000원
■ 내 잠 속에 비 내리는데	에세이	7,000원
■ 들 개	장편소설	7,000원
■ 말더듬이의 겨울수첩	에스프리모음집	7,000원
■ 벽오금학도	장편소설	7,000원
■ 장수하늘소	창작소설	7,000원

- ■ 칼 　　　　　　　　　장편소설 　　　　　　　　　7,000원
- ■ 풀꽃 술잔 나비 　　　　서정시집 　　　　　　　　　4,000원
- ■ 황금비늘 (1·2) 　　　　장편소설 　　　　　　　각권 7,000원

東文選 現代新書 16

딸에게 들려 주는 작은 철학

롤란트 시몬 셰퍼
안상원 옮김

★독일 청소년 저작상 수상(97)
★청소년을 위한 좋은 책(99, 한국간행물윤리위원회)

작은 철학이 큰사람을 만든다. 아이들과 철학을 이야기하는 것이 요즘 유행처럼 되었다. 아이들에게 철학을 감추지 않는 것, 그것은 분명히 옳은 일이다. 세계에 대한 어른들의 질문이나 아이들의 질문들은 종종 큰 차이가 없으며, 철학은 여기에 답을 줄 수 있다. 이 작은 책은 신중하고 재미있게, 그러면서도 주도면밀하게 철학의 질문들에 대답해 준다.

이 책의 저자 시몬 셰퍼 교수는 독일의 원로 철학자이다. 그가 원숙한 나이에 철학에 대한 깊은 이해를 가지고 자신의 딸이거나 손녀로 가정되고 있는 베레니케에게 대화하듯 철학 이야기를 들려 주고 있다. 만약 그 어려운 수수께끼를 설명한다면 어떻게 할 것인가를 모형적으로 제시하고 있다.

철학은 우리의 구체적인 삶과 멀리 떨어져 있는 삶이 아니다. 우리가 사용하고 있는 말이란 무엇이며, 안다는 것은 무엇인가. 세계와 자연, 사회와 도덕적 질서, 신과 인간의 의미는 무엇인가 등 철학적 사유의 본질적 테마들로 모두 아홉 개의 장으로 나누어 이야기하고 있다. 쉽게 서술되었지만 내용은 무게를 가지고 있어서 중·고등학생뿐만 아니라 대학생과 성인들에게 철학에 대한 평이한 길라잡이가 될 것이다.

東文選 現代新書 1

21세기를 위한 새로운 엘리트

FORSEEN 연구소 (프)
김경현 옮김

우리 사회의 미래를 누르고 있는 경제적·사회적 그리고 도덕적 불확실성과 격변하는 세계에서 새로운 지표들을 찾는 어려움은 엘리트들의 역할과 책임에 대한 재고를 요구한다.

엘리트의 쇄신은 불가피하다. 미래의 지도자들은 어떠한 모습을 갖게 될 것인가? 그들은 어떠한 조건하의 위기 속에서 흔들린 그들의 신뢰도를 다시금 회복할 수 있을 것인가? 기업의 경영을 위해 어떠한 변화를 기대해야 할 것인가? 미래의 결정자들을 위해서 어떠한 교육이 필요한가? 다가오는 시대의 의사결정자들에게 필요한 자질들은 어떠한 것들일까?

이 한 권의 연구보고서는 21세기를 이끌어 나갈 엘리트들에 대한 기대와 조건분석을 시도하고 있으며, 구체적으로 그들이 담당할 역할과 반드시 갖추어야 될 미래에 대한 비전을 제시하고 있다.

본서는 프랑스의 세계적인 커뮤니케이션 그룹인 아바스 그룹 산하의 포르셍 연구소에서 펴낸 《미래에 대한 예측총서》 중의 하나이다. 63개국에 걸친 연구원들의 활동을 바탕으로 세계적인 차원에서 우리 사회를 변화시키게 될 여러 가지 추세들을 깊숙이 파악하고 있다.

사회학적 추세를 연구하는 포르셍 연구소의 이번 연구는 단순히 미래를 예측하는 데에 그치는 것이 아니라, 미래를 준비하는 자들로 하여금 보충적인 성찰의 요소들을 비롯해서, 그들을 에워싸고 있는 세계에 대한 보다 넓은 이해를 지닌 상태에서 행동하고 앞날을 맞이하게끔 하기 위해서 이 관찰을 활용하자는 것이다.

東文選 現代新書 18

청소년을 위한 철학교실

알베르 자카르

장혜영 옮김

"무엇을 질문하고 어떻게 대답할 것인가?"

철학은 끊임없는 질문과 답변 가운데에 있다. 질문은 진리에 대한 탐색이요, 답변은 존재와 세계에 대한 해석이다. 우리는 철학을 통해 존재의 근원에 이른다. 이 책은 프랑스 알비의 라스콜 고등학교 철학교사인 위게트 플라네스와 철학자 알베르 자카르 사이의 철학 대담으로 철학적 질문과 답변의 과정을 명쾌히 보여 준다.

이 책에는 타인·우애·정의 등 30개의 항목에 대한 철학자의 통찰이 간결하게 살아 있다. 철학교사가 사르트르의 유명한 구절, 즉 "지옥, 그것은 바로 타인이다"에 대해 반박을 요청하자, 저자는 그 인물이 천국에 들어갔다면 그는 틀림없이 "천국, 그것은 바로 타인이다"라고 이야기했을 것이라고 답한다. 결국 타인들은 우리의 지옥이 아니며, 그들이 우리와의 관계를 받아들이려 하지 않을 때 지옥을 만들어 낸다고 말한다.

그렇다면 행복에 대해 이 철학자는 어떻게 답할까? "나에게 행복이란 타인들의 시선 안에서 스스로를 아름답다고 느끼는 것입니다"라는 것이 그의 답변이다. 이 책은 막연한 것들에 대해 명징한 질문과 성찰로 우리가 새로운 질문을 던지고, 스스로 그 답을 찾을 수 있는 실마리를 제공한다.

東文選 現代新書 31

프랑스 대학입학자격시험 대비 주제별 논술

노동, 교환, 기술

베아트리스 데코사

신은영 옮김

만일 철학이 우리 생활의 기쁨뿐만 아니라, 빈곤과 피곤의 무게를 감당할 수 없다면, 실상 이 철학은 단 한 시간의 노력을 기울일 만한 가치도 없을 것이다. 철학자가 별이 점점이 박힌 모자를 쓴 약장수는 아니지만, 또한 철학자도 추워서 빵 굽는 오븐 곁에 몸을 녹이는 사람이지만, 그는 사유에 의거해 무엇인가 신선한 것, 즉 노동의 진리와 교환의 진리, 기술의 진리 같은 진리를 발현시키는 것으로 자신의 긍지를 삼을 수 있을 것이다.

노동은 권리인가, 아니면 구속인가? 노동에 의한 소외와 실업에 의한 소외 사이의 절충점을 생각해 볼 수 있을 것인가?

임금을 지급함으로써 노동의 산물을 얻어내고, 또 그렇게 받은 임금을 주고 그 노동의 산물을 얻는 식으로 해서, 교환의 고리는 부조리한 방식으로 끊임없이 재형성되고 있는 것 같다. 사회를 재화의 유통으로 환원시킬 수 있을 것인가? 인간은 기술에 의해 구원을 얻을 것인가?

베아트리스 데코사는 이 책에서 이같은 사회적 현실에 대해 간결하고도 엄정한 질문을 던지고 있다. 그것이 논술 형태로 다루어져 있는 바, 고등학교 3학년 학생들은 여기서 자신의 사고를 자극할 만한 무언가를 찾을 수 있을 것이다.

東文選 現代新書 81

영원한 황홀

파스칼 브뤼크네르

김웅권 옮김

"당신은 행복해지기 위해 사는가?"

당신은 왜 사는가? 전통적으로 많이 들어온 유명한 답변 중 하나는 "행복해지기 위해서 산다"이다. 이때 '행복'은 우리에게 목표가 되고, 스트레스가 되며, 역설적으로 불행의 원천이 된다. 브뤼크네르는 그러한 '행복의 강박증'으로부터 당신을 치유하기 위해 이 책을 썼다. 프랑스의 전 언론이 기립박수에 가까운 찬사를 보낸 이 책은 사실상 석 달 가까이 베스트셀러 1위를 지켜내면서 프랑스를 '들었다 놓은' 철학 에세이이다.

"어떻게 지내십니까? 잘 지내시죠?"라고 묻는 인사말에도 상대에게 행복을 강제하는 이데올로기가 숨쉬고 있다. 당신은 행복을 숭배하고 있다. 그것은 서구 사회를 침윤하고 있는 집단적 마취제다. 당신은 인정해야 한다. 불행도 분명 삶의 뿌리다. 그 뿌리는 결코 뽑히지 않는다. 이것을 받아들일 때 당신은 '행복의 의무'로부터 해방될 것이고, 행복하지 않아도 부끄럽지 않게 될 것이다.

대신 저자는 자유롭고 개인적인 안락을 제안한다. '행복은 어림치고 접근해서 조용히 잡아야 하는 것'이다. 현대인들의 '저속한 허식'인 행복의 웅덩이로부터 당신 자신을 건져내라. 그때 '빛나지도 계속되지도 않는 것이 지닌 부드러움과 덧없음'이 당신을 따뜻이 안아 줄 것이다. 그곳에 영원한 만족감이 있다.

중세에서 현대까지 동서의 명현석학과 문호들을 풍부하게 인용하는 저자의 깊은 지식샘, 그리고 혀끝에 맞을 느끼게 해줄 듯 명징하게 떠오르는 탁월한 비유 문장들은 이 책을 오래오래 되읽고 싶은 욕심을 갖게 한다. 독자들께 권해 드린다. ― 조선일보, 2001. 11. 3.

東文選 現代新書 47

이성의 한가운데에서
—— 이성과 신앙

알랭 퀴노 / 최은영 옮김

 이성과 신앙은 어떤 관계인가? 이 질문은 언제나 제기할 수 있는 것이다. 우리는 왜 그런 질문을 제기하는지 그 이유를 알 필요가 있다. 그 질문을 오늘날에는 왜 제기하며, 철학적으로 무슨 이유에서 제기하는가?
 우리는 이성에 대한 추론을 신앙에 대한 추론과 비교해야만 하는가? 신앙과 이성이 실존의 의미를 이해할 수 있도록 보완해 주고 있지는 않은가?
 진정 당신은 무엇을 믿고 있는가? 또 생을 위해 무엇을 기대하고 있는가?
 이성은 자신이 생각한 모습으로 그렇게 나타난다. 이성 안에 존재하며 이성을 숨기고 있는 신앙은, 기쁨이 신앙 자체와 혼동되고 있음을 파악하고 있다. 신앙은 신앙의 행동으로 나타나지 않으며, 그리고 신앙은 보이지 않는 모습으로 적절하게 드러나고 있다. 신앙은 순수한 이성은 아니지만, 옷을 입지 않은 이성이며 옷을 벗은 이성이다.
 이성은 누구나 좀더 선명하고 현실적인 세상에서 살 수 있도록 하기 위해 질문을 제기하는 사명을 띠고 있다.
 경솔하지만 위험을 무릅쓰고 질문에 대답하고, 그 질문에 관해 이야기할 필요가 있다. 그것이 바로 사고의 자유를 구속하기보다는 반대로 사고에 더 큰 자율성을 부여해 줌으로써 완전히 주장할 수 있도록 해주는 이성과 신앙의 상관 관계의 본질이다.

東文選 現代新書 25

청소년을 위한 이야기 경제학

앙드레 푸르샹
이은민 옮김

- 인생에서 돈을 벌 것인지 쓸 것인지 둘 중에 하나를 선택해야만 한다. 이 두 가지를 다 할 시간이 우리에게는 없기 때문이다.
- 아무 일도 하지 않는 것은 대단한 능력이다. 그러나 그 능력을 너무 남용해서는 안 된다.
- 경제학의 첫번째 교훈 : 하늘은 스스로 돕는 자를 돕는다.

이 책은 경제에 관한 난해한 개론을 자녀들에게 불어넣으려고 쓴 책이 아니다. 경제학의 기본 법칙들과 그 철학을 명확하고 이해하기 쉽게, 그리고 무엇보다도 우선 재미있게 설명하고 있다. 모르긴 해도 경제학자들과 이들의 학문은 일반적으로 사람들이 생각하는 것보다 훨씬 재미있을지도 모른다.

경제학을 이해하려면 우선 몇 가지 노력과 최소한의 관심이 필요하다. 왜냐하면 경제학은 의학처럼 습득되는 것이니까. 비록 항상 수월한 학문은 아니지만, 그렇다고 해서 몇몇 고지식한 사람들이 만들려고 하는 것처럼 이 학문이 쐐기 같은 것도 아니다. 그렇기 때문에 이 책은 개론서도, 학문적인 지침서도, 지겨운 사상서도 아니며, 기교가 압권을 이루는 그런 책은 더더욱 아니다.

저자는 아주 무미건조하면서도 지극히 인간적인 이 학문에 관계된 중요한 문제들을 대화체의 흥미로운 이야기로 설명하고 있다. 그의 이야기는 재미있을 뿐 아니라 유용하면서, 흥미롭게 전개되지만 경박하지 않다. 다시 말해 어렵게 생각되어지지 않으면서도 진지한 이야기가 되고 있다.

東文選 現代新書 7

20세기 프랑스 철학

에릭 매슈스
김종갑 옮김

 현대 프랑스 철학에 대한 애정 깊은, 그럼에도 비판적인 시각이 배어 있는 소개서이다. 프랑스 철학에 접할 기회가 없었던 학부 학생들이나 일반인들은 이 책을 읽고서, 나름의 문제와 씨름하면서 진지하게 해결책을 모색했던 프랑스의 지적 사조의 맥락을 분명하게 잡을 수 있을 것이다. 무엇보다 이 책의 장점은 내용과 문체의 분명성에 있다.

 단 한 권의 책에 20세기 프랑스 철학의 역사를 기술하면서도 나름의 철학적 입장을 노련하게 전개했다는 점에서 근래에 보기 드문 업적이라 할 수 있다. 저자인 매슈스가 엄격한 철학자이면서 동시에 박학한 역사학자라는 데는 의문의 여지가 없을 것이다.

 이 책에서 매슈스는 20세기의 중요한 철학자들의 업적을 역사적이면서 비판적인 시각에 입각해서 소개했다. 난삽한 전문용어의 사용을 최대한 자제하면서, 매슈스는 데카르트 철학에서 유래한 프랑스 철학이 현대에도 베르그송이나 사르트르·메를로 퐁티·푸코·데리다와 페미니스트의 저술에서 계승, 발전되고 있음을 설득력 있게 보여 주었다. 또한 저자는 철학을 프랑스의 광범한 문화의 연장선에 올려 놓으면서 영미권 철학과의 유사성과 차이에도 주목하고 있다.

東文選 現代新書 44,45

쾌락의 횡포

장 클로드 기유보

김웅권 옮김

　섹스는 생과 사의 중심에 놓인 최대의 화두 가운데 하나라고 할 수 있다. 성에 관한 엄청난 소란이 오늘날 민주적인 근대성이 침투한 곳이라면 아주 작은 구석까지 식민지처럼 지배하고 있는 것이다. 이제 성은 일상 생활을 '따라다니는 소음'이 되어 버렸다. 우리 시대는 문자 그대로 '그것' 밖에 이야기하지 않는다.

　문화가 발전하고 교육의 학습 과정이 길어지면 길어질수록 결혼 연령은 늦추어지고 자연 발생적 생식 능력과 성욕은 억제하도록 요구받게 되었지 않은가! 역사의 전진은 발정기로부터 해방된 인간을 금기와 상징 체계로부터의 해방으로, 다시 말해 '성의 해방'으로 이동시키며 오히려 반문화적 현상을 드러내고 있다. 저자는 이것이 서양에서 오늘날 일어나고 있는 현상이라고 말한다. 서양에서 60년대말에 폭발한 학생 혁명과 더불어 본격적으로 시작된 '성의 혁명'은 30년의 세월을 지나 이제 한계점에 도달해 위기를 맞고 있다. 성의 해방을 추구해 온 30년 여정이 결국은 자체 모순에 의해 인간을 섹스의 노예로 전락시키며 새로운 모색을 강요하고 있는 것이다. 인간은 '섹스의 횡포'에 굴복하고 말 것인가?

　과거도 미래도 거부하는 현재 중심주의적 섹스의 향연이 낳은 딜레마, 무자비한 거대 자본주의 시장이 성의 상품화를 통해 가속화시키는 그 딜레마를 어떻게 극복할 것인가? 저자는 역사 속에 나타난 다양한 큰 문화들을 고찰하고, 관련된 모든 학문들을 끌어들이면서 폭넓게 성 문제를 조명하고 있다.

東文選 現代新書 50

느리게 산다는 것의 의미

피에르 쌍소

김주경 옮김

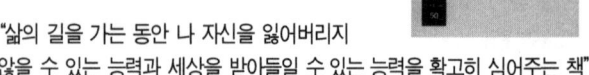

"삶의 길을 가는 동안 나 자신을 잃어버리지
않을 수 있는 능력과 세상을 받아들일 수 있는 능력을 확고히 심어주는 책"

 우리에게 다가오는 사건을 기쁘게 받아들일 수 있는 능력을 갖기 위해서 필요한 지혜가 있다. 그것은 갑자기 달려드는 시간에게 허를 찔리지 않고, 허둥지둥 시간에게 쫓겨다니지도 않겠다는 분명한 의지로 알 수 있는 지혜이다. 우리는 그 지혜를 '느림'이라고 불렀다.

 느림은 우리에게 시간에다 모든 기회를 부여하라고 속삭인다. 그리고 한가롭게 거닐고, 글을 쓰고, 타인의 말에 귀를 기울이고 휴식을 취함으로써 우리의 영혼이 숨쉴 수 있게 하라고 말한다. 여기서 문제되는 느림 또는 고요함은 세계에 접근하는 방식의 문제이다. 그것은 빠른 속도로 박자를 맞추지 못하는 무능력을 의미하는 것이 아니라 서두르지 않는 의지, 시간이 뒤죽박죽되도록 허용치 않는 의지, 그리고 사건들을 대하는 능력을 배양하는 것과 우리가 어느 길에 서 있는지 잊지 않는 것을 의미한다. 물론 과업은 시간성을 어긋나게 하거나 우리의 생에서 가장 본질적이고 중요한 것을 잊게 하지 않는다면, 어느 정도 들볶이거나 바쁘기도 하면서 우리에게 더 유익하게 다가올 수도 있는 것이다. '느림'과 '빠름'은 가치 비교의 문제가 아니라 선택의 문제라는 것이다.

 이책은 99년 프랑스 논픽션 부문 베스트셀러 1위에 올랐다. 최근 한국 독서계에서도 인기를 끌고 있는 이 책은 읽기 쉽다는 것. 책은 마치 천천히 도심을 거니는 게으름뱅이의 일기처럼 쉽고 편안하게 씌어져 있다. 누구나 한번쯤은 생각해 봤을 법한 '우리는 왜 이렇게 살고 있는 것일까'란 보편적인 주제를 다룬다.

東文選 現代新書 87

산다는 것의 의미 · 1
— 여분의 행복

피에르 쌍소 / 김주경 옮김

"삶을 어떻게 살아야 하는가?"라는 물음에 대한 해답찾기!!

 인생을 살 만큼 살아본 사람만이 이에 대한 대답을 할 수 있을 것이다. 영원한 것은 아무것도 없고, 변화 또한 피할 수 없다. 한 해의 시작을 앞둔 우리들에게 피에르 쌍소는 "인생이라는 다양한 길들에서 만나게 되는 예기치 않은 상황들을 대비할 수 있도록 도덕적 혹은 철학적인 성찰, 삶의 단편들, 끔찍한 가상의 이야기와 콩트, 이 세상에서 벌어지고 있는 참을 수 없는 일들에 대한 분노의 외침, 견디기 힘든 세상을 조금이라도 견딜 만하게 만들기 위한 사랑에의 호소 등등 여러 가지를 이 책 속에 집어넣어 보았다"는 소회를 전하고 있다. 노철학자의 삶에 대한 깊은 성찰이 고목의 나이테처럼 더없이 선명하게 다가온다.

 변화를 사랑하고, 기다릴 줄 알고, 바라보는 법을 배우고, 자기 자신에게 인내를 가질 수 있게 하는 이 책 《산다는 것의 의미》는, 앞서의 두 권보다 문학적이며 읽는 재미 또한 뛰어나다. 죽어 있는 것 같은 시간들이 빈번히 인생에 가장 충만한 삶을 부여하듯 자신의 내부의 작은 목소리에 귀기울이게 하고, 그 소리를 신뢰케 만드는 것이 책의 장점이다.
 진정한 삶, 음미할 줄 아는 삶을 살고, 내심이 공허한 사람이 되지 않도록 우리의 약한 삶을 보호할 줄 알며, 그 삶을 사랑하게 만드는 것이 피에르 쌍소의 힘이다.

 이 책을 읽어 나가는 동안 우리는 의미 없이 번쩍거리기만 하는 싸구려 삶을 단호히 거부하고, 자기 자신에게로 돌아와 찬찬히 들여다볼 수 있는 시간을 갖게 될 것이다. 그리고 자신만의 희망적인 삶의 방법을 건져올릴 수 있을 것이다.

東文選 現代新書 2

의지, 의무, 자유

루이 밀레

이대희 옮김

　자유 속에서의 우리의 의지는 선의 완성 속에 고정되어 있지 않기 때문에, 우리 존재의 근본적인 법칙은 의무의 형태를 취한다. 그러므로 우리의 운명은 끊임없이 원하는 바에 따라서 선택하는 것이다. 우리는 어떤 의미에서는 항상 '가능태'이다. 다시 말하자면 우리는 다른 사람과 함께, 다른 사람 덕분에, 그리고 다른 사람을 위해 현재화하기 위해 산다. 그 어떤 것도 고독하지 않을 뿐만 아니라, 그 어떤 것도 확정적이지 않다.

　육체의 자유로운 처분과 자본의 자유로운 순환, 자유결혼과 자유교역, 여성해방과 해방신학⋯⋯ 경제에서 도덕에 이르기까지 근대성은 자유를 요구한다. 그런데 그것은 공기처럼 자유로운 것을 말하는가, 또는 자유낙하할 때처럼 자유로운 것을 말하는가? 나는 자유롭다고 착각하고 있는가? 혹은 참으로 자유로운가? 혼자 자유로운가, 아니면 다른 사람들과 함께 자유로운가? 그리고 의무는 또 어떻게 할 것인가?
　자, 이제 분명하고 엄격하게, 그리고 깊이 생각해 볼 때가 되었다. 이것이 이 책의 목적이다. 이 책은 자유와, 자유에 필연적으로 뒤따르는 개념인 의무와 의지에 관해 비켜갈 수 없는 아홉 개의 주제를 정확하게 다루고 있다.
　본서는 프랑스대학연합출판사에서 펴낸, 고교 최종학년의 대학입학자격시험 논술 과목 마지막 정리를 위한 텍스트이다.

프랑스 [메디시스 賞] 수상작

경제적 공포

비비안느 포레스테

김주경 옮김

   노동을 하지 않으면 신분도 사라진다. 노동이 없다면 인간은 타락한 존재에 불과하다. 노동은 임금이고, 임금은 소비이며, 소비는 생활이기 때문이다. 또한 노동은 우리들 존재의 알파와 오메가이기 때문이다. 그 일자리를 잃는다는 것은, 일반적인 의미의 생명의 범위를 벗어나는 것이다. 그것은 곧 수치인 낙인을 나타낸다.

   "인간을 이용하려는 불행보다 더 끔찍한 것이 있는데 그것은 바로 이용당할 기회마저 상실하였다는 사실이다. 그래서 '수익성'을 올리는 데 이용할 만한 가치가 없는 자들의 삶도 과연 유용한 것이냐는 질문이 되풀이된다. 그런데 이 질문 또한 살아갈 '권리'를 갖기 위해서는 살아남을 수 있는 '자격'이 필요한가? 라는 질문의 반향이다. 이 질문에서는 뭔가 두려움이 새어나온다. 걷잡을 수 없는 확산을 통해 정당화된 공포는 쓸모없는 잉여 존재라고 인정된 수많은 인간들을 보지 않으면 안 된다는 데서 오는 공포"라고 지은이는 말하고 있다.

   1996년 10월에 발간된 이후, 《경제적 공포》는 그것이 마치 하나의 사회적 현상으로서 취급해야할 만큼 엄청난 성공을 거두었다. 이미 17개국에서 번역되어 마르크스의 《자본론》 이후 가장 많이 팔린 경제서가 되었으며, 노동문제에 관한 한 세계적인 필독서로 인정받고 있다.

東文選 現代新書 35

여성적 가치의 선택

포르셍 연구소
문신원 옮김

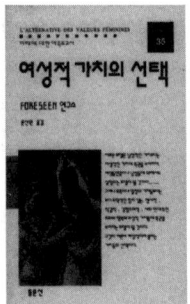

 여성적인 가치들은 어떤 것인가? 그 가치들은 남성적인 가치들의 평가절하를 의미하는가, 아니면 반대로 새로운 공유 가치체계의 도래를 의미하는가? 이 새로운 가치체계는 정치적인 태도를 심오하게 변형시킬 것인가? 남성적인 가치들이 강하게 침투해 있는 기업에서는 어떤 문화적 혁명을 겪게 될 것인가?

 여기에서 말하는 여성적 가치들이란 남자 혹은 여자라는 구체적인 개인들을 가리키는 것이 아니라 원리들, 사회적 혹은 개인적인 기능의 모델들과 구조들, 판단과 결정의 기준들, 우리가 '남성적인' 혹은 '여성적인'이라고 규정지을 수 있는 행동들과 행위들을 말하는 것이다.

 본서는 169년의 전통을 자랑하는 프랑스 유수의 커뮤니케이션 그룹인 아바스(Havas)의 포르셍 연구소에서 21세기를 대비해 펴낸 미래 예측보고서 중의 하나이다. 전세계 63개국에 걸친 연구원들의 활동을 바탕으로 현재 우리 사회에서 태동하여 미래에 결정적인 역할을 하게 될 사회학적 움직임들을 세계적인 차원에서 깊숙이 파악하고 있다.

 본서는 권력 행사, 기업 경영, 과학, 기술 마케팅, 커뮤니케이션에 관한 여성적 가치의 실제적 파급효과에 관한 매우 중요한 지표들을 제공하고 있어, 각계의 지도자들은 물론 방면의 종사자들에게 반드시 일독을 권할 만한 책이다.

東文選 現代新書 64

논 증
— 담화에서 사고까지

조르주 비뇨
임기대 옮김

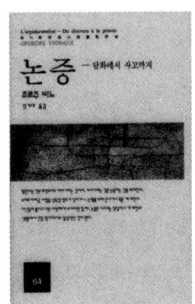

  말한다는 것은 무엇보다도 이야기하는 것이며, 이야기하는 것은 논증하는 것을 의미한다. 우리로 하여금 사람을 설득할 필요가 있다거나, 논쟁을 드러낸다거나, 혹은 개개인이 자신들이 옳다고 다른 사람에게 보여야만 할 때, 논증은 사고파는 상업이나 개개인의 생활에서 만큼 정치에서도 일상적인 것이 된다.

  일반적으로 받아들여지고 있는 생각들과 달리 논증은 개인이나 군중을 설득하려는 예술로도, 조작하려는 예술로도 말해지지 않는다. 논증은 우리 사고를 조절하고, 우리의 지식을 구축하며, 특히 그 지식을 더 잘 전달하기 위해서 우리 자신의 담화를 조직하는 거대한 예술과도 같다는 사실을 잘 보여 주고 있다.

  하지만 담화는 언어의 조작 과정과 결부되어 있고, 언어 체계에 의해서 요구되는 나름대로의 규칙을 가지고 있다. 그러한 것들을 엄격하게 정의해 보려는 데 특별한 애착을 가지고 있는 이 책은, 담화와 논증 과정의 원초적 분석을 예시하고 있다.

東文選 現代新書 3

사유의 패배

알랭 핑켈크로트
주태환 옮김

문화 속에서 우리는 거북스러움을 느낀다. 왜냐하면 문화란, 사유(思惟)하면서 살아가는 일이기 때문이다. 그리고 오늘날 사유가 아무런 역할도 하지 못하는 제반행위를 흔히 문화적인 것으로 규정해 버리는 조류가 확인되고 있다. 정신의 위대한 창조에 필수적인 동작들, 이 모두가 이렇게 문화적인 것으로 잘못 여겨지고 있다. 무슨 이유로 소비와 광고, 혹은 역사 속에 뿌리박은 모든 자동성이 가져다 주는 달콤함을 탐닉하기보다는 참된 문화를 선택해야 하는 것일까?

87,88년 프랑스 최고의 베스트셀러로서 프랑스 지성계에 커다란 파문을 일으킨 본서는, 오늘날 프랑스 대중들에게 가장 영향력 있는 철학자 중의 한 사람인 핑켈크로트의 대표작이다. 그는 현재 많은 저작과 방송매체를 통해 사회문제에 관해 적극적인 발언을 펼치고 있다.

그는 오늘날의 거대한 야망이 문화를 손아귀에 움켜쥐고 있다고 결론짓고, 문화라는 거창한 이름 아래 소아병적 증상과 더불어 비관용적 분위기가 확대되어 왔으며, 이제는 기술시대가 낳은 레저산업이 인간 정신이 이루어 놓은 문화적 유산을 싸구려 유희거리로 전락시키고 있으며, 그리하여 정신이 주도하던 인간 삶은 마침내 집단의 배타적 가치에 광분하는 인간과 흐느적거리는 무골인간, 이 둘 사이의 무시무시하고도 우스꽝스런 만남에 자기 자리를 내주고 있다고 통박하고 있다.

그는 본서를 통해 정신적 의미가 구체적 역사 속에서 부상하고 함몰하는 과정을 그려내면서, 우리가 어떻게 해서 여기에까지 도달하게 되었는지를 일관된 논리로 비판하고 있다.